mare

Kevin McAleer

Surferboy

Roman

Übersetzt von
Julia Ritter

mare

Die Deutsche Nationalbibliothek verzeichnet diese Publikation in der Deutschen Nationalbibliografie; detaillierte bibliografische Daten sind im Internet unter http://dnb.ddb.de abrufbar.

1. Auflage 2015

Titel der Originalausgabe: *Surferboy*

Vorsatzfoto (Welle) LeRoy Grannis
Vorsatzfoto (Surfclub) Privatarchiv Kevin McAleer
Typografie Farnschläder & Mahlstedt, Hamburg
Schrift Dante MT
Druck und Bindung CPI Clausen & Bosse, Leck
Printed in Germany
ISBN 978-3-86648-222-7

MIX
Papier aus verantwortungsvollen Quellen
FSC® C083411

www.mare.de

Dies Buch ist immer noch für

Petra Reisdorf

Dünung entwickelt sich immer dann zur Brandung, wenn die Wassertiefe geringer ist als eine halbe Wellenlänge. Dabei ist die Wellenlänge der Abstand zwischen zwei Wellenkronen. Rollt die Dünung in flaches Gewässer, verlangsamt der Meeresgrund mittels des Reibungswiderstands die Unterseiten der kreisenden Wassermassen. Dadurch nimmt die Geschwindigkeit an der Unterseite der Welle ab, während sich der obere Teil mit voller Kraft weiterbewegt. Das Wasser beginnt, sich aufzutürmen. Der Wellenfuß wird so langsam, dass die Wellenkronen Gipfel bilden und die Welle steil aufragt. Ist sie so steil geworden, dass die Wellenwand das Gewicht der Wassermassen nicht mehr halten kann, stürzt die Wellenkrone vorwärts – vorwärts Richtung Wellental.

Dies nennen wir Brandung, und das ist es, worauf wir warten und hoffen.

Peter L. Dixon,
The Complete Book of Surfing

Der Drop

Der kleine Laden roch nach Surfwachs mit Fruchtaroma, fabrikneuem Gummi und Neopren. Er war so mit Surfbrettern, Wetsuits und Surfklamotten vollgestopft, dass man sich kaum bewegen konnte, ohne irgendwo anzustoßen. Ein Typ in Langarm-Shirt und gelben Nylonshorts mit Seitenschlitzen blätterte gelangweilt in einem Surfmagazin, die flipflopbekleideten Füße auf dem Glastresen. Er hatte sonnenblondes Haar und sonnenblonde Augenbrauen und einen sonnenblonden Schnauzbart, und die Haare an seinen Beinen hoben sich wie eine Art widerspenstige weiße Pilzkultur von seinen sonnengebräunten Beinen ab. Wir kannten ihn. Jedenfalls kannten wir seinen Namen. Wir waren schon ein paarmal nur zum Gucken hier gewesen und hatten gehört, wie Leute ihn »Floh« nannten.

»Hialleskl ar?«, sagte er.

»Alles klar«, antwortete Jim. »Wir brauchen Bretter.«

»Neu?«

»Gebraucht.«

»Hab ich massig da«, sagte der Floh, wuchtete seine Beine vom Tresen und stopfte das Magazin unter den Ladentisch.

»Was soll's denn sein?«

»Was Fortschrittliches«, sagte Jim.

»Fortschrittlich?«, sagte der Floh. »Fortschrittlich im Vergleich zu *was*?«

Jim und ich sahen uns an. Ich sagte nichts. Kurz bevor wir den Laden betreten hatten, hatte er mir eingeschärft, ich solle cool bleiben und ihn reden lassen – man durfte diese Typen aus Malibu nicht spüren lassen, dass man Anfänger war, sonst würden sie einen total abziehen.

»Ähmm, na ja, du weißt schon«, antwortete Jim eher uncool. »Was … Topmodernes.«

Der Floh starrte ihn todernst an.

»Ja, Mann, ich versteh schon, was du meinst und so, aber kannst du vielleicht 'n klein bisschen deutlicher werden? Ich mein, wollt ihr Amp oder eher Trim oder was?«

Darüber musste Jim erst mal kurz nachdenken. Falls er den Unterschied zwischen Amp und Trim kannte, war er weiter als ich. »Amp«, riet er schließlich.

»Ampage«, sprach der Floh, flipflopte zu einem Ständer mit Boards und zog ein lila Exemplar heraus, auf dessen weißem Deck ein regenbogenfarbener Brecher prangte – das Logo des Surfshops. »Hier ist ein 1a Sechs-sechser«, sagte er. »Doppelfinnen-Schwalbenschwanz mit Tailrillen und gutem Laminar Flow.« Er kippte das Board in Richtung Jim. »Könnte was für dich sein.«

Jim nahm das Board, sah aber wenig begeistert aus. Er hatte irgendwo aufgeschnappt, dass man als erstes Board eins nehmen sollte, das deutlich über sieben Fuß lang war – guter Laminar Flow hin oder her.

»Hast du auch noch was Längeres?«

»Ich dachte, du willst Amp.«

»Ja, will ich.«

»Dann hilf mir mal etwas auf die Sprünge, Mann – was *genau* hattest du dir denn vorgestellt?«

»Auf jeden Fall was über sieben Fuß.«

»Dich interessiert nur die Länge?« Der Floh konnte es nicht fassen. »Ich mein, was hast du vor mit dem Ding – willst du surfen, oder brauchst du 'n Couchtisch? Da kommt's noch auf ganz andere Sachen an. Wie lang ist denn dein aktuelles Brett?«

Ich sah Jim an, wie er dastand in seinem T-Shirt mit der Riesenaufschrift SURF INSTRUCTOR WAIKIKI BEACH quer über der Brust. Er hatte kein Board. Jim Kalahani, Vollblut-Hawaiianer, aber als Surfer ein blutiger Anfänger.

»Es war blau«, fiel mir auf die Schnelle ein.

»Und jetzt ist es nicht mehr blau?«, wollte der Floh wissen.

»Nein, doch, es ist noch blau«, stellte ich richtig. »Aber er hat es vor 'ner Weile verkauft.«

»Genau«, sagte Jim.

Der Floh guckte uns an, als hätten wir gerade unsere feste Überzeugung kundgetan, dass Hang Ten ein klassischer chinesischer Philosoph sei.

»Ich will aber was mit Trim«, erklärte ich.

»Trim«, murmelte der Floh.

Er ließ seinen Blick über den Ständer schweifen und zog ein längeres, etwas dünneres Board mit demselben Regenbogen-Logo heraus. Er ratterte die technischen Einzelheiten runter – »Sieben-drei, abgerundeter Pin, solides Glassing, keine Gebrauchsspuren« –, packte das Board mit beiden Händen und bohrte demonstrativ seine Daumen in die Unterseite. Nichts passierte.

»Siehste?«

»Macht ’n guten Eindruck.«

»Also dann«, sagte er und gab mir das Board.

Ich musterte es mit ungeschultem Blick. Ich wusste so gut wie nichts über Surfboards, und was ich wusste, ging reichlich durcheinander. Mir war zum Beispiel klar, dass die Finne zum Steuern diente, aber irgendwie hatte ich diese fixe Idee, dass die geschwungene Form der Finne als eine Art Haiabwehrvorrichtung diente – sieht ein Hai die Finne, denkt er, er hätte einen Artgenossen vor sich, und haut ab. (Die Frage, warum ein Hai auf dem Rücken herumschwimmen sollte, stellte sich mir nicht.)

»Was kostet das Board?«

»’n Hunni«, sagte der Floh.

»Gekauft«, sagte ich.

»Und hundertzehn für die Schwalbe«, sagte er auf Jims Board deutend.

»Okay«, sagte Jim.

Wir fingerten nach unserem Geld.

»Und ich schätze, ihr braucht noch Leashes«, sagte der Floh zu Jim. »Deine hast du ja wahrscheinlich mit dem Board verkauft.«

Jim kaufte eine. Ich nicht, da mein »altes« Board bereits eine hatte. Na klar doch.

»Was ist mit Wachs?«, schob der Floh nach. »Das Wasser wird wärmer. Da braucht ihr Sommerwachs.«

Wir kauften ein paar Stangen.

»Und Wetsuits? Westen sind für’n Sommer echt spitze«, erklärte der Floh. »Schützen gegen Hautabschürfungen am Oberkörper und alles Mögliche. Hab hier ’n paar, die sind echt leicht und angenehm zu tragen …«

Wir erstanden zwei Body Gloves mit Reißverschluss

vorne und ergriffen die Flucht, bevor er uns noch eine Woche Anfängerkursus andrehen konnte.

Wir montierten unsere Boards auf die Surfboard-Dachträger von Jims Auto und fuhren auf den Pacific Coast Highway. Der Himmel war metallicblau, der strahlende Sonnenschein tauchte alles in goldenes Licht, und der Fahrtwind roch nach Tang und Meer und kitzelte in unseren Nasen. Wir hatten unser eigenes Auto, cruisten die Küste entlang, unsere Boards auf dem Dach – wir fühlten uns gut. Bis dahin waren Jim und ich immer mit seinem Vater mitgefahren, wenn wir zum Strand wollten. Jims Vater war Barkeeper im Tonga Lei, einem Strandrestaurant in Malibu. Im Sommer ließen wir morgens schon die schwüle Hitze des San Fernando Valley hinter uns und fuhren mit Mr. Kalahani am Steuer auf der Las Virgenes Road durch die olivbraunen Hügel, die für die Fernsehserie M*A*S*H als Korea herhalten mussten, und Jim hatte das Radio immer auf den Sender KMET eingestellt, der morgens um neun den Surfwetterbericht für die gesamte Küste nördlich der mexikanischen Grenze brachte. *Hier ist der Ocean Breeze Surfshop in San Diego*, näselte schleppend eine Surferstimme. *Ein Tiefdruckgebiet sorgt heute für hotdogmäßige, drei bis fünf Fuß hohe Wellen, mit ein paar größeren Sets dazwischen. Ein Hauch von auflandigem Wind schmirgelt den Ozean etwas auf, kann mit der Ebbe aber nur besser werden … Willkommen in der Galaxie der kosmischen Surfer, Erdlinge – hier ist Tamarack Mack's in Carlsbad. Wir haben hier starke Solaraktivität, wird ziemlich köcheln heute, und das Wasser wird heißer, ein paar mahlende, kopfhohe Tubes, vor denen der Gesundheitsminister warnt, aber hey, die sind genau das, was der Surfdoc empfiehlt … Alles klar, Carlsbad, hier ist Paradise*

Surfboards in Newport Beach, und wir haben hier heute 'ne satte Orange County-Saftladung – eine saubere Dünung aus Südwesten, die gerade so richtig loslegt. Ich würde sagen, sechs Punkte auf der Fun-Skala – sechs Fuß hoch und hohl! Yahuuu! …

Am Tonga Lei angekommen, legte Mr. Kalahani mit der Arbeit los und polierte Gläser, und Jim und ich nahmen den Bus am Pacific Coast Highway und fuhren nordwärts nach Zuma Beach, unsere Bellyboards zwischen die Beine geklemmt. Jim hatte einmal ein Surfboard für einen Tag in Waikiki gemietet, und ich hatte bei gelegentlichen Familienausflügen zum Santa Monica Beach rudimentäre Kenntnisse im Bodysurfing erworben, aber unsere ersten Erfahrungen im echten Wellenreiten machten wir am Zuma. Hier lernten wir, die Dünung einzuschätzen, den Takeoff richtig zu timen und bei Wipeouts nicht die Nerven zu verlieren, während uns die Welle nach unten drückte und wie kleine Krümel im Mixer umherwirbelte. Nachdem wir unsere Tagesdosis Salzwasser geschluckt hatten, kamen wir aus der Brandung und wateten zwischen toten Quallen und nach Strandkrabben buddelnden Kindern hindurch, ließen uns auf unsere Handtücher plumpsen, drehten uns dann auf den Rücken und sahen zu, wie das Salzwasser auf unserer Haut trocknete. Die Luft roch nach Meer und Sonnenöl, von den Handtüchern um uns herum dudelten blecherne Transistorradios, und stimmgewaltige Mütter ermahnten ihre Kinder, nach dem Kartoffelsalat eine halbe Stunde lang nicht ins Wasser zu gehen.

Nach einer Weile hatten wir dann genug, sammelten unser Zeug ein und machten uns auf den Rückweg zum Tonga Lei. Mit unseren Bellyboards unterm Arm und sandverkrusteten Fußknöcheln traten wir nach unserer Ankunft zwischen den geschnitzten Tiki-Göttern hindurch in den dunklen, kühlen Vorraum und tasteten uns bis zur Lounge vor. Von der mit Palmwedeln dekorierten Decke hingen exotische Lampen, die Südsee-Schnitzereien an den Wänden beleuchteten. An der mit Bambus eingefassten Bar saßen meistens Männer in den besten Jahren. Die Ärmel ihrer Strickjacken hochgekrempelt, schaufelten sie sich Erdnüsse aus schillernden Meeresohrmuscheln in den Mund und tranken dazu leuchtend bunte Cocktails mit kleinen Papierschirmchen und Plastikaffen am Glasrand. Auf seinem Posten hinter der Bar stand ein untersetzter Typ mit schokoladenbrauner Haut, dickem schwarzen Haar, das er seitlich gescheitelt trug, und einer Doppelreihe strahlend weißer Zähne: Mr. Kalahani – unser leibhaftiger hawaiianischer Barkeeper. Mit seinem Hawaiihemd sah er inmitten dieses kitschigen Tropenparadieses aus, als könne er jeden Moment unvermittelt eine Ukulele zücken und *Tiny Bubbles* anstimmen, begleitet von Hula-Mädchen mit Kokosnussbikinis, die aus dem Off hereintanzen.

»Hey Jungs – wie war 's Surfen?«

»Anständig.«

»Habt Hunger? Wollt was essen?«, fragte er schlitzohrig, denn nach fünf Stunden Sand und Meer brauchten wir was zu futtern, und zwar wiki wiki – schnell. »Hab ich Lomi-Lachs, hab ich Kalua-Schwein. Ono ono – leckerlecker!«

Mr. Kalahani gab uns dann erst einmal jedem ein Riesenglas Cola mit einem Plastikspieß voller Cocktailkirschen, die auf kleinen Eiswürfeln schwammen, dann setzten wir uns auf die roten Kunstlederbänke in einer der Sitzecken in dem Teil des Restaurants, der auf Pfählen im Wasser stand und von dem aus man über die Pier blickte. Hinter der Pier konnten wir die weißen Reihen der Brecher sehen, die in Malibu abhoben, und direkt vor dem Weiß ein bis zwei Figuren – souverän, aufrecht und absolute Herren der Lage. Surfer. Echte Surfer. Typen, die Wellen ritten und dabei standen.

Jim war ein Jahrgang über mir an der Saint-Teresa-Grundschule, und als er dann auf die Reseda-Highschool kam, verloren wir uns vorübergehend aus den Augen. Wir bewegten uns noch immer in unterschiedlichen Kreisen, als ich ein Jahr später mit Auszeichnung an einer Jesuitenschule für Knaben angenommen wurde und im Frühjahr darauf der Leichtathletikmannschaft beitrat, wo ich mit Stabhochsprung begann. Ich zeigte ein gewisses Talent. In der ersten Saison war ich gut genug, um mit der Schulauswahl zu trainieren, und stellte meinen persönlichen Rekord von dreizehn Fuß auf, der sogar in die wöchentlich erscheinende Rekordliste der *Los Angeles Times* aufgenommen und dort in Klammern mit dem Kommentar versehen wurde, der Jugendliche, der diese ehrwürdige Höhe bezwungen habe, sei erst ein Neuntklässler. Mit dem Stabhochsprung hatte ich meine ökologische Nische gefunden. Es war nicht nur eine Sportart, in der ich glänzen konnte, sie schien auch den Typ Mensch anzuziehen, mit dem ich gut klarkam. Stabhochspringer waren keine gewöhnlichen Sportler, sondern vielmehr Dschungelmenschen, die durch Baumwipfel schwingen, Trapezkünstler, die über dem Getümmel des täglichen Lebens durch die Lüfte gleiten, Freigeister und Freischärler, die an Wettkampftagen absichtlich ihre vorgeschriebenen Schulschlipse vergaßen, schon aus Gewohnheit gegen die Frisurvorschriften der Schulmannschaften verstießen und die in einer dieser affigen Mannschaftsjacken mit Buchstabenaufnähern nicht tot überm Zaun hängen würden.

Und sie surften. Wenn der Santa-Ana-Wind heiß und kräftig blies, hielten sie die Abdeckung der Sprungmatte hoch, dass sie sich aufblähte, und sie stellten sich vor, dass sich über ihren Köpfen eine Welle herumwarf. Und während wir darauf warteten, dass das Training anfing, lagen wir auf derselben Matte in der Sonne, und sie sprachen übers Surfen. »War gestern draußen bei C-Street mit 'ner schönen Süddünung«, fing einer an. »Maaaann, wärst du mal nach Salt Creek gefahren«, sagte der Nächste, »perfekte Dünung, total saubere Linien.« – »Schwachsinn« – der Dritte –, »bei Südwind mauert Creek doch bloß stumpf umkippende Pappwände.«

Und ich lag ganz ruhig auf der Matte und hörte zu …

»Schon mal an der Santa-Maria-Flussmündung gesurft?«

»Nee, aber ich hab letzten Winter den Hazard Canyon ausprobiert, und der ist der Hammer.«

»Hazard Canyon? Wo ist das?«

»Kennst du das Kernkraftwerk bei Diablo? Nördlich davon.«

»Verstrahltes Wasser.«

»Genau. Aber Dude, die Stelle knallt rein. Genau wie die Pipeline, bricht aufm Riff, und wenn du den Drop schaffst, ey, dann bist du der King.«

»Und wenn ich den Drop nicht schaff?«

»Dann beißt du ins Riff.«

»Und wie schmeckt das Riff?«

»Na ja, nicht so toll. Hab mir da mal 'ne Rippe gebrochen.«

»Kannst froh sein, dass du dir sonst nichts gebrochen hast.«

»Stimmt, hätte stattdessen mein Board erwischen können.«

In den letzten beiden Jahren war das Surfen etwas aus meinem Blickfeld verschwunden, aber jetzt flammte meine jugendliche Sehnsucht wieder auf. Es gab diese Welt voll purer Lebensenergie und Wagemut, die im Vergleich selbst Stabhochsprung blass und bieder erscheinen ließ – ganz zu schweigen von allem anderen, was ich je erlebt hatte und das nun auf Disneyland-Niveau zurückfiel. Kinderkram. Um ehrlich zu sein, waren meine bis dahin größten Abenteuer tatsächlich die Begegnung mit den mechanischen Piraten in der Plastik-Karibik und die Dschungelbootreise gewesen, auf der man pneumatisch angetriebene Nilpferde bestaunen konnte, die vom Teenager am Steuer unseres auf Unterwasserschienen sicher durch alle Gefahren gleitenden Schiffes mit Platzpatronen abgewehrt wurden. Die Surferwelt war alles andere als sicher. Schon die Terminologie verhieß den Reiz der Gefahr. Es war die Welt der »Dawn Patrols« und »Cleanup Sets«, der »Closeouts« und »Wipeouts«, der »Elephant Guns« und »Surfaris« an Orten wie Shark's Cove und Razor Blades und Hazard Canyon. Es war eine Welt, die ich selbst entdecken musste, und nach dem Ende der Leichtathletiksaison in meinem ersten Jahr an der Highschool rief ich Jim Kalahani an und teilte ihm mit, dass ich heiß darauf war, ein Surfboard zu kaufen.

»Ich auch«, antwortete er sofort. »Ich hab jetzt ein Auto. Wir können zusammen hinfahren.«

Ich hatte gehofft, dass er genau das sagen würde, da ich erst fünfzehn war und noch nicht fahren durfte. Aber das war nicht der einzige Grund. Hier war jemand, der meine innersten, heiligsten Wünsche und Gedanken teilte. Wir hatten vorher nie über das Thema gesprochen, und ich verspürte eine Art verschwörerischen Nervenkitzel, als hätten wir uns gegenseitig die Absicht gestanden, abzuhauen und mit dem Wanderzirkus durchs Land zu ziehen.

Nun, da wir den ersten Schritt getan und unsere Boards gekauft hatten, bestand die Schwierigkeit darin, einen Ort mit Wellen und ohne Menschenmassen zu finden. Malibu fiel von vornherein aus. Dort war die Brandung zwar am besten, perfekt zum Üben, mit verlässlichen, gleichmäßigen Wellen und langen Rides, aber das Verkehrsaufkommen in der Dünung bewegte sich zwischen zähfließend und Stop-and-go. Und der Konkurrenzdruck war enorm. Als Jungfernfahrt Malibu zu surfen, wäre genau so, als würde man sich an seinem ersten Tag hinterm Steuer zum Grand Prix von Monte Carlo verirren. Zuma war nachmittags für Boardsurfer gesperrt; Malibu und Zuma waren jedoch die beiden einzigen Orte, die wir kannten.

Wir machten uns auf Richtung Süden. Die ersten zwei Spots, an denen wir vorbeikamen, waren, wie Malibu, Pointbreaks – felsige Spitzen ins Meer, an denen sich keilförmig zulaufende Wellen aufbauten. Perfekt für unser Vorhaben, aber auch brechend voll mit Surfern. Ein Stückchen weiter kamen dann ein paar Molen in Sicht, an denen die Wellen reitbar wirkten und der Andrang kleiner menschlicher Pünktchen nicht allzu groß erschien. Wir fuhren quer über den Highway auf einen brüchigen Asphaltplatz, in dessen Rissen Wiesenfuchsschwanz wuchs – der Parkplatz der dahinterliegenden Billigkaschemme Sunspot Café –, und parkten ganz hinten neben einem weißen Datsun-Pick-up; wir stiegen aus und liefen zurück über den Highway, um uns die Szenerie genauer anzusehen: An der Seite des Highways ging es relativ steil hinunter über eine Halde von Granitbrocken, ähnlich denen der Mole. Da, wo die Granitbrocken auf den Strand trafen, lehnten Surfbretter an den Steinen, und Leute sonnten sich auf bunt gemusterten Handtüchern.

Dahinter kam ein gelbbrauner Streifen Strand und dann der saphirblaue Ozean, von dem die Dünung sich dort türkis abhob, wo sich die Wellen zu durchscheinenden Wänden aufbauten.

Wir hasteten zu unserem Wagen zurück, griffen unsere Bretter, überquerten wieder die befahrene Straße und kraxelten über den salzverkrusteten Granit hinunter zum Strand. Am Fuß der Steinwand breiteten wir unsere Handtücher aus und verbrachten die nächsten zehn Minuten damit, der Oberseite unserer Boards eine großzügige erste Wachsschicht zu verpassen, deren Kokos-Ananas-Aroma durch die warme Luft waberte. Ich wartete, bis Jim das eine Ende seiner Leash an seinem Board und den Klettverschluss am anderen Ende um seinen Knöchel geschlungen hatte, dann gingen wir den abfallenden Strand hinunter, zwischen kleinen Teerplacken hindurch, und wateten in das langsam tiefer werdende Wasser. Es wirkte angenehm kühlend auf meiner aufgeheizten Haut. Als mir das Meer bis zur Badehose schwappte, kletterte ich so auf mein Brett, dass die Spitze etwas höher war als das Ende, und fing an, meine Arme vor und zurück zu bewegen. Meine Hände teilten das Wasser wie Ruderblätter, und das Board glitt über das schaumgesprenkelte Blau, die Spitze ab und zu über kleine Wellen hüpfend, als ich mich auf die Brecher zubewegte.

Als wir draußen bei den anderen Surfern angekommen waren, sah ich mich um. Was nun? Es war gerade Wellenflaute, und alle saßen auf ihren Boards, die Arme auf die Oberschenkel gestützt, sanft mit dem Seegang auf und ab schaukelnd. Ich versuchte auch zu sitzen. Ich stemmte mich auf meinem Board hoch, ließ die Beine auf beiden Seiten herunterhängen ... und kippte mit dem Brett um. Ich versuchte es noch ein paar Male, kenterte aber immer wieder. Wenn ich mich richtig konzentrierte und die hochragende Spitze des Boards mit beiden Händen festhielt, konnte ich mich in einer wenn auch sehr wackeligen Sitzposition behaupten. Das war allerdings überaus anstrengend. Und frustrierend. Ich wollte lernen, auf dem Brett zu stehen, und konnte noch nicht einmal sitzen! Jim erging es nicht besser. Also schenkten wir uns das Sitzen und standen – auf dem Meeresgrund. Das Wasser reichte uns bis zum Hals. Kam eine Welle, drehten wir uns Richtung Strand, krabbelten auf unsere Bretter und paddelten in die Dünung. Das schien zu funktionieren.

»Stehen ist leichter«, sagte Jim.

»Ich setz mich nie wieder.«

Das war allerdings auch alles, was funktionierte. Sobald ich versuchte, auf die Füße zu kommen, verlor ich das Gleichgewicht und flog vom Brett. Jim auch. Er schob es auf sein Board.

»In Waikiki haben sie diese richtig schweren Boards«, nörgelte er. »Dies hier ist total leicht und wackelig.«

»Aber du hast zwei Finnen – ich hab nur eine. Deins müsste viel stabiler sein als meins.«

»Ich versteh das auch nicht.«

Wir schafften es endlich, auf die Füße zu kommen und unser Gleichgewicht zu halten – aber nur im Weißwasser. Das war nicht gerade das, was wir uns vorgestellt hatten. Auf unseren Bellyboards hatten wir uns immer geradeaus ins Wellental drücken lassen, aber mit einem Surfboard wollte man schließlich die Welle entlangreiten und nicht einfach an den Strand gespült werden wie Treibgut. Der Trick bestand darin, sich in einer einzigen geschmeidigen Bewegung aus dem Liegen aufzurichten, sobald die Welle einen vorwärtstrug und bevor man den Schwung vom Drop verlor. Man musste die Bewegung millisekundengenau timen. Bei meinen ersten Versuchen tauchte die Spitze des Boards unter, als wäre sie mit Blei gefüllt. Ich versuchte das auszugleichen, indem ich mich auf dem Board nach hinten bewegte, aber das brachte nur neue Probleme mit sich. Entweder schaffte ich es erst gar nicht, in die Welle zu kommen, oder ich wurde, sobald ich stand, immer langsamer, und mein Brett driftete teilnahmslos nach hinten weg.

Nach ein oder zwei Stunden steuerten wir zurück zum Strand. Zwar waren wir noch nicht im eigentlichen Sinne »gesurft«, aber wir waren uns sicher, dass der technische Feinschliff nur eine Frage der Zeit sei. Und wir hatten unsere Surfertaufe hinter uns gebracht – und noch dazu eine mit Untertauchen.

Wir legten uns auf unseren Handtüchern in die Sonne und schwelgten in unserer frisch vollbrachten Initiation.

»Hey Jim, was meinst du, warum wird er Floh genannt? Er sieht nicht aus wie 'n Floh.«

»Vielleicht hat er welche.«

Dann kam ein Typ zu uns rübergeschlendert. Er war ungefähr zwanzig, seine Lippen waren aufgesprungen, seine Haare strohig vom Salzwasser, und die Haut auf seiner Nase pellte sich wie die Farbe von einem alten, wettergegerbten Lattenzaun. Er hatte kein Hemd an und trug tief sitzende Jeans, unter denen man das Taillenbündchen seiner Paisleymuster-Boxershorts sah. Er rauchte eine Zigarette. Wir tauschten Begrüßungen aus, und er begutachtete mein Brett.

»Ist das 'n Robbie Dick?«

»Robbie wer?«

»Robbie Dick.« Er beugte sich vor und zeigte auf einen

Schriftzug unter dem Fiberglas: *R. Dick*. »Robbie is' 'n Freund von mir.«

»Hat er das Brett gebaut?«

»Genau. Hey, was dagegen, wenn ich's mal kurz austeste? Hatte heute eigentlich nicht vor, rauszugehen, aber die Sache entwickelt sich ja richtig schön.«

Ich versuchte, seine Vertrauenswürdigkeit abzuschätzen.

»Komm schon, ich mach's nicht kaputt«, sagte er. »Und falls dem Board irgendwas passiert, kriegst du sie.« Er deutete mit dem Daumen über seine Schulter. »Sie ist meine Kaution.«

Etwa fünfundzwanzig Meter weiter lag ein Mädchen ausgestreckt auf seinem Handtuch und tankte Vitamin D. Sie glänzte vom Sonnenöl, und ihre Haut hob sich wie walnussfarbener Lack gegen das Orange ihres Bikinis ab. Okay. Verstanden. Der Typ würde bestimmt nicht abhauen.

»Na perfekt, Mann«, sagte er. »Und ich leg noch meine Jeans drauf.«

In bester Stimmung zog er seine Hose aus, klemmte sich mein Board unter den Arm und trabte in seinen Paisley-Boxershorts zum Strand runter. Er paddelte zur Mole, und als er das Ende dieses langen Fingers aus kantigen Steinen erreicht hatte, hielt er nicht an, sondern paddelte weiter auf die andere Seite und verschwand aus unserem Blickfeld. Moment mal – was hatte er vor? Ich sprang auf, rannte in Richtung der anderen Molenseite und kam gerade rechtzeitig, um zu sehen, wie er eine Welle ansteuerte, die auf die Spitze der Mole zulief. Er paddelte genau darauf zu – direkt auf die Mole! Oh, warum hatte ich keine Leash gekauft! Dann schwoll die Welle an, und er sprang auf die Füße. Es sah aus, als würde er gegen die Mole geschmettert werden, aber im letzten Moment machte er einen geschickten Turn, manövrierte das Board sicher an den Felsen vorbei und ritt die Welle professionell weiter. Er drehte kleine Schnörkel über das Face und hielt sich immer knapp vor der weißen Mähne des Wellenkamms, bis er schließlich das Ende seines Ritts erreichte, über den Wellenrücken abdrehte und, immer noch stehend und mit der Zigarette im Mund, das Board ins ruhige Wasser steuerte.

Auf dem Weg zurück zu meinem Handtuch kam ich an seiner Freundin vorbei, die auf dem Bauch in der Sonne lag. Sie hatte die Augen geschlossen und war völlig ins Sonnenbaden vertieft. Ich vertiefte mich auch. Ihr Bikinioberteil war offen, sodass ich das ungebräunte Weiß ihrer einen Brust sehen konnte, die gegen das Handtuch gepresst war, und ihr Po war nur knapp mit einem winzigen Dreieck von Bikinihose bedeckt, die gewagt tief auf den Hüften saß. Ich kniff ein Auge zu und hob meinen Daumen vors andere Auge, um das Bikinidreieck ganz auszublenden. Das Ergebnis: völlige Nacktheit.

»Entspann dich«, sagte Jim, als ich zurückkam. »Der Typ weiß, was er tut.«

»Kannst du leicht sagen.«

Ich verdrehte meinen Hals und sah Paisley-Shorts zu, wie er noch ein bisschen mit der Mole flirtete. Die Zeit verging. Ein gelber Wagen der Strandwache fuhr rumpelnd vorbei, auf der Ladefläche ein Gerüst mit roten Torpedoflößen. Am Himmel brummte ein Doppeldecker, der ein kanariengelbes Transparent mit der braunen Aufschrift COPPERTONE zog. Ruhig wie ein Sperrholzschild lag es in der Luft. Weit draußen auf dem Meer schwamm ein Riesentanker; der dunkle Schiffskörper hob sich vom hellblauen Himmelsband direkt über dem Horizont ab. Nach einer Weile schließlich paddelte Paisley-Shorts zurück an Land, mit meinem unversehrten Board und immer noch trockenen Haaren. Mit einem energischen Schwung rammte er das Board in den Sand, als würde er ein mannshohes Ausrufungszeichen hinter seine Performance setzen.

»Sauberer Stick«, sagte er.

»Solides Glassing«, gab ich zurück.

»Angenehmen Tag noch.«

»Dir auch.«

Meine Sorge hatte sich in Stolz verwandelt. Meine Neuanschaffung war von einem echten, wahrhaftigen Surfer getestet und für gut befunden worden. Ein denkwürdiger Tag! Allerdings konnte das auch ein Problem werden. Sollten andauernd Leute mein Brett ausleihen wollen, würde ich selbst nicht mehr viel zum Surfen kommen. Vielleicht sollte ich es stundenweise vermieten, ein bisschen was nebenher verdienen …

Etwas später sammelten Jim und ich unsere Sachen zusammen, kletterten die Steinwand hoch und überquerten wieder den Highway. Paisley-Shorts und seine Freundin saßen auf der offenen Rückklappe des Datsun-Pick-ups und spülten sich mit Wasser aus einer Plastikflasche den Sand von den Füßen und zwischen den Zehen ab.

»Super Truck«, sagte ich, Konversation betreibend.

»Danke.«

»Ihr packt das Board hinten rein?«

»Genau.«

»Dufte.«

Das Mädchen hatte so eine Farrah-Fawcett-Föhnfrisur, einen fedrigen Stufenschnitt, und trug dazu ein T-Shirt, das der Welt verkündete, sie sei *Slippery When Wet*. Ich war nicht ganz sicher, was genau damit gemeint war, aber mein pubertäres Hirn folgte seinen eigenen erotischen Wegen. Ich sah sie vor mir, wie sie eine Wasserrutsche hinabschlitterte; die Wasserstrahlen liebkosten ihren wunderbaren, sonnengebräunten Körper und trieben sie auf mich zu, der ich am Ende der langen Halbröhre stand. Kommt, ihr Süßen, immer her zu mir! Mädchen wie sie waren bisher immer hoffnungslos unerreichbar gewesen, vollkommen jenseits meiner bescheidenen Möglichkeiten, aber dies war die Art Babe, die man abkriegte, wenn man Surfer war. Und ich war jetzt einer! Mit meinem sauberen Robbie-Dick-Stick!

Jim und ich luden unsere Bretter aufs Auto und fuhren auf den Highway. Mit einem gequälten Gesichtsausdruck wandte er sich mir zu.

»Hast du da eben gerade *dufte* gesagt?«

»Klar – das ist ein ganz normales Wort.«

»Aus den Sechzigern. Wehe, du blamierst mich noch mal so.«

WUMMPF!

»Waswarndas?«

»Keine Ahnung. Durchbrochene Schallmauer?«

Ich drehte mich um und sah mein Board, das wie verrückt den Pacific Coast Highway entlanghüpfte, wie ein Football nach dem Abschlag. Es überschlug sich und schlitterte über den Asphalt und blieb schließlich auf dem Seitenstreifen liegen, nah bei den vorbeirasenden Autos. Ich brüllte Jim an, er solle rechts ranfahren, sprang dann aus dem Wagen und rannte die Straße zurück, deren grober Asphalt sich in meine nackten Fußsohlen bohrte.

Als ich mein Board sah, wollte ich es zuerst einfach nur

liegen lassen – oder es mit einem Kick mitten auf den Highway schießen, wo der nächste Neunachser der Sache ein schnelles Ende machen konnte. Es war zerschunden und zerkratzt, das solide Glassing von einem Spinnennetz feiner Risse überzogen. Ich wollte es wirklich zurücklassen. Schließlich aber zwang ich mich doch, es aufzuheben, und trottete niedergeschlagen zurück zu Jims Auto, packte das Board auf den Dachträger, zog die Gummischnur darüber und sicherte den Metallhaken – was ich beim ersten Mal vergessen hatte.

Kook

Zu Hause angekommen, saß ich nur da und starrte in dumpfem Entsetzen mein Board an. Was jetzt? Es zur Reparatur in irgendeinen Surfshop zu bringen, wäre mir zu peinlich gewesen; außerdem hätte die Reparatur wahrscheinlich genauso viel verschlungen wie ein neues Board. *Falls* es überhaupt zu reparieren war. Würde es wieder schwimmen? Oder wie ein Stein untergehen und auf dem Meeresgrund verrotten? Wie das Opfer einer Mafia-Hinrichtung – und so sah es auch aus.

So ramponiert, wie es war, würde es noch nicht mal mehr einen vernünftigen Couchtisch abgeben.

Aber ich haderte nicht lange. Am nächsten Nachmittag radelte ich zur öffentlichen Bücherei in Reseda, wo ich ein Buch mit dem Titel *The Complete Book of Surfing* fand, in dem es ein Kapitel »Das Board: Pflege und Reparatur« gab. Von dort machte ich mich auf zum Heimwerkerparadies Builder's Emporium und kaufte einen Ballen Glasfasergewebe, etwas Laminierharz und einen Halblitereimer Siegelharz, zu dem es noch eine Tube Härter und Verdickungsmittel gab. Dann fuhr ich wieder nach Hause, holte mir ein paar

Böcke aus dem Carport, legte Zeitungen auf den Boden der hinteren Veranda und flickte und harzte bis in die Puppen. Junikäfer schwirrten durch die Nacht. Motten umschwärmten meine Gaslaterne. Am Ende fühlte ich mich schwummrig und high von den ganzen Dämpfen, aber ich hatte die erste Phase der Reparatur geschafft.

Am Tag darauf schliff ich die rauen Glasfaserkanten mit Sandpapier ab, klebte Isolierband drüber, trug das Siegelharz auf, ließ das Ganze austrocknen und polierte es noch am selben Abend mit feinem Sandpapier.

Es sah ganz okay aus.

Angesichts der Umstände.

Als Jim mich am nächsten Tag abholte, um zum Strand zu fahren, präsentierte ich ihm mein Werk. Er war schwer beeindruckt. Damit das so blieb, erwähnte ich das Buch mit keiner Silbe.

An diesem Tag zwei passierte es. Wir waren wieder an der Mole. Ich paddelte auf eine Welle zu, und als sich das hintere Ende meines Boards hob und ich die Abwärtsbewegung spürte, sprang ich behände auf die Füße und glitt plötzlich diagonal über die Wellenwand, weg vom Brechungsrand, auf der grünen Kante der Welle genau unterhalb von der Gischt – ich surfte – ich tat es wirklich! Dann trieb ich vor die Welle, sprang von meinem Board, und es war vorbei. Nur ein Zehn-Meter-Ritt auf einer kleinen Zwei-Fuß-Welle, aber es fühlte sich an, als hätte ich eine Hochspannungsleitung berührt. Ein elektrisierendes Gefühl.

Ich schnappte mir noch mehr Rides. Ich stellte fest, dass das Geheimnis darin bestand, den Oberkörper leicht anzuheben, den Rücken durchzudrücken und das Gewicht nach hinten zu verlagern, während ich mich wellenabwärts fallen ließ. So konnte ich verhindern, dass die Spitze des Bretts nach unten ging, wie es mir an Tag eins passiert war (mein Buch nannte das »Pearling«). Ich machte Jim nicht auf meinen neuen Erfolg aufmerksam, und er tat seinerseits so, als sehe er mich nicht, aber er sah mich. Nach einer Weile begann ich nachzulassen und den gerade eben gewonnenen Kniff wieder zu verlieren, also paddelte ich an Land – ich wollte aufhören, solange ich vorne lag.

Ich saß am Strand, sah zu, wie sich die Dünungslinien auf und ab wölbten, und wartete darauf, dass auch Jim seine erste richtige Welle knackte. Die Sonne stand im Zenit wie ein vom Wind steil in den Himmel getragener Drachen – von demselben Wind, der jetzt langsam die Brandung kaputt blies. Vor dem Blau der Bucht, weit hinter den Brechern, bauschten sich die weißen Segel der Boote. Ich bohrte meine Zehen in den Sand und ließ mein Gesicht von den warmen Sonnenstrahlen streicheln. Nach einer Weile öffnete ich die Augen und sah Jim auf eine Welle zupaddeln. Er erwischte sie erst spät, und als er endlich auf die Füße sprang, blieb er auf der Lippe hängen, die Welle brach sich unter seinem Board, und einen Moment lang ritt er auf dem Rücken der Welle – um dann wie durch eine Falltür im Weißwasser zu verschwinden.

Als er wieder an die Oberfläche kam, lächelte ich ihm zu und winkte.

»Und?«, fragte ich, als er den Strand hochstapfte.

»Die Wellen hier sind anders als in Waikiki.«

»Tja, Alter, du bist hier in Kalifornien.«

»Und dies Board spielt total verrückt«, sagte er missmutig. »Ich krieg es nicht ruhig.«

»Nimm meins.«

»Nee, ich muss ja mit diesem hier klarkommen.«

»Wie du willst, Goofy Foot.«

Er guckte mich schief an.

»Ich surfe mit dem linken Fuß vorne«, erklärte ich, »also bin ich Rechtsfüßler, ein Regular Foot. Du surfst mit dem rechten Fuß vorne und bist deshalb ein Goofy Foot.«

»Wo haste das denn her?«

»Weiß ich einfach.«

»Woher?«

Ich konnte ihm nichts über *The Complete Book of Surfing* verraten. Als echter Surfer bezog man sein Wissen nicht aus Büchern. Ein Surfer war ein Naturbursche mit angeborenem Talent und Köpfchen. Die Erwähnung des Buches hätte meine Leistung in Jims Augen deutlich geschmälert – ich wäre nur ein Streber gewesen, der sich sein Wissen anpaukt. Das war das Allerletzte, was ich wollte, denn zum ersten Mal schlug ich ihn in einer Sportart, in der wir gegeneinander antraten. Er konnte schneller laufen als ich, einen Football weiter werfen als ich, beim Baseball härtere Line Drives schlagen als ich – aber jetzt gab es endlich eine Sportart, bei der ich mich gegen ihn behaupten konnte. Und das nicht, weil ich über mehr Erfahrung verfügte als er. Nein, wir hatten zusammen angefangen, am selben Tag, wir waren gleichzeitig aus den Startlöchern gekommen und befanden uns von diesem Moment an in einem Rennen.

Am nächsten Tag ritt auch Jim seine erste Welle und war wieder bester Dinge; seine übliche Großmäuligkeit kehrte schnell zurück.

Eines Nachmittags gingen wir runter zum Wasser, als er plötzlich stehen blieb.

»Hey Mann, du trägst dein Brett total falsch.«

»Wie soll ich es denn sonst tragen?«, erwiderte ich. »Auf dem Kopf?«

»So wie jetzt, nur mit der Spitze vorn.«

Ich drehte mein Brett um.

»Finne nach innen.«

Ich flippte es herum und stand stramm wie zur Waffeninspektion.

»Sonst noch was?«

»Kipp es ein bisschen an.«

Aber ich hatte mein Büchereibuch gründlich durchgearbeitet und wartete nur auf eine günstige Gelegenheit. An einem anderen Nachmittag surften wir an der Mole.

»Ziemlicher Sog heute«, erklärte er.

Das war mein Einsatz.

»Hab ich richtig gehört? Hast du gerade was von Sog gesagt? Hey, tut mir leid, Jim, ich sag's nicht gerne, aber so was gibt es nicht. Dein ›Sog‹ ist einfach nur ablaufendes Wasser, das das Strandgefälle runterfließt.«

»Das meinte ich ja.«

»Das ist aber kein Sog.«

»Okay, dann eben 'ne Rippströmung.«

»Na ja, Jim, das ist so: Eine Rippströmung, das sind große Wassermassen, die sich in flachen Becken in der Nähe des Strands sammeln und dann wieder rausströmen, um sich dem natürlichen Wasserstand anzugleichen – nur so zu deiner Information.«

Dann war da auch noch dieser kleine Meinungsaustausch über die richtige Art, Bretter auf Dachträger zu packen.

»Hey, was machst du da?«, fragte ich ihn, als wir unsere Boards mit Gummiexpandern festmachten. »Du hast doch gesagt, die Finne muss nach hinten.«

»Finne nach vorne«, antwortete die Stimme der Weisheit. »Auf deinem Auto muss die Finne nach vorne.«

»Sagt wer?«

»Ist einfach so. Guck dich um. Die Finne gehört nach vorne.«

Warum man alles ganz genau so und nicht anders machen musste, wussten weder er noch ich. Aber da wir in dieser Phase beide nicht viel hermachen konnten, wenn es um den tatsächlichen, physischen Akt des Wellenreitens ging, stürzten wir uns auf jedes kleine Detail und jede Nebensächlichkeit der Surfwelt, im unerschütterlichen Glauben, dass wir, wenn wir nur genug über die Einzelheiten Bescheid wüssten, früher oder später automatisch zu Surfern werden würden. In der Zwischenzeit fuhren wir weiterhin zur Mole. Ich weiß nicht, ob wir besonders schnell lernten, aber wir konnten schon Bellyboarden und Skateboarden, waren Sportler und trieben uns gegenseitig an, sodass wir ganz anständige Fortschritte machten. Die Mole war ein nicht zu überrannter Break, an dem sich die Surfer auf ein ganzes Feld von Sandbänken verteilten, die Wellen bauten sich sanft und ebenmäßig rollend auf, und so fuhren wir im ersten Teil des Sommers immer dahin.

»Was ist das eigentlich mit diesem Wellenreiten?«, fragte mich meine Mutter eines Tages. »Wir kriegen dich ja kaum noch zu Gesicht. Ist das deine neue Leidenschaft?«

»Ja, es macht einfach megamäßigst Spaß.«

»*Megamäßigst* ist kein Wort, Steven.«

»Okay, dann ist es eben megamäßig spaßiger als sonst irgendwas.«

»Es *macht mehr Spaß*«, korrigierte sie. »Aber mal im Ernst, sprichst du absichtlich so? Deine Grammatik wird von Tag zu Tag schlechter. Wundern würde mich das nicht, bei der Zeit, die du am Strand verbringst.«

»Was hat das denn damit zu tun?«

»Ach, ich weiß nicht – vielleicht mit gewissen Elementen, denen du da ausgesetzt bist.«

»H_2O?«

»Du weißt genau, was ich meine, Schlaumeier.«

»Nein, tu ich nicht.«

»Steven, versteh mich bitte nicht falsch. Wir freuen uns alle, dass du so viel Spaß hast am Strand. Aber musst du wirklich deine *gesamte* Zeit da verbringen? Wird das denn nie langweilig? Wir wollen nur nicht, dass du zu einem dieser Surfpenner wirst.«

Ich konnte mir nichts Erhabeneres vorstellen.

»Keine Sorge, Mom, ich werde auf jeden Fall ein ganz normaler Penner, versprochen.«

»Das ist nicht witzig, Steven.«

Bald darauf fingen Jim und ich an, nach Malibu zu fahren. Malibu war der beste Sommer-Break in ganz Kalifornien, mit langen Wellenwänden und ausgedehnten 200-Meter-Rides von der Lagune bis zur Pier, es war nur eine halbe Autostunde entfernt, und wir konnten umsonst am Tonga Lei parken, was uns fast so was wie Local-Status verlieh. Fanden wir. Malibu konnte man nicht entgehen. Der große Nachteil allerdings war derselbe wie bei allen Pointbreaks: Es gab nur zwei oder drei Takeoff-Stellen, und an denen stapelten sich die Surfer, und da, wo sie sich stapelten, war das »Lineup«. Meinem Buch zufolge waren Lineups Bezugspunkte an der Küste, von denen ausgehend man feststellen konnte, wo die schwere Brandung sich brechen würde. Der Begriff stand aber auch für die Stelle, an der sich die Surfer im Wasser stauten, und die semantische Nähe zum *police lineup* – der polizeilichen Gegenüberstellung zur Identifizierung von Tätern – war sehr treffend, denn im Allgemeinen war das Verhalten im Lineup eher kriminell. Massen von Surfern drängelten sich auf engstem Raum, mehr Surfer als Wellen, und so waren wüste Beschimpfungen, Morddrohungen (»Ich bring dich um, Alter!«) und tatsächliche Gewaltanwendung mit Körperverletzung hier an der Tagesordnung. Die Bretter mit ihren rasiermesserscharfen Spitzen und kreissägeartigen Finnen ließen sich außerdem sehr wirksam als Waffen einsetzen. Entweder ließ man jemandem von hinten das Board in den Rücken schnellen, oder man überfuhr den Gegner damit. Alles, wie wir bald feststellten, vollkommen zulässige Praktiken, falls jemand dir »deine« Welle wegschnappen wollte.

Malibu konnte man nicht entgehen, aber wir taten alles nur Menschenmögliche, um dem Lineup zu entgehen. Bevor wir rauspaddelten, standen wir am Strand und sahen uns genau an, wie die Wellen brachen und ob die Surfer alle Sections abritten. Meistens gab es weiter landeinwärts eine Stelle, wo die Welle in sich zusammenbrach, und da kamen die Surfer nicht durch. Genau an dieser Stelle, oder präzise gesagt: kurz unterhalb davon, bezogen wir Stellung, warteten ab, bis die großen Tiere aus dem Lineup ihre Sections abgeritten hatten, und stürzten uns dann wie die Aasfresser auf die Überreste.

Entwürdigend? Klar. Aber praktisch.

Eines Tages zogen Jim und ich gerade unsere praktische Masche ab, als ein Set hereindriftete und ein paar freie Brecher durchschlüpften. Zu meiner Rechten wartete ein kleiner Junge mit einer dicken Schicht Zinksalbe auf der Unterlippe. Wir paddelten beide gleichzeitig los, auf eine Welle zu. Ich paddelte hinter ihm auf seiner Innenseite, erwischte die Welle und stand. Er blickte über die Schulter, blieb aber nicht zurück, sondern schnappte sich die Welle ebenfalls. Ich spekulierte darauf, dass er ein Stückchen weiter wieder abspringen würde, aber er dachte nicht dran; sein Kielwasser brachte die Welle dazu, sich früher zu brechen, und ich endete im Weißwasser-Nirwana.

Nun hatte ich, was Situationen wie diese betraf, natürlich *The Complete Book of Surfing* zurate gezogen, das ich den ganzen Sommer über immer wieder verlängert hatte. Dort hieß es, dass derjenige, der sich am nächsten am Brechungsrand befand, im Besitz der Welle war, und meine Beobachtungen hatten diese Regel bestätigt. Was sollte also dieser Scheiß? Ich hatte ganz gewissenhaft darauf geachtet, ihn nicht zu schneiden, aber er machte genau das mit mir – eine dreiste Regelverletzung!

Nach der Welle kam er zu mir rübergepaddelt.

»Hey Mann«, piepste er mit seiner hohen Kinderstimme, »man paddelt nicht einfach um jemanden rum, der schon in Position liegt, verstanden?«

Wie bitte? Ich hatte, naiv, wie ich war, eine Entschuldigung erwartet. Ich antwortete ihm, dass viele Typen dasselbe mit mir machten.

»Die wissen, dass du Anfänger bist«, meinte er stirnrunzelnd. »Und wahrscheinlich bist du nicht richtig in Position, so wie eben bei der letzten Welle. Außerdem hast du nichts mit ihr gemacht, als du sie hattest. Du standst einfach nur so da. Sahst aus, als würdest du gleich einmachen. Fahr wenigstens 'n bisschen rauf und runter, damit die Leute dich nicht für 'nen *völligen* Kook halten.«

Ich blickte ihm nach, als er wegpaddelte. Der hatte Nerven. Was machte ihn denn zum allwissenden Fachmann? Und dann die ganze Surfersprache. Wahrscheinlich war sein großer Bruder Surfer, oder sein Vater. Aber Jim und ich hatten keine großen Brüder oder Väter, die surften. Niemand nahm uns an die Hand und zeigte uns, wie es ging. Also blieb uns nur, alles selber rauszufinden – wie zum Beispiel Cutbacks. Verlor man an Fahrt, weil man am flacher werdenden Teil der Welle angelangt war, musste man sich zurücklehnen, das Gewicht auf den hinteren Fuß verlagern und mit dem vorderen das Board um hundertachtzig Grad herumdrehen, um so zurück zum Brechungsrand und in den Juice zu kommen. Ich sah den anderen Surfern den ganzen Tag zu, wie sie Cutbacks machten, und versuchte es dann selbst, aber es gelang mir nie, das Manöver komplett durchzuziehen. Ich versuchte es wieder und wieder. Bis ich dann einmal, als ich zum Cutback ansetzte, glaubte, jemanden hinter mir zu hören, und den Kopf nach hinten drehte – und mein Brett drehte sich einfach mit. Das war alles: Das Brett folgt dem Kopf. Entwaffnend einfach. Hätte mir das bloß schon vorher jemand verraten.

Ein anderer Ort, an dem wir oft surften, war Topanga. Es war ein felsiger Pointbreak am Ende des Topanga Canyon, ähnlich wie Malibu mit nur zwei oder drei Takeoff-Stellen, aber hinter einer Reihe von schindelgedeckten Strandhäuschen gelegen, sodass man ihn vom Highway aus nicht sehen konnte. Vielleicht war es deswegen weniger voll dort. Oder weil Malibu nur ein paar Meilen weiter lag. Was auch immer der Grund war, eines Tages surften Jim und ich Topanga, mit anständig großen Wellen und nicht so vielen Typen draußen, dass man sich eine Flak aufs Board hätte schnallen müssen, um sich einen vernünftigen Anteil zu sichern.

»Werden immer mehr Bowls hier drinnen«, sagte ein lächelnder Typ neben mir. Sein Haar war schulterlang, und er hatte einen wilden Bart, aus dem das Salzwasser tropfte.

»Keine Frage«, erwiderte ich.

»Müsste die nächsten paar Tage noch ein bisschen zulegen«, fuhr er fort. »Da is' 'n Frontensystem vor Ecuador.«

»Echt?«

»Jep.«

»Stoked.«

»Total.«

Dann schnappte er sich die nächste Welle, und ich dachte, damit sei unser Gespräch beendet, aber er paddelte zurück zu der Stelle, an der ich wartete, drückte sich das Wasser aus den Haaren und knüpfte da an, wo wir aufgehört hatten. Alles extrem ungewöhnlich. Jim und ich hatten gelernt, dass man, wenn man ins Lineup kam, niemanden anlächelte und auch nicht unnötig rumlaberte, sondern sich verschlossen und schweigsam gab, wie ein Typ mit Geheimnissen.

Nach einer Weile kam ein neues Set durch, und wir paddelten auf dieselbe Welle zu. Ich lag in Poleposition und ließ nicht locker, er aber auch nicht. Schon bald standen wir beide auf unseren Brettern und ritten die Welle. Zwar war ich im Besitz der Welle, aber da er weiter vorne fuhr und sich nach außen in Richtung Schulter bewegte, blieb genug Platz für uns beide. Dann aber machte er etwas Unerklärliches. Er fuhr auf die Schulter und schwang sein Board zu einem großen, weit ausladenden Cutback herum, der mich einfach aus der Welle schnitt, sodass der Weißwasserschaum meinen Rücken kraulte.

»Hey!«, schrie ich. »HEY!«

Eine Sekunde später fegte es uns von den Brettern. Als ich wieder auftauchte, hatte der andere Typ Schaum vorm Mund.

»Bist du total behindert, oder was?«, brüllte er mich an. »Ey, Mann, ich dachte, du weißt, was du tust!«

»Das war meine Welle!«

»Switchbacks, Mann! Nie was von Switchbacks gehört? Wie 'ne Schleife! Du kreuzt rauf und runter. Als würdest du Achten fahren.«

»Wusste ich nicht«, sagte ich leicht beschämt. »Wir versuchen's einfach beim nächsten Mal.«

»Vergiss es«, erwiderte er, schüttelte den Kopf und stieg wieder auf sein Brett. »Ich fahr nicht mit Kooks.«

In jener Nacht suchte ich in meinem Büchereibuch und fand die Stelle über Switchbacks: »Ist eine Welle hoch genug und stabil, können Surfer ihre Bahnen kreuzen. Das gemeinsame Abreiten einer Welle wird durch ein solches Teamwork zu einem besonderen Genuss.« Dann blätterte ich vor zum Glossar und suchte den Eintrag zu »Kook«. Ich wusste, was das Wort bedeutete – *ungeschickter Anfänger* –, aber nachdem ich nun zum zweiten Mal so genannt worden war, wollte ich auch die offizielle Definition lesen.

Aber es gab keine. Noch nicht einmal im *Complete Book of Surfing* kam das Wort vor.

Surfen war nicht wie andere Sportarten, bei denen man sich mit Leuten maß, die ungefähr auf demselben Level waren wie man selbst, bevor man dann mit der Zeit in eine höhere Klasse aufstieg. Hier musste man sich vom ersten Tag an gegen Typen durchsetzen, die am Strand aufgewachsen waren, schon eine ganze Weile surften und jeden anderen mit Inbrunst verachteten. Vom allerersten Tag an war man der *Hierarchie* unterworfen. Dabei gab es fünf bis sechs Rangstufen. Ganz oben waren die Schlägertypen, die genauso gut zuschlagen wie surfen konnten und bei denen nie ganz klar war, was sie lieber taten. Dann folgte die alte Garde, Typen in den Dreißigern oder manchmal Vierzigern, die am längsten surften und zudem das örtliche Surfbiotop wie ihre Westentasche kannten. Auf der nächsten Rangstufe standen die Radikalsurfer mit ihren Shortboards. Sie waren gerade noch Teenager oder junge Twens und oft Wettkampfsurfer, wahrscheinlich die besten Surfer von allen, genauso selbstsicher und großspurig wie die Schlägertypen, aber weniger scharf auf Prügeleien am Strand, weil sie damit nur Wellen verpassen könnten. Dann kamen die mittelklassigen Surfer, ergebene Anhänger der Surfermode, die bereits ehrgeizig von Sponsorenverträgen träumten, und danach die Gremmies, unersättliche kleine Biester, die sich auf jede Miniwelle stürzten und von den älteren Typen fertiggemacht wurden, die aber, wenn sie zäh genug waren, eines Tages in der Hierarchie aufsteigen würden.

Dann kam erst mal nichts.

Und wieder nichts.

Und noch eine ganze Weile nichts.

Dann kam ein angekautes Hundespielzeug.

Dann kamen die Kooks.

Am Ende des Sommers hatten wir immer noch nicht gelernt, was »Laminar Flow« bedeutete, wir hatten kaum eine Ahnung, warum einige Wellen reitbar waren (außer dass Küstenstreifen ähnlich wie Menschen waren – manche waren einfach zu gerade und kantenlos, als dass man von ihnen irgendetwas Aufregendes oder Interessantes erwarten konnte), wir wussten noch viel weniger über den Wind und die Gezeitenmuster (ich glaubte immer noch, dass Meteorologen sich mit wild gewordenen Himmelskörpern aus dem All beschäftigen), und uns war noch nicht mal ganz klar, woher die Dünung kam und was sie überhaupt verursachte. Es gab Wellen oder es gab keine. Aber wir gingen raus, Tag für Tag, den ganzen Tag, und nachts lagen wir im Bett, und es wogte sanft wie der Pazifik und wiegte uns in den Schlaf.

Radical Jack

Im Oktober meines zweiten Highschool-Jahres, nachdem ich den ganzen Sommer mit Jim gesurft war, wurde ich endlich sechzehn und kaufte mir einen 68er VW-Variant 1600 mit Einspritzmotor und fuhr damit frühmorgens zum Strand. Nachmittags konnte ich nicht, da war Leichtathletiktraining, aber ich hatte meinen Stundenplan so eingerichtet, dass die erste Stunde immer frei war und ich erst um neun in der Schule sein musste. Am Abend vorher legte ich mir alle Klamotten zurecht, packte Surfboard und Neoprenanzug ins Auto, stand am nächsten Morgen um Viertel vor sechs auf und paddelte bereits um halb sieben auf meine erste Welle zu. Um diese Zeit war der Himmel schon hell, aber die Sonne ließ sich noch nicht blicken. Der Santa-Ana-Wind blies warm und gleichmäßig aus den Canyons herüber, würzte die knackig-frische Herbstluft mit dem harzigen Geruch der Krüppeleichen und hielt mich oben auf der Welle; er verlangsamte die Drops um einen Wimpernschlag und machte sie so ein bisschen haarig, aber er sorgte auch für lange, steile Wellenwände, und wenn man am Ende des Ritts das Board mit Schwung zum Kickout über den Wellenkamm drehte, schob einen die Windbö mit einer Wolke aus weißem Schaum über die Welle, sodass man wie eine Möwe im Aufwind schwebte. Dann paddelte man wieder raus, und das Spiel begann von vorne. Immer wieder. Und es wurde nie eintönig. Aber um Viertel nach acht war der Spaß vorbei, und der Ernst des Lebens holte mich ein. Ich schnappte mir eine letzte schnelle Welle zum Strand, joggte zurück zu meinem Auto, riss mir den Wetsuit vom Leib, sprang in meine Klamotten und heizte los wie Batman im Batmobil. Mit quietschenden Reifen raste ich um die Ecken und Kurven der Topanga Canyon Road, schlängelte mich durch den Verkehr auf dem verstopften Ventura Boulevard, rammte den Wagen in eine Lücke auf dem Schulparkplatz, sprang raus, sprintete die letzten Meter ins Klassenzimmer und warf mich, mit noch feuchten Haaren und einer Salzkruste auf den Wangen, auf meinen Platz – und immer war egal, was von da an passierte, denn ich hatte bereits einen guten Tag gehabt.

Ein paar Stunden später gab es dann regelmäßig noch einen kleinen Abschiedsgruß meines morgendlichen Strandvergnügens. Ich hatte nämlich ein bei Surfern recht verbreitetes Problem: In meinen Stirn- und Nebenhöhlen bildeten sich kleine Wassereinlagerungen, die sich erst irgendwann im Laufe des Tages, wenn ich schon längst wieder trocken und mit anderen Dingen beschäftigt war, auflösten. Ich verspürte dann ein leichtes Kribbeln in der Stirn, und einen Augenblick später schoss ein lauwarmes Souvenir der Santa Monica Bay aus meinen Nasenlöchern. Ich fing sogar an, mich auf diesen Moment zu freuen. Das Gefühl dabei war ähnlich befriedigend wie das beim Ausdrücken eines Pickels oder nach aufgeschobenem Harndrang.

In jenem Herbst hatte ich Biologie bei Sam Pemberton, dem Coach des Footballteams. So viel muss man Pemberton lassen: Er gab noch nicht einmal vor, auch nur die geringste Ahnung von Biologie zu haben. Normalerweise schlenderte er zu spät in die Klasse, vertrödelte so viel Zeit wie möglich damit, die Anwesenheitsliste durchzugehen, hielt dann eine Unterrichtsstunde ab, die für Schüler mit einem IQ in Höhe der Raumtemperatur geeignet war, und ließ uns schließlich circa fünf Minuten vor dem Klingeln gehen. Bei den Schülern war er äußerst beliebt, da er fand, dass jeder, der mehr wusste als er, automatisch die Bestnote verdiente. Außerdem gab es bei ihm mindestens einmal pro Woche diese Einrichtung, die er »Extra-Zeit« nannte. »Extra-Zeit« bei Coach Pemberton bedeutete, dass wir die ganze Biostunde lang in unseren Büchern lesen mussten, während er an seinem Tisch Schaubilder von Football-Spielzügen entwarf.

»Meine Herren«, verkündete er dann stets mit gönnerhafter Stimme, »Extrrrra-Zeit!«

Pemberton hatte uns eine Sitzordnung vorgeschrieben, und direkt hinter mir saß Radical Jack, der bekannteste Surfer der ganzen Schule. Und so sah er auch aus, mit seinen vom Paddeln trainierten, langen Bizepsen, sonnengoldenen Strähnen in seinen braunen Haaren und dunkler Haut, die er allerdings weniger der Sonne als seiner südamerikanischen Mutter verdankte. Seine King-Thong-Jesuslatschen trug er mit Socken, die zwischen dem großen Zeh und den restlichen vieren eine Einkerbung hatten, wie Fausthandschuhe für die Füße sozusagen, und falls er gerade nicht surfte oder übers Surfen redete, machte er Surf-Trockenübungen – er sprang an Wänden hoch, um Off-the-Lips zu simulieren, oder tubte unter dem Wasserstrahl des Trinkbrunnens in der Schule, der in hohem Bogen über den Beckenrand bis auf den Gehweg spritzte wie die sich überwerfende Lippe einer Welle. Ich hatte Radical Jack bis zu diesem Zeitpunkt nicht erzählt, dass ich surfte, da ich ihn nicht besonders mochte. Im Biologieunterricht tippte er mir ständig auf die Schulter und flüsterte mir Absurditäten ins Ohr oder steckte mir Zettel zu, auf die er schwachsinnige Surf-Haikus gekritzelt hatte. Nur um mich zu nerven. Nur um mich abzulenken, weil er sich selbst nicht konzentrieren konnte. Eines Tages ging er mir damit so auf den Geist, dass ich wütend den Kopf herumriss, wodurch sich das Wasser aus meinen Nebenhöhlen löste.

»Jetzt reicht's, Mann!«

»Hey Qualle, whoa – du surfst?«

»MEINE HERREN, EXTRA-ZEIT IST *STILLE* ZEIT!«

Und so wurden wir Freunde.

Bevor ich mit Radical Jack rumzog, dachte ich, dass sich die Surfmöglichkeiten mit L. A. County so ziemlich erschöpften. Im Sommer hatte ich mit Jim eine ganze Reihe von Strand-Breaks, Pointbreaks, Molen, Piers und Wellenbrechern erkundet, an denen sich jede nur mögliche Dünung auf verschiedenste Arten brach. Für mich war L. A. ein Eldorado des Surfens. Radical Jack sah das anders. Ständig war er dabei, irgendwelche Kurzreisen zu planen. Mit ihm surfte ich zum ersten Mal an Stellen wie Rincon, Fairgrounds, C-Street, Scrap Metals, Super Tubes, Trestles, Oceanside Jetties, am Kraftwerk von Seal Beach (ein heißer Tipp für den Winter, denn das Wasser war hier 365 Tage im Jahr milde zwanzig Grad warm) und am Küstenstreifen zwischen Laguna Canyon und Corona del Mar, von dem alle immer sagten, er sei nur eine Aneinanderreihung von Beachvolleyball-Städtchen, an dem wir aber immer ein paar gute Wellen erwischten.

Und es war Jack, mit dem ich anfing, bereits abends zu den Breaks zu fahren, die wir am nächsten Tag surfen wollten, und dort zu übernachten. Wir parkten an Hängen oder unbefestigten Zugangswegen, und bevor wir uns schlafen legten, banden wir uns die Leash unserer Boards ums Handgelenk, um diese so auf dem Autodach vor plündernden Surfboard-Banditos zu schützen. Eines unserer ersten Ziele war Leo Carrillo. Es gab dort einen offiziellen Campingplatz, auf dem man für ein oder zwei Dollar übernachten konnte, und von allen Stränden in ganz L. A. County war dieser wahrscheinlich das letzte Stückchen unberührter Natur – der einzige Fleck, den ich kannte, an dem es grottenartige Gezeitenbecken mit Seesternen, Seeanemonen und anderem Meeresgetier gab – bei Ebbe fingen die Steine an zu leben. Der Break selbst war ein rumpelnder Rechtsbrecher; er prallte auf einen zerklüfteten, mit rasiermesserscharfen Muscheln bewachsenen Felsen. Der Takeoff lag an der Seite dieses Felsens, aber wenn die Dünung gut war, brachen sich die Wellen weit draußen hinter dem Felsen, und die Mutprobe bestand darin, die Welle hinter dem Fels zu nehmen und sie dann auf ihn zuzureiten, ohne dabei abzuschmieren. Die Wellen waren nicht die schnellsten, und es gab auch keine Tubes, aber das hatte auch sein Gutes, denn es hielt die Röhrenjäger und harten Radikalsurfer fern. Der Nachteil war, dass alles mit Seetang überwuchert war, der fett und purpurn aus dem Felsboden wuchs. Der Tang sonderte eine Art öligen Weichmacher ab, der die kleinen Falten auf den Wellen glatt bügelte, aber ständig blieb man irgendwo mit der

Leash hängen und verpasste gute Ritte, was den Sinn der Sache etwas zunichtemachte.

In jenem Winter kam Jack einmal um Mitternacht bei mir vorbei, weckte mich, indem er seine Knöchel für sein patentiertes Gestapo-Klopfen gegen meine Fensterscheibe knallte, und wir fuhren in seinem 64er Plymouth Valiant nach Leo Carrillo. Dieser Wagen war eine Horrorstory auf Rädern. Er sah aus, als würde er beim nächsten kräftigen Nieser zu einem Haufen Schrott zusammenfallen – er war so verrostet, dass er eigentlich nur durch die Dutzende von Surfaufklebern zusammengehalten wurde, mit denen die gesamte Karosserie tapeziert war. Der Boden auf der Beifahrerseite bestand aus einer Sperrholzplatte, von der man ständig befürchten musste, dass sie herausfiel, und durch einen Spalt am Rand konnte man den Highway unter sich vorbeizischen sehen. Die Sitze waren übersät mit geschmolzenem Wachs und Orangenschalen, vom Dach hing die Verkleidung in Fetzen herunter, als wäre eine Handgranate im Wagen losgegangen, die Windschutzscheibe war millimeterdick mit toten Insekten verschmiert, und durch die Heckscheibe konnte man nur dort was sehen, wo jemand sich die Mühe gemacht hatte, WASCH MICH in die Schmutzschicht zu kratzen. Das beste Stück am ganzen Auto war die kleine Babypuppe, die wie an einem Galgen von der Antenne baumelte und wild im Kreis herumgeschleudert wurde, sobald man schnell genug fuhr. Sie kam in wenigen Minuten auf Hochtouren, als wir zuerst den Ventura Freeway und dann die Malibu Canyon Road entlangfuhren, die beim Pepperdine College (Heimat der »Waves«) auf den Pacific Coast Highway traf. Dort stand eine Tramperin. Ihre weißblonde helmartige Frisur glitzerte im Scheinwerferlicht.

»Hey«, sagte Jack. »Woll'n wir sie mitnehmen?«

»Willst du?«

»Soll ich?«

»Klar, mach!«

Er hielt etwa fünfzig Meter weiter auf dem Seitenstreifen. Das Mädchen kam auf unser Auto zugerannt, und es tauchte kein männlicher Begleiter aus der Dunkelheit auf. Ich drehte mein Fenster etwas runter.

»Wohin willst du?«

»Anchorage, Alaska.«

»Wir fahren nach Leo Carrillo.«

»Wo ist das?«

»Nur 'n paar Meilen die Straße runter.«

»Besser als laufen.«

Sie kletterte hinten rein und setzte sich zwischen Jacks Gerümpel, und wir brauchten etwa zwei Sekunden, um festzustellen, dass wir einen schwerwiegenden Fehler gemacht hatten. Sie stank. Von ihr ging ein abstoßender, abgestandener Geruch aus, der uns vollkommen übermannte. Jack und ich kurbelten wie wild unsere Fenster runter. Die Nachtluft strömte in den Valiant, und wir bissen Stückchen davon ab und würgten sie runter.

»Hey, hier hinten isses kalt!«, beschwerte sich unsere miefende Mitfahrerin über das Brüllen des Fahrtwinds. Jack und ich taten so, als hätten wir nichts gehört. Sie schob ihr Gesicht zwischen uns. Sie hatte eine alte Armeedecke, die sie um die Schultern trug, über den Kopf geschlagen und sah aus wie eine Babuschka: Ihre Stirn war faltig, und ihre Wangen hingen runter. Sie war weitaus älter, als wir zuerst angenommen hatten.

»MIR IST ARSCHKALT HIER HINTEN!«

Wir kurbelten die Scheiben wieder hoch und ließen sie für die Frischluftzufuhr nur einen Spaltbreit offen.

»Meint ihr etwa, ich *rieche* schlecht?«, fragte sie. »Der letzte Typ meinte, ich rieche unangenehm. Das war ein komisches Arschloch. Hat mich mitten im Malibu Canyon rausgeschmissen, und ich musste den ganzen Weg zum Highway zu Fuß gehen. Ich hoffe, ihr seid nicht auch solche komischen Arschlöcher. Ich hoffe, ihr findet nicht, dass ich *schlecht* rieche.«

»Nein, du riechst ganz ausgezeichnet«, versicherte ich. »*Ich* rieche komisch. Ich hab Bohnen gegessen, und jetzt verpeste ich schon die ganze Fahrt das Auto.«

»Furzgesicht!«, kreischte sie.

Ich glaube, wir hatten beide gehofft, dass sie eine willige Pepperdine-Studentin sei, die hilfsbereiten Surfern ihre guten Taten großzügig mit Sex dankte. Wahrscheinlich war das der eigentliche Grund, weshalb wir sie mitgenommen hatten. Nun allerdings bestand unsere größte Hoffnung darin, dass sie keine geisteskranke Anhängerin der Manson Family war.

Jack fuhr die gesamte Strecke bis Trancas mit Bleifuß. Dort hatten wir das seltene Glück, an der roten Ampel halten zu müssen. Die Ampel war nie rot. Nicht mal gelb. An der Trancas-Kreuzung war *immer* grün. Ohne die Zugluft, die den Gestank etwas verdünnte, blieb mir nichts übrig, als die Luft anzuhalten. Ich konzentrierte mich auf die SB-Tankstelle gegenüber, deren Tankwart ganz allein im hellgelben Licht seines kleinen Tankwarthäuschens saß. Er sah aus, als wäre er aus einem Edward-Hopper-Gemälde entflohen. Genau das brauchte ich jetzt. Die Isolation eines Sauerstoffzelts. Unser gammliger Gast beugte sich wieder nach vorn.

»Hey, welches Sternzeichen seid ihr?«

Ich stillte ihre Neugier.

»Oh, Skorpionen kann man nicht trauen!«, rief sie. »Sie sind die Brut des Teufels! Sie bringen den Tod! Du wirst von Pluto beeinflusst – dem Gott der Atombombe!«

»Danke.«

»Und du?«, fragte sie nun Jack.

»Hab ich vergessen.«

»Wann bist du geboren?«

»Hab ich auch vergessen«, weigerte er sich, ihr Spielchen mitzumachen.

»Ich wette, du bist Fisch«, sagte sie. »Fische sind kalt. Rat mal, was ich bin.«

»Ein toter Fisch?«

Die Ampel wurde grün, und Jack gab Vollgas.

»Ich bin 'ne Hexe!«, fauchte sie. »Und ich kann dich verhexen, wenn du frech wirst! Ich kann dich in 'ne Schlange oder 'ne Kröte verwandeln!«

»Wenn du 'ne Hexe bist«, fragte Jack, »wo ist dann dein Besen? Wo ist dein spitzer Hut?«

»Ich bin eine *moderne* Hexe«, erklärte sie. »Wir brauchen keine Besen und Spitzhüte.«

»Und was ist mit Zaubertränken?«, stichelte Jack weiter. »Kannst du irgendwelche guten Tränke zusammenbrauen?«

»An was für ein Gebräu hattest du denn gedacht?«, sagte sie plötzlich mit einer ziemlich unheimlichen Hexenstimme. »Was mit Bienenflügeln und Eidechsenschwänzen? Oder mit Schierling und Schneckenschleim?«

»Ein Brew-102 wär cool«, sagte Jack.

»Was ist das denn?«

»Ein Bier.«

»Ich mag kein Bier«, sagte sie. »Aber habt ihr Typen vielleicht Quaaludes dabei? Nein? Die sind geil. Viel besser als Bier. Man fühlt sich besoffen wie von Bier, aber ohne dieses Bierbauch-Gefühl. Von dem Scheiß-LSD lass ich die Finger. Das brutzelt dir das Hirn weg. Ich hab fünfundachtzig Trips geschmissen, und jetzt krieg ich diese Flashbacks. Einmal hab ich versucht, 'n Freund von mir umzubringen. Danach hab ich ihm gesagt, wenn ich jemals wieder 'n Flashback hab und ihn umbringen will, soll er mich zuerst umbringen. Kein Problem. Das sag ich jedem, mit dem ich mir was reinzieh. Hey, seid ihr *sicher,* dass ihr keine Ludes habt? Ludes kämen jetzt echt gut …«

Als wir in Leo Carrillo ankamen, hatte ich die Tür schon aufgerissen, bevor der Wagen stand. Unsere moderne Hexe stieg aus und murmelte irgendwas von komischen Arschlöchern, während sie in Fahrtrichtung davonging. Ich stieg wieder ein, und wir fuhren zur Hütte des Rangers. Dort zahlten wir die Campinggebühr und fuhren dann auf den Campingplatz weiter. Riesige Platanen ragten in der Dunkelheit auf. Wir stellten uns auf einen der vielen freien Plätze. Radical Jack riss die Handbremse hoch und sah zu, dass er aus dem Wagen kam.

»Oh Mann, das hält man nicht aus! Hier drinnen können wir nicht schlafen, auf gar keinen Fall!«

Es stank immer noch ziemlich heftig. Ich schlug vor, den Wagen noch ein bisschen auslüften zu lassen. Wir ließen alle Türen offen stehen und folgten dem ausgetrockneten, mit großen runden Steinen gesprenkelten Bachlauf unter der Highway-Brücke hindurch bis zum Strand. Der Vollmond schien so hell, dass er die meisten Sterne überstrahlte; außerdem sorgte er für eine extrem niedrige Ebbe. Hinter den feucht glitzernden Felsen konnte man keine Dünung erkennen, aber man sah, wie eine weiße, salzige Wolke an einem wuchtig wirkenden Umriss explodierte, und die Dunkelheit wurde von weißen Gischtstreifen unterbrochen. Manchmal traf ein Mondstrahl eine Welle genau im richtigen Winkel, und man konnte die silbrigen Nebelfahnen sehen, zu denen der seitlich wehende Santa-Ana-Wind die Wellenkämme zerblies, aber das war auch schon so ziemlich alles.

»Morgen gibt es Wellen.«

»Vier Fuß hoch, vielleicht fünf.«

Das Donnern der Brandung klang wie das weit entfernte Gebrüll in einem voll besetzten Footballstadion. Wir standen da und saugten es auf.

»Hey, ich hab 'ne Idee«, sagte Jack.

»Was?«

»Lass uns rausgehen.«

»Jetzt?«

»Wir haben den Mond«, sagte er, »und es ist ein Pointbreak. Wir können uns also einfach nach dem Felsen richten. Keine unvorhersehbaren Peaks, um die man sich Sorgen machen müsste.«

»Meinst du?«

Ich war schon vorher im Dunkeln gesurft, aber nie mit Absicht. Manchmal war ich bei Dämmerung noch im Wasser, die Dünung war gut, und ich wartete auf eine Welle, um an Land zu kommen, aber dann war es so ein guter Ritt, dass ich plötzlich wieder auf dem Weg zum Lineup war und mir sagte: *Nur eine noch.* Also nahm ich schnell noch ein paar letzte Wellen, während der letzte kleine Sonnenrand über den westlichen Horizont lugte, und plötzlich blickte ich auf und sah, dass das Licht immer weniger geworden war und sich meine Augen inzwischen an die Dunkelheit gewöhnt hatten, ohne dass ich den Wechsel zwischen Tag und Nacht richtig bemerkt hatte. Man musste die Welle nur rechtzeitig sehen, damit man sie erwischte, bevor sie einen erwischte, aber das war zu schaffen.

Als wir zum Auto zurückkamen, begann Jack im Handschuhfach zwischen seinen gesammelten Falschparktickets herumzuwühlen. Schließlich fand er, wonach er gesucht hatte, und tauchte mit einer selbst gedrehten Zigarette wieder auf, deren Enden zusammengedrückt waren. Er kramte ein Feuerzeug raus, zündete das eine Ende an und zog am anderen. Ein durchdringender Geruch stieg in die Nachtluft auf.

»Hier, nimm 'n Zug«, sagte er.

Ich war reichlich skeptisch.

»Na komm, mach schon«, drängte er mich. »Du hast doch schon mal was geraucht, oder?«

»Klar.«

»Mochtest du's nicht?«

»Nicht besonders.«

»Kratzt im Hals, nicht?«

»Genau.«

»Also, das hier ist Big Island Bud«, meinte er. »Echt mild. Also kein Grund zur Sorge.«

Wie konnte ich da widersprechen? Ich nahm den Joint, ahmte Jacks zischenden Zug nach und zwang den Rauch runter. Mild oder nicht, er brannte im Hals, und ich bekam einen Hustenanfall. Jack klopfte mir auf den Rücken und ermunterte mich, es noch mal zu probieren. Ich prustete wieder alles hoch.

»Ich dachte, du hättest schon mal geraucht.«

»Hab mich bloß verschluckt.«

Diesmal konzentrierte ich mich, zog den Rauch in die Lungen, ignorierte den Hustenreiz und unterdrückte das Kribbeln in meiner Brust. Ich schürzte die Lippen und behielt den Rauch drin, bis Jack sagte:

»Du kannst ihn jetzt rauslassen.«

Stoßartig hustete ich den Rauch aus.

»Nimm noch einen«, wies er mich an. »Du musst ihn nicht so lange drinbehalten.«

Diesmal war es leichter.

»Spürst du's?«

»Eigentlich nicht.«

»Nimm noch einen.«

Ich brachte die rote Spitze zum Glühen.

»Und noch einen auf den Weg«, spornte Jack mich an.

Einer kam noch mit auf den Weg.

»Fühlst du was?«

»Langsam kommt's.«

Dann hatte irgendwer plötzlich den Sender verstellt, und wir standen am Strand. Meine Füße konnten sich nicht daran erinnern, hierhergegangen zu sein. Vielleicht auf den Händen? Hatte Jack mit mir Schubkarre gemacht? Und warum kniete ich? Ich nahm eine Handvoll Sand, um meine Wachsschicht aufzurauen. Das schien die passende Tätigkeit zu sein, wenn man sich am Strand vor einem Surfbrett kniend wiederfand. Ich rieb den Sand über mein Board und blinzelte in die Schwärze des Ozeans.

»Dunkel.«

»Guck einfach immer auf den Mond«, sagte Jack. Er hatte

Gummischuhe an und fing an, zielstrebig über die muschelverkrusteten Felsen zu klettern. Langsam wickelte ich die Leash von meiner Finne. Dann machte ich sie an meinem Knöchel fest, wofür ich ungefähr noch mal fünf Jahre brauchte …

… und schließlich hatte ich es raus hinter die Brandung geschafft.

Ich saß auf meinem Board und sah kleine, flitzende, leuchtende Pünktchen, wie sie manchmal an sehr hellen Sonnentagen auf geschlossenen Augenlidern tanzen. Wie Glühwürmchen in der Nacht. Ich wedelte mit der Hand vor meinen Augen und schüttelte meinen Kopf, um sie zu vertreiben, aber die ließen sich kein bisschen vertreiben. Dann gab ich es auf und blickte einfach durch sie hindurch. Meine Augen bohrten sich in die Nacht, und ich versuchte, die Dunkelheit auszublenden. Leo war so abgelegen, dass es noch nicht einmal einen Anschein von echtem Licht gab. Keine Lichter vom Land, keine Häuser über den Klippen, kein einsames Fischerboot, das durch die nächtlichen Wasser zog. Ich folgte Jacks Rat und starrte den Mond an, badete meine Pupillen in seinem bleichen Schein, und das war etwas besser. Etwa dreißig Meter entfernt konnte ich zu meiner Rechten einen klobigen Umriss erkennen: den Takeoff-Felsen. Ich paddelte in die Richtung, kämpfte mich durch den schwimmenden Teppich aus Tang und setzte mich auf mein Board. Meine Beine hingen in der dunklen Brühe unter mir. Plötzlich streifte etwas meinen Fuß. Ich riss beide Füße aus dem Wasser zur Spitze meines Boards. Wahrscheinlich war es nur ein Büschel Tang gewesen. Oder ein Aal. Aale lebten tagsüber im Schatten der Wasserpflanzen und zeigten sich erst, wenn es dunkel war. Konnten sie einem etwas tun? Ich war mir nicht sicher. Was ich jedoch sicher wusste, war, dass ein paar Tage zuvor ein vier Meter langer Hammerhai bei Point Mugu gesichtet worden war – und Haie waren nachtaktiv.

Schwimmende Schlangen, Killerfische und ich.

Ich blickte wieder hoch und starrte den Mond an. Eine Wolke hatte sich vor ihn geschoben und dämpfte das Licht.

»Hey Jack«, blökte ich ins Leere, »wo bist du? Ich glaub, das Auto ist jetzt sehr gut durchgelüftet. Wenn du zurückwillst, sag Bescheid.«

Draußen auf dem Meer bewegte sich etwas.

Mein Instinkt übernahm jetzt das Kommando. Ich schmiss mich auf mein Brett, machte zunächst ein paar vorsichtige Paddelbewegungen, um dann zügig rauszupaddeln. Schon bald wurde ich mit dem Seetang zusammen sanft hochgehoben. Es war eine natürliche Aufwärtsbewegung, ein Schweben wie auf einer Luftströmung. Hoch, höher, dann wieder leicht abwärts, und die Welle war vorbei.

Dann folgte eine zweite Aufwärtsbewegung, höher hinaus als die erste.

Und eine dritte, nochmals höher.

Als die vierte Welle kam, wusste ich, wo die Takeoff-Zone war, und mein Gefühl sagte mir: Jetzt! Ich pflügte durch den Seetang, als das Wasser vom Riff gesaugt wurde und sich zur Dünung aufbaute. Mein Board stieg schnell auf, die Welle löste mein Paddeln ab, und ich sprang auf die Füße. Der Wind blies seitlich den Wellenkamm entlang, und ich bekam eine ganze Salve Gischt in die Augen, aber ich konnte die Welle lesen, ich erkannte sie anhand der Vibrationen meines Boards, und ich drückte seine Kante in die Wand und ritt ins Wellental hinunter, wo ich wieder klarere Sicht hatte. Der Mond schien auf die Wellenwand – ich konnte die gesamte Dünungslinie entlangsehen.

Im nächsten Moment aber flog ich durch die Luft und platschte dann ins Meer. Das Weißwasser nahm mich in seinen Strudelgriff, und als ich wieder an die Oberfläche kam, hörte ich gerade noch:

»FURZGESICHT! HIII-HI-HII!«

Ich wurde vom Rest des Sets in die Mangel genommen, befreite mich aus dem Gestrüpp aus Seetang, paddelte zum Umriss des Felsens und setzte mich auf mein Brett. Ich hielt den Blick starr Richtung Strand gerichtet und meine Füße schön oben auf der Spitze meines Boards, griff mit den Händen nach dem Seetang, um das Gleichgewicht zu halten, und versuchte, die Dunkelheit zu durchdringen, während ich mit langen, tiefen Atemzügen das rasende Wummern meines Herzens beruhigte, das mir in den Ohren dröhnte …

»Hey, Haifutter!«

Ich verlor das letzte bisschen Selbstkontrolle und jaulte auf wie jemand, der von einer Klippe stürzt.

»Entspann dich, Alter, ich bin's, Jack.«

»Mann! Willst du mich umbringen? Du hast mich zu Tode erschreckt! Schleich dich nie wieder so an!«

»Wie soll ich mich denn anschleichen?«

»Nicht so, dass ich 'n Herzstillstand krieg, verdammt noch mal! Und überhaupt, Mann, vielen Dank, dass du mich da eben im letzten Set aus der Welle geschubst hast.«

»Was?«

»Du hast schon verstanden.«

»Jemand hat dich aus der Welle geschubst, Qualle?«

»Ja, *jemand* hat mich aus der Welle geschubst.«

»Wer?«

»Du.«

»Wann?«

»Letztes Set.«

»Ich war aber drinnen beim letzten Set.«

»Bitte, Jack, ich bin nicht total beknackt. Du hast dich hinterm Felsen versteckt und bist dann von hinten gekommen, hast mich vom Brett geschubst und Furzgesicht genannt. Wie die Alte, die wir mitgenommen haben.«

»Die hat dich vom Brett geschubst?«

»Die hat mich Furzgesicht genannt.«

»Und wer hat dich vom Brett geschubst?«

»Das warst du!«

»Steve, Kumpel, beruhig dich. Krieg dich wieder ein. Weißt du, ich sag's ja nicht gern, aber ich schätze, du bist etwas abgespaced, als du so in die Dunkelheit gestarrt hast. Das ist mir auch passiert, als ich das erste Mal nachts gesurft bin. Deswegen solltest du immer den Mond angucken.«

»Hab ich ja.«

»Dann hat der Mond deinen Augen 'nen Streich gespielt.«

»Der Mond hat mich aber nicht vom Brett geschubst!«

»Krieg dich mal wieder ein, Mann. Du bist einfach runtergefallen. Das Dope hat einfach deinen Gleichgewichtssinn verhunzt.«

»Nee, tut mir leid, Jack. Mein Gleichgewichtssinn funktioniert wunderbar. Aber da ist was anderes. Weißt du, als ich das erste Mal rausgepaddelt bin, waren da überall diese kleinen Lichter im Wasser … und hey Mann, ich seh sie immer noch!«

»Ich auch«, sagte Jack. »Das ist Plankton.«

»Oh.«

»Pass auf, Steve, ich weiß nicht, wer dich da geschubst hat, aber ich war's definitiv nicht.«

»Bist du *sicher*? Du hast dich nicht im Shorebreak abgesetzt und bist dann um den Felsen gepaddelt, um mich zu erschrecken? Das ist also nie passiert?«

»Ey, Junge, ich hab Besseres zu tun. Warum sollte ich dich von deinem Board schubsen? Das ist hier nicht Third Point Malibu. Wir haben die Wellen für uns ganz allein. Du bist wahrscheinlich nur am Seetang hängen geblieben.«

Wahrscheinlich war es das. Das musste es sein. Und den Rest hatte ich bestimmt halluziniert. Ich spritzte mir etwas Wasser ins Gesicht. Nie wieder würde ich das mörderische Gras rauchen.

»Pass auf, Jack, ich paddel mal für einen Moment an Land und versuch, wieder 'n klaren Kopf zu kriegen.«

»Das würde ich an deiner Stelle nicht machen.«

»Warum nicht?«

»Sie wartet da vielleicht auf dich.«

»Wer?«

»Die Alte.«

»Scheiße, du hast recht.«

»Und noch was, Steve.«

»Was?«

»DU BIST EIN FURZGESICHT! HIII-HI-HII!«

Nett. Später in der Nacht paddelte ich zu ihm und fing an, ihm von einer der Wellen zu erzählen, als mich plötzlich eine fremde Stimme unterbrach:

»Hey Mann, tut mir leid, aber ich bin nicht Jack.«

Ich schiss mir fast in den Wetsuit. Es war ein anderer Surfer, der rausgepaddelt war. Jack amüsierte sich natürlich auch darüber königlich.

Voll drauf!

Eines Morgens in jenem Frühjahr war ich draußen am Line-up von Manhattan Beach – also nicht in New York, sondern eher unter der Abflugschneise des Flughafens von L. A. Die Nacht zuvor hatte es geregnet, und über den mannshohen Wellen schimmerten kleine Regenbogen aus Gischt und Licht. Der Regen hatte auch die braune Smogschicht weggespült, sodass die weißen Wattewölkchen in einem blauen Himmelssee trieben. Bis auf einen älteren Mann, der seinen Metalldetektor schwenkend herumschlurfte, war der Strand menschenleer. Zwischen den babyblauen Rettungstürmen standen netzlose Volleyballpfosten und rostige, überquellende Mülltonnen. Landeinwärts begrenzte der Fahrradweg den Strand, dahinter kam der etwas erhöht liegende Streifen kostenpflichtiger Parkplätze, und den Hang hoch bis zum Küsten-Highway stapelten sich Wohnanlagen und Apartmenthäuser, deren chaotisch durcheinandergewürfelte Fensterfronten ausdruckslos aufs Meer hinausstarrten.

Und dann tauchte das Mädchen auf. Im ersten Moment dachte ich, sie hätte einen Bikini an, denn das Sonnenbraun ihrer Haut wurde an den entsprechenden Stellen von weißen Streifen unterbrochen; aber dann konnte man – unter anderem – das Dreieck dunkler Haare zwischen ihren Beinen sehen. Als sie auf Höhe unserer Sandbank war, sprang sie ins Meer und schwamm mit kräftigen Brustzügen zum Lineup, wo sie direkt auf einen fetten Typen zuhielt, der auf seinem Longboard saß. Fette Typen surften immer Longboards, weil sie zu schwer waren, um Shortboards richtig zu paddeln. Seins war ein altes, von silbernen Gaffertapestreifen zusammengehaltenes Garagenfundstück und länger als einige der Sections, die sein Besitzer mit ihm ritt. Mit dem ganzen Klebeband sah das Board völlig fertig aus, und man war sicher, dass es sofort untergehen musste, aber es schwamm wie ein Korken.

»Pass ich bei dir noch mit drauf?«, fragte das Mädchen, vor Anstrengung und Kälte keuchend.

»Klar doch, Kleine«, erwiderte der Langbrett-Typ.

Er rutschte ans hintere Ende seines Flugzeugträgers, bis sich die Spitze triefend aus dem Wasser hob. Das Mädchen packte das Rail, schob sich mit einem schnellen, geschickten Beinschlag hoch und landete mit dem schmatzenden Platschen nassen, nackten Fleisches auf der langen Planke. Dann hob sie einen Schenkel auf die andere Seite rüber und setzte sich rittlings aufs Brett, sodass sich ihre Pobacken zu einer üppigen, saftigen Birne spreizten.

Wow.

»Los, Jungs!«, schrie sie heiser. »Macht mit! Hang Eleven!«

»Hey Süße, wie heißt du?«, fragte der Langbrett-Typ.

»Tracey.«

»Komm, Trace, ich zeig dir, wie man paddelt.« Er wies sie an, sich flach auf den Bauch zu legen, und mit einigen weiteren aufreizenden Verrenkungen folgte sie seiner Anleitung.

Der Langbrett-Typ grinste von seinem Logenplatz zu uns rüber.

»Gut so?«, fragte sie.

»Oh, ich find's sahnemäßig«, hechelte Langbrett. »Aber rutsch noch ein bisschen näher.«

»So?«

»Bestens.«

Er plumpste auf den Bauch und bettete sein Kinn auf ihrem Hintern.

»Was machst du denn da?«, fragte sie kokett.

»Ich zeig dir, wie man paddelt«, antwortete er. »Also, mach *genau*, was ich sage …«

»OUTSIDE!«

Draußen zeichneten sich Reihen dunkler Linien ab. Kriegsgeheul brach aus, und alle fingen an, durchs Wasser zu schaufeln. Langbrett kippte sein Board zur Seite, und Tracey flog ins Wasser.

»Hasta la bye-bye!«

Ich schrappte über die erste Welle weg und entdeckte einen sich schnell aufbauenden Peak, der wie für mich gemacht war. Ich kam direkt im Filetstück rein und flitzte die gewölbte Wand ein paar Male auf und ab, spielte mit ein paar flinken Turns um die sich überwerfende Lippe und ritt die Welle, bis sie mich in unmittelbarer Strandnähe abwarf. Ich watete an Land, ließ mein Surfboard neben einem Klumpen goldenen Seetangs liegen und ging über den Strand zum Parkplatz. Das war Teil des Standardprogramms von Manhattan Beach. Die Parkuhren verschlangen Unmengen von Kleingeld, und man musste sie immer gut füttern, wollte man nicht von den wie Haie herumpirschenden Streifenwagen noch viel schmerzvoller abgefressen werden. Aber ich hatte Osterferien und brauchte endlich mal keine Gedanken an die Schule zu verschwenden. Allerdings musste ich am Nachmittag zum Training.

Stabhochsprung war zum Stachel in meinem Fleisch geworden. Bislang konnte ich meinen 13-Fuß-Rekord aus dem Vorjahr nicht übertreffen, und als der leitende Trainer Stan Moore mehrere Tage hintereinander mein Auto samt Surfboard drin vor der Schule gesehen hatte, zählte er eins und eins zusammen und machte mich runter, weil ich die Mannschaftsregel verletzt hatte, die besagte, dass »keine außerschulischen Sportaktivitäten« erlaubt seien. Diese Regel war nicht nur dazu da, unnötige und dämliche Verletzungen zu vermeiden, sondern sie sollte auch sicherstellen, dass es nichts gab, das mich ablenkte oder meinen Einsatz fürs Team beeinträchtigte oder mich sonst wie davon abhielt, Höchstleistungen zu bringen – und meine Leistungen in diesem Jahr waren *jäm-mer-lich*! War das alles, dreizehn Fuß? Hatte ich mein höchstes Ziel erreicht? In der *Times* zu stehen? Was wollte ich jetzt machen? Mich zurückziehen und im vierten Stock bei May Company Damenwäsche verkaufen? Moore machte mich richtig zur Schnecke. Dass er ein Bewunderer der griechischen Antike war, machte die Sache nicht unbedingt besser. Bei Mannschaftsbesprechungen dozierte er gerne über das griechische Ideal der *Arete*, des physisch, moralisch und geistig integren Menschen. »Erkenne dich selbst!«, wurde er nicht müde zu wiederholen. »Ein Leben ohne Selbsterkenntnis ist es nicht wert, gelebt zu werden!« Das führte ihn dann häufig zu einer Betrachtung des griechischen Ideals der Vervollkommnung des Menschen und der griechischen Liebe zur Philosophie, Demokratie, Leichtathletik und zu anderen würdigen Dingen ... aber ganz sicher *nicht* zum Surfen, wie er in unserem kleinen Gespräch anmerkte. Trotz seiner Drohung, mich aus der Mannschaft zu werfen, falls ich nicht »mit diesem Larifari aufhöre«, war ich im Frühjahr weiterhin gesurft. Ich brachte von da an mein Board nach Hause, bevor ich zur Schule weiterfuhr, denn es mochte ja sein, dass die Griechen nie gesurft waren, aber ganz sicher hatten sie auch nie Stabhochsprung betrieben.

Ein oder zwei der anderen Auswahlsportler waren auch Wasserratten, aber Stabhochsprung blieb ihre Priorität Nummer eins, und so blieben sie die Woche über an Land, fern der Wellen, und stürzten sich erst am Wochenende in die Fluten. Bei mir war das anders. Ich fuhr immer noch jeden Morgen vor der Schule raus, und wenn dann die Zeit fürs Training kam, war ich nicht so sehr erschöpft als vielmehr emotional ausgelaugt. Ich war nicht mit dem Herzen dabei. Mein Herz war in C-Street, in Radar Towers, es schlug für die Momente, in denen ich mit Jack runter nach Trestles fuhr, mit Jim vorm Supermarkt in Trancas stand und wir Donuts mit weißem Puderzucker verschlangen und dazu Literkartons Kakao in uns reingluckerten und ich versuchte, ihn zum Lachen zu bringen, damit er alles durch die Nase wieder rausprustete. Mein Herz war in Sunset, am Ende des Sunset Boulevard, wo die Wellen sanft und gleichmäßig reinkamen und wie Nudelhölzer unter blauem Satin dahinrollten, und mein Herz war bei Zeros, dem steilen, hohlen Linksbrecher, bei dem die Wipeouts einem Schleudergang glichen und den man über eine öffentliche Zugangsstraße erreichte, die voller Schlaglöcher war und einen wie Klamotten im Trockner hin und her warf. Mein Herz war am County Line, beim Bombora und seinen leicht gischtigen, ungebrochenen Riesenbuckelwellen weit draußen im tiefen Wasser, die sich irgendwann, wenn die richtige Dünung kam, brechen würden, und seiner Spitze, die unter Dauerbeschuss der öligen Peaks lag, und dem alles überragenden Kliff, auf dem Typen vorm Surfen in ihren Karren saßen und kifften, das Wageninnere so mit Dope zugequalmt, dass es aussah, als wollten sie sich kollektiv mit Abgasen vergiften. Mein Herz war im frühabendlichen Malibu, wenn der Nebel vom Meer hereinrollte und sich langsam die Hügel hochschob, während ein leichter Nieselregen einsetzte, der das Wasser mit klitzekleinen Nadelstichen aufraute und auf diese Weise die gläserne Oberfläche des Ozeans griffig machte, sodass man bei den Turns das Wasser unterm Board besser fühlen konnte. Mein Herz war in Zuma, nach einem Sturm, wenn Haufen von schaumbedecktem Treibholz und Muscheln den Strand sprenkelten, heraufgezerrt vom Grund des Ozeans, und die Seehunde, die das Unwetter aufs Festland vertrieben hatte, mir mit ihren großen schwarzen Augen über ihren herabhängenden Barthaaren zusahen, wie ich runter zum Wasser ging. Und mein Herz war in Topanga, oben am Steilufer, von dessen Rand man über den Strand sehen konnte, und am Horizont wurde die Sonne ein bisschen breiig wie eine überreife Mandarine, und meine Hände waren runzlig vom Wasser, und ich spürte den befriedigenden Schmerz von fünf Stunden Paddeln in meinen Schultern und Armen, während ich im Schutz meines Handtuchs eine trockene Hose anzog und im Gegenlicht der Sonne die Umrisse der Surfer sah, die den Strand hochstapften, und den eingängigen Rhythmus der weichen, ruhigen Wellen hörte.

Mein Herz war Surfen.

Und wenn ich dann am Spätnachmittag am Ende der Anlaufbahn stand, den Hochsprungstab in der Hand, und ein paar Grashalme in die Luft warf, um die Windrichtung festzustellen, überkam mich immer ein bisschen Wehmut bei dem Gedanken, dass genau dieser Wind durch die Küstenschluchten ans Meer weiterzog, wo er zur ablandigen Brise wurde, die die schnurgeraden Point-Wellen aushöhlte, perfekte Wellenwände aufbaute und einen Wasserschleier glänzender Prismen von den Wellenkämmen blies.

Als ich wieder zu meinem Board kam, stand ein Typ daneben. Er sah aus wie Ende zwanzig und trug ein weißes Handtuch über der Schulter. In der einen Hand hielt er eine smaragdgrüne Heineken-Flasche, in der anderen eine Zigarette. Er blickte raus aufs Meer.

»Siehst du das Mädchen da draußen?«, fragte er.

»Ja, die Nackte.«

»Du könntest sie nageln, wenn du wolltest.«

»Echt?«

»Oh ja. Das ist 'ne Kokshure. Wenn du Stoff hast, besorgt sie's dir. Ohne weitere Fragen.«

»Wer ist sie?«

»Meine Alte. Und ich muss sie ins Flugzeug nach Denver setzen. Der Flug geht in genau« – er sah auf seine Edelstahl-Armbanduhr – »dreiundfünfzig Minuten.«

»Ich glaub, das wird sie nicht mehr schaffen.«

»Sollte sie aber lieber«, meinte er. »Sie gehört zur Crew.«

Also stimmte, was man sich über Stewardessen erzählte. Wilde Frauen. Absolut gnadenlose Partygirls. Der Typ nahm einen Schluck Bier und fragte: »Surfst du viel hier?«

»Nur wenn es gut ist.«

»Das ist ja nicht viel. Nach zehn Uhr morgens braucht man bloß zu husten, und das Wasser ist voller Schaumkronen. Im

Frühjahr ist es am schlimmsten. Die Sandbänke sind völlig unberechenbar.«

»Stimmt schon, aber bei Westdünung gibt es hohle Wellen, und die Westdünung kommt im Frühjahr rein«, käute ich wieder, was Jack mir erzählt hatte.

Der Typ musterte mich und zog mit hohlen Wangen an seiner Zigarette. »Wohnst du hier in der Nähe?«

»Ich komm aus Santa Monica«, erklärte ich, was natürlich nicht stimmte, aber ich erkannte inzwischen die subtile Verachtung, mit der sich die Lippen von Strandbewohnern kräuselten, wenn sie hörten, dass man Talbewohner war – ein »Val«. Falls jemand schon wusste, dass ich einer war, weil er zum Beispiel mein Nummernschild gesehen hatte, dann erzählte ich, dass ich aus Woodland Hills war. Das lag zwar immer noch im San Fernando Valley, klang aber weit besser als Reseda. Nicht so nach weißer Unterschicht und Vorstadt. Ein bisschen näher am Strand. Aus Reseda zu kommen war schlimm genug, aber noch schlimmer war es, aus Glendale zu kommen. Glen: Tal. Und Dale: Tal. Zweimal Tal. Wer aus Glendale kam, war ein *doppelter* Val.

»Santa Monica, was. Schon mal Bay Street gesurft?«

»Klar.«

»Ich war oft in Bay Street«, sagte er. »Bin da viel gesurft.«

»Bist du auch aus Santa Monica?«

»Ich?«, sagte er mit einem schiefen Grinsen. »Ich bin 'n Val.«

Für mich war das weniger Ironie des Schicksals als ein weiterer Beweis dafür, dass es peinlich war, im Valley zu leben, und dass jeder Surfer, der sein Wachs wert war, früher oder später diesem Gitterrost aus Teerstraßen mit seinem Labyrinth aus Telefonleitungen, der kohlendioxidverpesteten Luft, den hochgetunten Angeberkarren und den aufgemotzten, tiefergelegten Chicano-Chevys entfliehen würde. Nicht zu vergessen die Zeugen-Jehovas-Zombies, die mit dem *Wachtturm* in der Hand vorm Supermarkt standen, während die Hochofenhitze die dreckigen alten Kaugummis auf dem Gehweg zu neuem klebrigen Leben erweckte und den Bürgersteig so in einen Hindernisparcours verwandelte, und ganz zu schweigen davon, dass es überhaupt keine Wellen gab.

Ich sagte: »Aber jetzt lebst du hier.«

»Seit vier Jahren.«

»Du surfst bestimmt jeden Tag.«

»Nee, ich surf nicht mehr«, antwortete er mit einem geringschätzigen Wedeln seiner Zigarette. »Ich mach jetzt schwer in Immobilien. Ich hab richtig was investiert, und jetzt zahlt es sich endlich aus. Hab 'n nettes Häuschen gleich am Radweg – Dielenboden, hundertzwanzig Quadratmeter … hab grad 'n Whirlpool mit 'nem Redwood-Deck eingebaut.«

»Hey.«

»Wenn's mir hier zu öde wird, hab ich immer noch die Wohnung oben in Mammoth.«

»Nicht übel.«

»Oh ja«, sagte er. »Ich hab's wirklich zu was gebracht.«

Er trank und qualmte, und sein Blick wanderte raus aufs Meer. Seine Frau hielt sich jetzt am neoprenbezogenen Oberschenkel eines Shortboarders fest, dessen eine Hand ganz offensichtlich irgendwas unter der Wasseroberfläche machte. Der alte Knacker mit dem Metalldetektor war runter zum Shorebreak geschlurft und schwang seinen Apparat wie ein Pendel hin und her, allerdings schien er jetzt weniger am Sand interessiert als an dem, was er draußen im Wasser sah.

»Also hast du wegen der Immobilien aufgehört?«

»Häh?«, fragte er geistesabwesend. »Was?«

»Mit dem Surfen. Warum du damit aufgehört hast.«

»Hab einfach keine Zeit mehr«, sagte er achselzuckend. »Und die Wellen sind auch nicht mehr das, was sie mal waren. Nach 74 und der großen Dünung von Neuseeland war nichts mehr so wie vorher. Der Meeresboden und die Sandbänke sind durcheinandergekommen, und die Wellen spinnen total.«

»Die Wellen waren damals besser?«

»Klar, Mann, kein Vergleich.«

»Dann müssen sie ziemlich gut gewesen sein.«

»Darauf kannste aber wetten. Und es gab auch viel mehr. Kein Vergleich mit heute.«

Sein Blick wanderte zum Meer zurück. Da draußen flog eine Schar Pelikane in V-Formation tief über das Wasser, die Spitzen ihrer Schwingen nur Zentimeter von der sacht wogenden Oberfläche entfernt. Flügelschlag, Flügelschlag, *Gleiten*. Flügelschlag, Flügelschlag, *Gleiten*. Ich beugte mich vor, um meine Leash festzumachen, und nahm dann mein Board. Ein kleiner Schwarm Sandflöhe stieg von dem Klumpen Seetang auf.

»Okay, ich geh dann mal wieder raus«, sagte ich. »Ich sag deiner Frau Bescheid, dass sie ihren Flug kriegen muss.«

Er schnippte die Kippe in den cremigen Schaum und schnaubte das letzte bisschen Rauch aus wie eine Abgaswolke.

»Gracias.«

Ich watete ins Wasser und paddelte rüber zu der jungen Frau. Sie hing noch immer am Bein des Shortboarders.

»Hey Trace, ich hab 'ne Nachricht von deinem Mann.«

»Mein Mann? Wo?«

»Am Strand.«

Sie guckte in Richtung Land. Ihr Mann schwang sein weißes Handtuch wie eine Friedensfahne.

»Der kann mich mal«, sagte sie.

»Er sagt, du musst deinen Flieger erwischen.«

»Flieger?«

»Nach Denver.«

Ihre Pupillen wurden noch größer, als sie es ohnehin schon waren.

»Ach du Scheiße! Bis später, Jungs!«

Sie schwamm Richtung Strand.

»Die muss ihren Flieger erwischen?«, fragte der Shortboarder, als sie davonschwamm. »Wozu das denn? Die ist doch schon so was von high, die hebt schon ab.«

Sie tauchte aus der Brandung auf, und ihr rosiges Hinterteil winkte uns ein letztes Mal zu. Dann wickelte sie das Handtuch um ihren Körper wie einen hawaiianischen Muumuu, und die beiden gingen den beigefarbenen Strand hoch, vorbei an dem Alten mit dem Metalldetektor, vorbei an den Typen, die gerade ankamen, um nach dem Frühstück zu surfen, über den Fahrradweg und den Parkplatz zu ihrem Wohnsitz.

Ich surfte noch etwa eine Stunde, und die unberechenbaren Sandbänke benahmen sich bestens. Aber ich war nicht richtig bei der Sache. Die ganze Zeit überlegte ich, was ich unglaublicher fand: eine nackte Stewardess oder einen Typen, der aufgehört hatte zu surfen, nachdem er an den Strand gezogen war.

Der Wahnsinnstag

Für Surfer fing der Sommer nicht dann an, wenn es Ferien gab oder es so im Kalender stand oder wenn der graue Mai und der verhangene Juni vorbei waren. Der Surferkalender war nicht chronologisch, sondern chronowellarisch, und der Sommer fing genau dann an, wenn die erste Süddünung durchkam. Schon Tage vorher schlug das Ereignis in den Unterhaltungen Wellen.

»Vor Neuseeland liegt ein monstermäßiges Tief! Bei Winkie Pop und Narrabeen haben sie Faces von zwölf Fuß! Nächste Woche geht's *ab*!«

Die Information kam normalerweise aus irgendeiner obskuren Quelle – ein Bekannter, der gegenüber vom Neffen des Typen wohnte, der im Wetteramt am Flughafen arbeitete –, aber zum Teufel mit der Informationsquelle, Mann, wir wollten Wellen, und dafür waren wir sogar bereit, an Glückskeksbotschaften zu glauben. In der Nacht vor dem großen Tag, am Abend vor der Stunde null, vibrierten wir vor lauter Vorfreude und erledigten lang überfällige Reparaturen an unseren Brettern, Visionen von reißenden, hart brechenden Radikalwellen vor unserem surffixierten inneren Auge. Dann standen wir vor Sonnenaufgang auf, packten ein Fresspaket ein (da wir ja den ganzen Tag draußen sein würden), zogen den Wetsuit an (um direkt aus dem fast noch fahrenden Auto herausstürzen zu können), rasten den Ventura Freeway runter, riskierten Leib und Leben bei der wilden Fahrt durch den Canyon, preschten direkt auf den Strand und …

Nada.

Der Stille Ozean, fürwahr.

Der Strand war mit Autos gesäumt, manche von ihnen voll besetzt mit vier oder fünf Typen und so vielen Boards auf dem Dach, dass es aussah wie bei einem Bretterstapel-Derby. Es bot sich ein Bild der Massenfrustration: Verschlafen aus der Wäsche guckende Surfer in Baja-Pullovern und australischen Schaffellstiefeln hingen an ihren Autotüren, starrten aufs Meer hinaus, in die langsam aufhellende Dunkelheit, suchten den Horizont nach ihrer versprochenen und nach wie vor ausbleibenden Süddünung ab und guckten immer wieder auf die Uhr, so als wäre es nur eine Frage der Zeit, bis die Dünung endlich die spiegelglatte Oberfläche des Ozeans kräuseln und die Sommersaison offiziell beginnen würde. Aber es passierte nichts. Wir hätten genauso gut auf den Auftritt des Monsters vom Loch Ness warten können. Nach diesem enttäuschenden Erlebnis bestand die einzige Befriedigung darin, allen entgegenkommenden Autos mit Surfboards auf dem Dach schadenfroh die nach unten deutenden Daumen entgegenzustrecken, während man durch den Canyon zurück nach Hause fuhr.

Damals hatte noch niemand Webcams oder Zugang zu Satellitenbildern vom Wetterdienst im Internet oder zu Webseiten, auf denen man sich über tropische Stürme und

Vorreiter-Dünungen an Indicator-Riffs informieren konnte. Wir hatten noch nicht einmal so simple Dinge wie Handys, mit denen uns Freunde, die gerade die Küste auscheckten, über den Stand der Dinge vor Ort auf dem Laufenden halten konnten. Was die Nachrichtentechnik betraf, lebten wir im finstersten Mittelalter. Alles, was wir an »Technik« und echten Nachrichten hatten, war der Surfreport auf KMET, deren Außenposten in Malibu, Natural Progression, uns begierigen Zuhörern im Hinterland jedoch absichtlich Fehlinformationen lieferte, um das Wasser von verabscheuungswürdigen Talratten und anderen Auswärtigen frei zu halten. *Hier ist der Riddler vom Natural Progression in Malibu, und das scheint hier ein ganz exzellenter Tag zu werden. Lufttemperatur sechsundzwanzig Grad, Wasser einundzwanzig Grad; aber die Wellen – sorry, Jungs – nur schlappe drei Fuß mit auffrischenden auflandigen Winden. Also, falls ihr nicht 'ne Tüte drüberstülpen und ans Vaterland denken wollt, nehmt euer Board heute lieber mit in den Pool und lasst Brian Wilson 'ne Wasserbombe machen.* So weit der Surfreport. Doch eine Viertelstunde später, nachdem man durch den Malibu Canyon gefahren und auf der Anhöhe bei der Kirche angekommen war, konnte man dann einen Ozean sehen, dessen Oberfläche meistens von der Dünung geriffelt war – von den prachtvollen, offenen Rechtsbrechern, die in sanfter, geometrischer Ebenmäßigkeit auf den Strand zurollten. Jim und ich entwickelten also ein System, um den Code der Malibu-Surfreports zu knacken: Wir verdoppelten die Angabe zur Wellenhöhe und zogen vom Ergebnis einen Fuß ab. Zwei Fuß bedeuteten drei, drei Fuß fünf, vier Fuß sieben … aber es blieb trotzdem ein Rätsel.

Angenommen aber, man ignorierte alle Gerüchte. In diesem Fall zog man die Surfvorhersage der *L. A. Times* zurate (die ungefähr so oft eintraf wie das Tageshoroskop), überprüfte die Angaben mit einem Anruf beim Surfreport der Strandwache (der einem sagte, was die Bojen machten), sah sich den Tidenkalender an (in dem die Bewegungen der Grunion-Fische auf die Stunde genau aufgelistet waren – warum konnten sie dasselbe nicht mit den Wellen machen?), hörte zur Verifizierung die Lokalnachrichten auf Channel 7 mit dem »Surfcast« des (angeblichen) Surfers Johnny Mountain und befasste sich – wenn man wirklich besessen war – sogar mit Isobaren und barometrischen Werten. Wenn dann alle Zeichen Gutes verhießen, stand man früh auf und fuhr zu einem sorgfältig ausbaldowerten, weit entfernten Ort wie Huntington Beach, ließ das endlos ausgedehnte Stadtgebiet von L. A. hinter sich und fuhr den Highway 405 südwärts; die Bewässerungsgräben von Orange County zischten vorbei wie die kleinen Fächer eines Rouletterades, und man war sich hunderttausendprozentig sicher, dass einem das Glück diesmal hold sein und die gesamte Küste *kochen* würde – und trotzdem hatte man die Arschkarte gezogen.

Und fand man diese Phantomdünung tatsächlich einmal, war man bei den Wellen nie Erster. Tausende von anderen Surfern hatten die Entwicklung ebenso verfolgt, und wenn es dann endlich losging, war die gesamte Küste auf den Beinen. Also beschloss man, sich ein bisschen umzusehen und nach einer weniger dicht bevölkerten Stelle Ausschau zu halten. Hatte man das zweifelhafte Glück, mit einem Radical Einstein unterwegs zu sein, konnte es passieren, dass dieser Stein und Bein schwor, ja dass er sich sogar absolut todsicher war – da sich nämlich die Sets an einem bestimmten Break auf diese bestimmte Art aufbauten und weil die Lines da *jetzt* so reinkamen –, dass die Wellen weiter oben im Norden ein Gedicht, ja ein Heldenepos sein würden und überhaupt nicht so überrannt. Regelmäßig beugte man sich dem reicheren Erfahrungsschatz, fuhr Richtung Norden, wo es in den allerseltensten Fällen auch nur einen Deut besser aussah, und das geniale Wunderkind murmelte dann verständnislos, dass doch im Norden immer der Bär abginge, wenn dieser eine bestimmte Break bei mittlerem Niedrigwasserstand diese eine bestimmte Sache mit der Südwestdünung machte, worauf man sich den Hinweis nicht verkneifen konnte, dass sich auch die Nichtexistenz des gesamten Universums theoretisch wissenschaftlich beweisen ließe. Danach fuhr man dann wieder fünfzig Meilen zurück zu dem ersten Break, den man sich angeguckt hatte, um festzustellen, dass sich dort jetzt eine noch größere Menschenherde tummelte als vorher, also ignorierte man tapfer die Muskelkrämpfe vom stundenlangen Autofahren und den einsetzenden Hunger auf Essen und Wellen, während man im Leerlauf die Hügel runterrollte, um nicht auch noch den Tank auszuhungern, und weiter zur South Bay fuhr, wo es vielleicht vor ein bis zwei Stunden gute Wellen gegeben hatte, jetzt aber der Südwind gerade auffrischte. Aber um nach dem ganzen Aufriss wenigstens *irgendwas* zu surfen, verbrachte man eine weitere halbe Stunde damit, einen Parkplatz zu suchen, kämpfte sich dann zum Wasser durch, vorbei an dauerposenden Bodybuildern, die krampfhaft ihre Muskelspannung hielten und darum wahrscheinlich nie ausatmeten, vorbei an Skimboardern, die ihren Sperrholzplatten hinterherjagten, vorbei an schwirrenden Frisbees und trudelnden Footballs, vorbei an Gott und der Welt und dem ganzen Strandzirkus, paddelte zusammen mit einer Trilliarde anderer Typen und durchgeknallten Jetskiern, die sich mit ihren bläulichen Rauch ausrülpsenden Laubgebläsemotoren zwischen dem Bretterstau durchfädelten, raus zu irgendwelchen mittelprächtigen Wellen – und dann fing gerade in dem Moment, in dem man eine einigermaßen anständige Sandbank gefunden hatte, die für mehr als nur einen Dreisekundenritt gut war (und bei der die Luft nicht von »Meine Welle! Meine Welle!«-Rufen vibrierte), irgendein kleines Kind mit Schwimmflügeln an, vorne im seichten Wasser zu planschen, natürlich genau da, wo die Wellen sich brachen, und im selben Moment schon hörte man zuerst ein lautes Knacken mit einer pfeifenden Rückkopplung und dann die Stimme des Strandwächters, die aus dem Lautsprecher dröhnte: ACHTUNG, ACHTUNG! AN ALLE BOARDSURFER. DIESER STRAND IST AB SOFORT OFFIZIELLES BADEGEBIET. BITTE VERLASSEN SIE UMGEHEND DAS WASSER ...

Die einzige Möglichkeit, Glück mit der Brandung zu haben und draußen nicht allzu viele andere Surfer anzutreffen, war, dämlich zu surfen. Dämlich surfen hieß, auf jeden Fall rauszugehen. So surften Jim und ich in jenem ersten Jahr, als wir es noch nicht besser wussten. Einer unserer Grundsätze war, rauszugehen, wenn uns danach war, egal, was der Wetterbericht sagte, und wenn wir im Abwaschwasser surfen mussten. Es verlieh unserem Leben Struktur. Es verlieh unserem Leben Gewicht und Form. Mit dieser sogenannten Strategie surften wir neun von zehn Mal tatsächlich sehr dämlich – aber ein Mal, ein einziges Mal, landeten wir einen Volltreffer.

Es war der Frühling der bekoksten Stewardess. Der Frühling war, was das Surfen anging, immer eine etwas unzuverlässige Jahreszeit. Sofern überhaupt eine Dünung durchkam, hielt sie höchstens ein bis zwei Tage an, und bis man davon erfuhr, war meistens schon alles vorbei. An diesem einen Tag hatte ich Jim für eine Morgenpatrouille aus den Federn gescheucht. Als wir den Pacific Coast Highway erreichten, war er von einer dicken, wolligen Nebeldecke verhüllt. Wir beschlossen, nach Malibu zu fahren, und wussten erst, dass wir dort angekommen waren, als wir das blutrot pulsierende *Zimmer frei*-Leuchtzeichen des Malibu Shores Motel durch die weiße Suppe blinken sahen. Wir parkten und stiegen aus. Wir konnten von der Straße aus nicht bis zum Wasser sehen, aber da der Highway hinter uns völlig ruhig war, hörten wir das verhaltene Grollen der Wellen. Wir packten unsere Boards, zogen unsere Neoprenanzüge an, gingen die Holztreppe hinunter und über den sandverwehten Parkplatz und traten schließlich durch die Öffnung in der Strandmauer von Malibu.

Normalerweise machten wir das nicht. Normalerweise parkten wir am Tonga Lei, gingen dann den Strand entlang und dann vorsichtig um die Mauer herum, auf der bei guter Wellenlage pfauenblaue, limonengrüne und kirschrote Surfwesten trockneten und gegen deren Strandseite Boards lehnten, wie Wachtposten, die ein unantastbares Heiligtum hüten. Diese Boards gehörten den Einheimischen, die alle aussahen, als entstammten sie einem Nazi-Lebensborn, und die sich gegenseitig Skip, Terry, Brad oder Drew nannten, wenn sie sich mit ihren lauten, aufdringlichen Stimmen unterhielten (»Dude, das war der Hammer! Ich hab die beste Welle erwischt! Den heftigsten Ride! Ich bin oben vertikal gegangen, Wahnsinn! Voll in der Luft! Ohne Scheiß!«). Sie hingen vor der Maueröffnung rum und versperrten den Weg, sodass man gezwungen war, sich an ihnen vorbeizuschlängeln, vorbei auch an ihren leicht irritierten Blicken, die zu sagen schienen, *Das könnt ihr Typen doch nicht* wirklich *ernst meinen.*

»Hey, die nehmen heute die Stützräder von ihren Boards.«

»Wollen die große böse Mali-Bu-Bu-Welle reiten.«

»Na hoffentlich ersaufen sie nicht.«

Heute aber war es anders. Heute gingen wir entspannt und ungehindert durch die Maueröffnung aufs Wasser zu, erst in Schrittgeschwindigkeit, dann joggten wir los, und als wir endlich etwas durch die Nebelwand sehen konnten, rannten wir. Wir trauten unseren Augen nicht. Da waren wir, in Malibu, bei idealen Surfbedingungen: Ebbe und hohle, fünf bis sechs Fuß hohe Wellen – und *niemand war draußen.*

Ich wachste mein Board normalerweise an der Wasserlinie und schob dann den Wachsstick ins Hosenbein meines Wetsuits. Jetzt aber hatte mich die pure Welleneuphorie gepackt, also klemmte ich mir das Wachs einfach zwischen die Zähne und kraxelte so schnell ich konnte über das Riff. Ich stellte mich nicht sonderlich geschickt an: Mit vor Aufregung wackeligen Beinen stolperte ich vorwärts über die scharfkantigen Felsbrocken. Jim war direkt hinter mir. Statt dann geduldig das nächste Set abzuwarten, stürzten wir uns beide in die Brandung, wo wir von den hereinrollenden Wellen niedergemäht wurden. Wir hatten keine Wahl. Einfach nur zuzusehen, wie sich die Wellenlinien in der Brandung aufbauten und sich diese makellosen, serienmäßig vollkommenen Rechtsbrecher unbehelligt an den Strand schoben, wäre Folter gewesen.

Wir kämpften uns schließlich bis nach draußen, und anstatt zum näheren Inside First paddelten wir gleich weiter zum First Point Takeoff. Es war ein seltsames Gefühl. Als würde man einfach durch die unverschlossene Haustür direkt ins Wohnzimmer eines Hauses gehen, dessen Bewohner verreist sind. Meine erste Welle ritt ich ganz rein, fast bis zum Strand. Statt den weiten Weg zurückzupaddeln, löste ich den Klettverschluss meiner Leash und ging zu Fuß zum First Point. Als ich über den Sand lief, merkte ich, dass mein Fuß verletzt war. Wahrscheinlich hatte ich mir auf dem Weg über die Felsen die Sohle aufgeschlitzt und es nicht bemerkt, da ich so mit Adrenalin vollgepumpt gewesen war. Ich hatte auch nicht vor, mich jetzt darum zu kümmern. Sollte der Fuß einfach bluten. Sollte er doch bluten und allen Haien im Umkreis von einer halben Meile als Peilsender dienen. Dann war das heute eben der letzte Tag, an dem ich jemals surfen sollte, und überhaupt das Letzte, was ich jemals machen sollte, so wahr mir Gott helfe.

Die Sets kamen ohne Unterbrechung. Sie kamen so regelmäßig wie die Geburtswehen einer werdenden Mutter weit über dem Termin, und es gab nicht einen einzigen Windhauch, nicht ein einziges Wassermolekül am falschen Ort, während die Dünung sich sanft auf die abgeschrägte Kontur der Küste schob. Ich nahm jede Welle, die ich erwischen konnte, stieg aber jedes Mal früh nach hinten aus, um nicht den ganzen Weg zurückpaddeln oder zum Point laufen zu müssen. Es war ein üppiges Festmahl, und ich konnte verschwenderisch sein. Außerdem war ich völlig berauscht und fast schon im Delirium, weil ich keine Ahnung hatte, ob mir so was je wieder passieren würde: eine perfekte, unsere Köpfe überragende Brandung und keine Typen, die mir die Welle vor der Nase wegschnappten, keine ätzende Malibu-Hackordnung. Jim und ich surften in stiller, fieberhafter

Konzentration, ohne begeisterte Jubelschreie, ohne gegenseitiges Anfeuern, ohne ein Wort zu sprechen – einig in der angespannten Furcht, dass das geringste Geräusch ein Echo erzeugen könnte, das die Hügel hinaufhallen und genau die falschen Leute wecken würde.

Und das Wachs klemmte immer noch zwischen meinen Zähnen. Als schließlich eine Wellenflaute eintrat, musste ich es mir aus dem Oberkiefer hebeln, so tief hatten sich meine Schneidezähne hineingegraben. Danach blieb mir gerade genug Zeit, mich von meinem Board zu stürzen und ein paar flüchtige Wachswischer aufzutragen, bevor die Sets wieder reingerollt kamen – und sie wurden noch größer! Ich war mir sicher, dass jeden Moment der Wecker loskrakeelen und sich alles als der unglaublichste Traum meines Lebens herausstellen würde. Aber falls ich träumte, dann mit weit offenen Augen. Vor lauter Begeisterung warf ich mein Wachs hoch in die Luft, was ebenfalls eine Weltpremiere war. Vorher hätte ich nie mit meinem Wachs rumgeworfen, denn es waren immer mindestens dreißig Typen um einen rum, die man treffen konnte.

Eine gute halbe Stunde hatten wir das Meer für uns alleine, dann schienen die kupferfarbenen Sonnenstrahlen durch die Pfähle an der Pier, der Nebel lichtete sich, und andere Surfer tauchten allmählich auf; nach ungefähr einer weiteren Stunde waren es so viele geworden, dass unsere Wellenausbeute ernsthaft zu leiden begann. Jim blieb noch etwas draußen, doch mich veranlassten die Horden von Neoprenanzugträgern, die zum Strand runterschwärmten und aussahen wie eine Ameisenkolonie beim Anmarsch auf ein Picknick, meine Session für diesen Tag zu beenden. Ich wollte aufhören, solange es richtig gut war, ohne faden

Nachgeschmack. Ich wollte eine reine, unbefleckte Erinnerung daran behalten – eine *Rhapsody in Blue*. Nur Jim und ich und die schönen nackten Wellen.

Wo waren die hergekommen?

Es war keine Hurrikan-Saison, und es hatte keine Meldungen über Tiefseedünungen aus dem Südpazifik gegeben. Ein plötzlich aufgekommener Sturm draußen vor der Küste? Vielleicht. Aber falls es einen gegeben hatte, war das entsprechende Wetter ausgeblieben. Tatsache war, dass wir zur richtigen Zeit am richtigen Ort waren. Wann immer wir uns später darüber unterhielten, nannten wir es den Wahnsinnstag. Wir sprachen oft darüber, und besonders oft in langen Dürrezeiten ohne Wellen.

»Weißt du noch, der Wahnsinnstag?«

»Ist uns einfach so in den Schoß gefallen.«

»Man kann es eben nicht erzwingen.«

»Genau wie bei den Mädchen.«

Es sollte noch größere und bessere Wellen für uns geben und auch andere Tage an anderen Breaks, an denen nur ein paar Typen draußen waren, aber nie wieder erlebten wir beides zusammen in einer so gesegneten Kombination wie am Wahnsinnstag. Doppelt gesegnet, weil wir nichts dafür getan hatten. Es war ein Glücksfall, ein Geschenk des Himmels – eine unverdiente Gnade. Danach häuften wir so viel Fachwissen an über Winde und Gezeiten und Strömungen, über die örtlichen Breaks und die saisonalen Sturmmuster, wir hatten die gesamte Santa Monica Bay so dermaßen unter Kontrolle, dass wir nie wieder dämlich gesurft sind. Und wir hatten auch nie wieder einen Wahnsinnstag.

Shaun

Ich verbrachte allerdings nicht meine gesamte Zeit am Strand. Seit meinem dreizehnten Lebensjahr war ich erwerbstätig gewesen, wie ein leidgeprüftes Waisenkind aus einem Dickens-Roman. Dafür hatten meine Eltern gesorgt. Ihrer Meinung nach musste man mich an die Hand nehmen und mir die altmodische Tugend ehrlicher Arbeit vermitteln, damit ich es trotz der Tatsache, dass ich inmitten dieses südkalifornischen Riesenspielplatzes aufwuchs, zu etwas bringen würde. Aus mir sollte kein verzogener Rotzlöffel werden oder gar – da sei Gott vor – ein Surfpenner.

Also hatte ich vier Jahre lang Zeitungen ausgetragen, und in jenem Sommer begann ich einen neuen Job im Auslieferungsgewerbe. Jeden Samstag ging ich zehn Stunden meiner Tätigkeit nach, die darin bestand, als Beifahrer in einem Sears-Lieferwagen mitzufahren und bestellte Konsumgüter wie Trockner und Waschmaschinen in die Häuser der Kunden zu schleppen. Mein Partner war Wade, ein strammer Mittvierziger mit einer Brustbehaarung, die seinen Halsansatz wie ein Pulloverausschnitt einrahmte. Während der Fahrt klemmte immer eine Flasche Miller High Life zwischen seinen Oberschenkeln. Nachschub besorgte er sich in den typischen Schnapsläden, die aussahen wie mit schwarzen Stahlgittern ummantelte Schuhkartons. Wir lieferten überallhin, von Simi Valley bis nach Pasadena, und befuhren dabei die Freeways, die die kleinen Siedlungsinseln im großen Archipel L. A. miteinander verbanden. Falls wir den Weg einmal nicht genau wussten – und man kann in L. A. County sehr lange Taxi oder Lieferwagen fahren und dennoch nicht mehr als nur einen Ausschnitt dieses ausufernden Stadtgebiets kennen –, half uns der spiralgebundene *Thomas Guide* weiter, und nach jeder Lieferung krakelte ich einen Eintrag ins Fahrtenbuch, wobei ich auf Wades Anweisung die Zeit immer sechs bis acht Minuten aufrundete, sodass wir bis zur Mittagspause jeweils ungefähr neunzig Minuten rausgeholt hatten. Dann schnappte ich mir den *Thomas Guide* und lotste Wade zum nächstgelegenen kleinen Gemeindepark, wo er den Lieferwagen im schwindsüchtigen Schatten einiger Eukalyptusbäume parkte. Wir aßen unsere Lunchpakete, und er trank sein Bier, und das Fahrerhäuschen heizte sich auf wie ein Dörrofen. Nach dem Lunch schalteten wir einen Gang zurück, ich schrieb die korrekten Zeiten auf, und am Ende des Tages stimmte alles auf die Minute. Ich hätte die übrigen Lieferungen natürlich auch gerne im Schnellverfahren abgerissen, um noch den Glassoff in Topanga oder Malibu zu erwischen, diese vollendeten, geschliffen glatten Wellen des Spätnachmittags, wenn der Wind nachlässt und die Oberfläche des Ozeans vollkommen weich wird, aber Wade schien es nie sonderlich eilig zu haben.

Als kleine Entschädigung hatte ich immer ein bis zwei Surfmagazine dabei, die ich während dieser ausgedehnten

Mittagspausen durchlas. Ich war damals treuer *Surfing*-Abonnent, Jim Kalahani kriegte den *Surfer*, und wir tauschten die Hefte untereinander, um auch nicht das kleinste Fitzelchen Surfneuigkeiten zu verpassen. Die Hefte waren randvoll mit Lesestoff. Sie druckten die allerletzten Meldungen von der Profi-Surftour, stellten die neuesten »geheimen Spots« vor, brachten saisonale Wellenvorhersagen, Reise-Bilderstrecken, Fotoreportagen, Surferprofile, Foren über Board-Design, Umweltnachrichten, Gastkolumnen zu Surftechniken und in der Mitte ein großes Surfposter zum Herausnehmen. Es gab sogar Surfer-Kurzgeschichten. Radical Jack schrieb diese Storys manchmal ab und reichte sie als Englischaufsätze ein, was ich ziemlich riskant fand, denn in Englisch hatten wir Mr. Arthur. Er war Leiter der Theatergruppe und unglaublich fett, hatte leicht erregbare Glupschaugen und schob seine Riesenwampe wie einen Schienenräumer vor sich her. Schüler, die sich in seinem Unterricht danebenbenahmen, ranzte er entweder in seinem schweren Brooklyn-Akzent an – »Ihr Schwachköpfe! Kein Wunder, dass ihr nichts lernt! Ihr könnt ja keine zehn Sekunden eure #@%& Klappe halten!« –, oder er bewegte sich mit seinem massigen Körper auf den Missetäter zu, packte ihn, nahm ihn in den Schwitzkasten und verpasste ihm das, was er einen Knöchel-Autsch nannte. Dazu rubbelte er seine Fingerknöchel fest über den Kopf des Unglücklichen und brüllte dabei »Knöchel-AUTSCH!«. Aber Jack gehörte nie zu den Adressaten eines Knöchel-Autschs. Mr. Arthur lobte sogar seine Erzählungen wegen ihrer originellen Handlung und bildhaften Sprache und kritisierte nur Grammatik und Ausdruck – eine Kritik, die Jack nie traf, da er die Geschichten immer wortwörtlich abschrieb.

Die Surfzeitschriften waren maßgeblich an der medialen Erschaffung der »Surfstars« beteiligt. Damals gab es eine ganze Bootsladung dieser Stars – obwohl Kalifornien seltsamerweise nicht mit vielen großen Namen glänzen konnte. Die meisten kamen aus Florida, Hawaii oder Australien, und mein Favorit war ein Südafrikaner namens Shaun Tomson. Shaun war der größte Tuberider aller Zeiten, und Tuberiding war der Gipfel surferischen Könnens. Nur als Beispiel: Ich war noch nie in der Röhre. Nicht ein Mal. Ich hatte stets die Ausrede zur Hand, dass man in L. A. nicht viele Gelegenheiten bekam, das Tuben zu üben, weil die beiden einzigen Orte mit echten Tubes, Zeros und Drainpipes, Linksbrecher waren. Als Rechtsfüßler konnte ich mich nicht vornüber in die Wand einer linksbrechenden Welle lehnen, wie ich es mit einer rechtsbrechenden machen würde. Außerdem: Wenn sich die Wellenlippe einmal direkt über mir herumwarf, was selten genug vorkam, dann war mein unmittelbarer Impuls, mich vom Brett zu stürzen – so wie ein Schlagmann beim Baseball, der sich auf den Boden schmeißt, um einem haarscharf auf ihn zugeworfenen Curveball zu entgehen. Shaun hatte diesen natürlichen Reflex nicht nur überwunden, sondern absolvierte sogar volle Drehungen und andere Manöver in der rotierenden Wassertrommel – eine bis dahin unerhörte Leistung.

Jim Kalahani hingegen schwärmte für den Vollblut-Hawaiianer Dane Kealoha. Dane war damals gerade dabei, die Profiszene aufzumischen und einen Aufstand der hawaiianischen Surfer gegen die Vorherrschaft der Australier anzuzetteln. Er war beim Surfen ständig in Bewegung; wie eine menschliche Flipperkugel flitzte er auf den Wellen hin und her, vollführte gekonnte Ricochets auf jeder sich bietenden

Section und heimste dafür haufenweise Punkte von der Jury ein. Ich fand seinen Stil übertrieben, aber Jim sah in ihm Hawaiis große Hoffnung. Eines schönen Tages versuchte er, mir einen reinzuwürgen.

»Hey Steve, was meinst du, was ist die beste Tube der Welt?«

»Na, was wohl – die Pipeline.«

»Sicher?«

»Logisch.«

»Okay, und das coolste Manöver sind Laybacks, richtig?«

Laybacks waren eine ziemliche Verrenkung und der Traum aller Chiropraktiker: Man hievt sich dabei zurück aufs Brett, nachdem man sich vorher absichtlich hat hintenüberfallen lassen.

»Wenn man auf so was steht.«

»Das coolste Manöver sind Laybacks und die schärfste Tube ist Pipeline«, sagte Jim. »Bei den Pipeline Masters hat Dane 'n Layback in der Tube hingelegt!«

»Und?«

»Und ich muss dir leider sagen – fang jetzt nicht an zu heulen –, Dane ist um *Längen* besser als Shaun.«

»Siehst du Tränen? Ich heul nicht. Ich lach mich schlapp. Ein Typ, der vom Brett fällt und das dann als Layback tarnt, besser als Shaun? Der coolste Wipeout vielleicht. Klar, meine Stimme hat er.«

»Shaun schafft das nicht.«

»Shaun will das gar nicht. Er ist ein Purist.«

»Wenn du Purismus willst, guck dir Lopez an. Er hat das Tuberiding *erfunden*. Und er ist Hawaiianer.«

»Er ist kein Hawaiianer.«

»Er ist auf Hawaii geboren.«

»Hawaii ist nicht irgendein fremdes Land, Jim, Hawaii gehört zu Amerika. Du bist in Kalifornien geboren und trotzdem Hawaiianer.«

»Was bitte ist Lopez dann?«

»Er ist Amerikaner kubanisch-deutsch-japanischer Abstammung.«

»Wo hast du das denn her?«

»Hab ich in *Surfing* gelesen.«

Die Magazine brachten auch Werbung für die neuesten Surferfilme. Diese trugen Titel wie *Salt Water Wine* oder *Hot Lips and Inner Tubes*, und allein schon die Anzeigentexte waren pure Hysterie:

Cobalt Cylinders ist der neue Film, über den man spricht,
denn jeder Ritt ist HEISS, die SUPERSTARS sind HEISS,
die Aufnahmen sind HEISS, und die Musik ist der HIT.
Cobalt Cylinders fetzt dich aus deinem Sitz und bringt dir
den totalen salzwassergetränkten SUPER-WELLENRAUSCH!
SPRENGT deine selbstzufriedene Weltsicht aus den Angeln!
Schnall dich an bei den Manövern der
RADIKALSTEN Wellenkünstler unserer Zeit!

»Ein heißer Streifen.«
Surf Magazine

»Stoker des Jahres.«
Surfer Magazine

»So viel Juice, fast wäre ich ertrunken!«
Surfing Magazine

Zu dieser Zeit gab es keine DVDs oder YouTube, und Surfevents flimmerten so gut wie nie über die Mattscheibe. Die neuesten Surffilme im Kino waren folglich die einzige Möglichkeit, die Top-Surfer auf den Top-Wellen dieser Welt zu sehen. Im San Fernando Valley fand die Uraufführung dieser Filme stets im Baronet Theatre am Topanga Canyon Boulevard statt. Das Baronet war ein ziemlich schräger Laden, mit niedrigen Decken und klaustrophobischer Atmosphäre. Die Sitze waren scharlachrot, die Vorhänge vor der Leinwand waren scharlachrot, die scharlachrote Tapete war Ton in Ton mit plüschig aufgerauten Bourbonen-Lilien aus Satin gemustert, und an den Wänden hingen in regelmäßigen Abständen Leuchten mit weißen Glaskugeln auf reich verzierten Messinghaltern, die altmodischen Gaslampen nachempfunden waren. Insgesamt machte es den Eindruck eines Freudenhauses im New Orleans der Jahrhundertwende. Und ein Bordell wäre nicht einmal unpassend gewesen, da diese Surferfilme viel mit Pornos gemein hatten. Meistens waren es Low-Budget-Produktionen mit einem Minimum an Handlung, die nur den Rahmen für die ununterbrochen aneinandergeschnittenen Wellen lieferte – ähnlich monoton wie der rhythmisch hämmernde Sex von Hardcore-Streifen. Auf Dauer war es todlangweilig. Den Regisseuren schien das durchaus bewusst zu sein. Sie versuchten daher, das Publikum wiederzubeleben, indem sie einfach surffremde Szenen einstreuten: spektakuläre Luftaufnahmen von Drachenfliegern über hawaiianischen Vulkanformationen, Kids auf Skateboards in leeren Schwimmbecken, Skiabfahrten im Pulverschnee – alles, um uns bei Laune zu halten. Mit solchen Abschweifungen strapazierten sie unsere Geduld jedoch nur noch mehr. Kronkorken von eingeschmuggelten

Bierflaschen flogen durch die Luft, und Werbeflyer des Films wurden zu Papierfliegern umfunktioniert, die kamikazeartig auf die Zuschauer stürzten oder wackelnde Schatten auf die Leinwand warfen.

Der unangefochtene Star dieser Streifen war Shaun Tomson. Er war nicht lange zuvor zur weltweiten Nummer eins der Surfer gekürt worden und war, wie gesagt, der beste Allround-Tuberider zu einer Zeit, als Tuberiding das große Ding war. Auf den Fotos in den Magazinen war Shaun so tief in der Tube zu sehen, dass es unvorstellbar schien, dass er da jemals wieder rauskommen könnte – und vielleicht konnte er es auch gar nicht. Schließlich war es nur ein Standbild. Aber in den Filmen sah man Shaun aufspringen, einen sauberen Bottom Turn drehen, abbremsen, um in der Tube elegant stehen zu bleiben und sich zwei Sections zurückfallen zu lassen, wo er dann wieder Fahrt aufnahm, und man saß nur da und dachte *Nie im Leben* – und im selben Moment knallte einem so ein Kronkorken in den Nacken, woraufhin man sich auf die schmerzende Stelle klatschte, sich in der Absicht nach hinten drehte, ein paar Köpfe zusammenzuknallen (dort aber nur ein Meer aus Unschuldsmienen vorfand), wieder auf die Leinwand guckte, und endlich, in genau diesem Moment, kam Shaun durch einen Vorhang aus Wasser geschossen und drehte sich um zu einem schier unfassbaren Cutback oder einem vertikalen Reentry, denn die Tube war so dermaßen unwirklich, dass alles darunter einer Anti-Klimax gleichgekommen wäre.

Und Shaun war der HEISSE Star der Surffilme, denn er sah extrem gut aus – sogar gemessen am modelähnlichen Surferstandard. Zudem war er intelligent und konnte sich gut artikulieren (ebenfalls gemessen am Surferstandard), hatte gute Manieren, trank nicht, rauchte nicht und zog nie über seine Mitmenschen her. Er war der goldene Glamour-Boy der Profi-Surftour, der Sir Galahad der Wellen, und die Mädchen liebten ihn. Man hörte es daran, wie sie sich im Kino über ihn unterhielten.

»Er ist so geil. Ich würde alles tun, um ihn zu kriegen.«

»Ich auch. Ich würde bei hundert Sachen mit meinem Gesicht durch die Windschutzscheibe knallen.«

»Cool – dann wärst du grottenhässlich, und ich hätte ihn für mich ganz allein.«

»Ver*giss* es!«

Mein einziges Problem mit Shaun war, dass er immer so dermaßen freundlich, die Zähne bleckend in die Kamera grinste, als würde er nur darauf warten, von irgendeiner Topmodel-Agentur oder einem Talentscout aus Hollywood entdeckt zu werden. Nie hampelte er rum oder schnitt Grimassen wie die anderen Stars. Er schien sich seines Aussehens viel zu bewusst und viel zu beschäftigt mit seinem Image zu sein. Ich mochte Shaun also nicht deswegen, weil er so eine charismatische Persönlichkeit und der Liebling der Medien war. Nein, es war sein Stil, der mich faszinierte. Immer stand er zentriert über seinem Brett, die Beine weit auseinander, sodass er mit dem vorderen Gas geben und mit dem hinteren abbremsen konnte. Für ein Manöver drückte er das Rail in die Wellenwand und veränderte erst dann als Ausgleich seinen Schwerpunkt. Er surfte sozusagen von der Taille abwärts. Das klingt vielleicht nicht sonderlich aufregend, war aber zu dieser Zeit insofern außergewöhnlich, als die meisten anderen es genau umgekehrt machten: Sie lehnten sich zuerst in die Kurve und gruben sich dann in die Wellenwand. In meinen Augen wirkte das stets so, als würden sie etwas die Kontrolle verlieren. Shaun surfte präzise und effizient, ritt die Welle mit seinem einfachen Pintail (er hielt sich nicht mit irgendwelchem Design-Schnickschnack auf) und sparte sich die überflüssigen Bewegungen, die das Surfen schwerer aussehen ließen, als es tatsächlich war (und die Dane nicht lassen konnte).

Eines Tages also surften Jim und ich am Third Point in Malibu, als Shaun ins Lineup gepaddelt kam. Das haute mich nicht gleich aus den Socken, da man in L. A. ständig irgendwelche Promis traf. Mal abgesehen von den lokalen Sport- und Fernsehstars, die einem begegneten, sobald man nur die Straßen entlangging oder -fuhr, hatte ich bereits Telly Savalas getroffen, kurz mit dem *Love Bug*-Star Dean Jones geplaudert, bei einem Spiel der Rams neben Gene Kelly gesessen (also gut, ein paar Plätze weiter) und eines Morgens, als ich mit meinem Brett unterm Arm am Zuma Beach zum Wasser hinunterging, einen Freizeitjogger namens Robert Redford mit einem lässigen Zwei-Finger-Gruß bedacht, den er freundlich lächelnd mit einem Winken erwiderte. Ich nehme an, er wohnte damals in Trancas. Keine große Sache. Als Leichtathlet fand ich die Begegnung mit John Carlos weitaus spannender, dem Silbermedaillengewinner über zweihundert Meter bei den Olympischen Spielen in Mexiko-Stadt 1968, der zusammen mit Tommie Smith beim Abspielen der Nationalhymne die schwarz behandschuhte Faust als Zeichen gegen Rassendiskriminierung rebellisch emporgereckt hatte. Ich war sicher, dass er es war, denn als ich zu ihm ging, um ihm die Hand zu schütteln, hatte er den Handschuh immer noch an – nein, ehrlich, er war es. Für einen Sechzehnjährigen war ich also reichlich abgeklärt. Außerdem waren wir immer auf dem neuesten Stand, was das Leben und die

Aufenthaltsorte der Surfprominenz betraf, denn wir lasen ja den »Pipeline«-Teil im *Surfer*, und der hatte vor Kurzem verkündet, dass Shaun ein paar Monate im Jahr in Santa Monica wohnen und arbeiten würde.

Ich sah ihm zu, und er surfte gut. Genauso gut wie in den Filmen. Aber um die Wahrheit zu sagen, war er im Vergleich zu den besten Third-Point-Stammsurfern nicht sooo viel besser. Andererseits sah ich nun, dass es bei den Typen, die ich bislang für ziemlich anständige Surfer gehalten hatte, den Mittelklasse-Surfern, mehr Rumgehampel und Armgefuchtel als echte Carving-Manöver gab. Shaun ließ ihre Turns flach und ihren »Stil« kläglich aussehen. Ich verbrachte aber nicht meine gesamte Zeit damit, ihm zuzusehen. Ich war ja nicht besessen von dem Typen. Schließlich war ich zum Surfen hergekommen. Und ich surfte. Nach einer Weile dann tauchte die Sonne ins Meer, und die ersten Surfer paddelten Richtung Ufer. Jim und ich folgten ihnen bald, und als wir aus der Brandung wateten, sahen wir Shaun, der mit uns zusammen reingekommen war.

Nun gibt es, wenn man aus dem Wasser kommt, diesen einen Moment, in dem man die Leash vom Knöchel löst, um die Finne des Boards wickelt und mit dem Klettverschluss befestigt, was alles in allem höchstens fünfzehn Sekunden dauert. Manchmal machte man die Leash einfach ab und warf sie übers Brett, so wie ein Cowboy die Zügel seines Pferdes über diese Stange vorm Saloon wirft; aber an diesem Abend standen wir alle drei – Shaun, Jim und ich – nebeneinander am Strand und wickelten. Während ich mit meiner Power-Cord-Leash beschäftigt war, beobachtete ich Shaun aus den Augenwinkeln. Er war relativ groß und schlank und seine Bewegungen knapp und sicher. Man musste ihn nicht surfen sehen, um festzustellen, dass er ein Profi war. Eine Aura von Niveau und Können umgab ihn, eine Art VIP-Glanz, und sogar die Sonne, deren Farbe ins Meer zu bluten schien, rollte einen roten, sanft wogenden Teppich zu seinen Füßen aus. Meine anfängliche Unbekümmertheit war verflogen. Ich staunte nur noch stumm. Jim jedoch nicht.

»Hey Shaun, wie geht's?«

»Gut«, erwiderte Shaun. »Und euch?«

Wir gaben einige freundlich-leutselige Bekundungen wie »Bestens« und »Knorke« von uns, Shaun sagte »Bombig« und wickelte weiter seine Leash auf, und plötzlich hatte ich das Gefühl, mich völlig unangemessen zu verhalten. Dieser Mann war ganz allein hier. Er war allein rausgegangen, hatte allein gesurft, war allein wieder reingekommen – keine krakeelenden Fans, kein ihn anbetender Hofstaat, keine umwerfende Schönheit, die ihn mit einem warmen, flauschigen Handtuch am Strand empfing. Er war zwar Shaun Tomson, aber wahrscheinlich hatte er nicht viele Freunde in L. A. Man konnte sich schon einsam und verloren fühlen in dieser Megametropole am Meer, und es schien mir nicht besonders nachbarschaftlich, mich so zugeknöpft zu geben.

Da kam mir eine Idee. Im *Surfer* war vor Kurzem ein Interview mit Shaun, in dem er seine unterschwellige Angst vor Haien gestanden hatte. Das Meer um Durban war für die Herren in den nassgrauen Anzügen eine Fast-Food-Station, und Shauns Vater wurde einmal angegriffen. Ich hatte auch Angst vor Haien – eine Gemeinsamkeit, ein Thema, das uns beide interessierte.

»Hey Shaun, kennst du 'n paar Hai-Storys?«

»Darüber red ich nicht gern«, erwiderte er kurz angebunden.

Er wickelte seine Leine fertig auf, klemmte sich sein Brett unter den Arm und ging.

Wir standen da, sprachlos. Jim beendete schließlich das Schweigen.

»Sensibel, der Typ«, sagte er.

»Allerdings«, sagte ich. »*Viel* sensibler als Dane.«

Caveat Surfer

In jenem Sommer war ich wild entschlossen, meine surferischen Fähigkeiten zu verbessern. Ich hatte im Jahr zuvor schon ziemliche Fortschritte gemacht und war außerdem etwas gewachsen. Ich brachte es jetzt auf kompakte eins siebenundsiebzig bei fünfundsiebzig Kilo Körpergewicht und besaß damit nahezu die ideale Surferfigur: behände bei einem relativ niedrigen Körperschwerpunkt, aber nicht so ein dünnes Hemd, dass mir jeder reindroppen und die Welle wegschnappen wollte. Auch konnte ich inzwischen einiges vorweisen: einen guten Bottom Turn, einen anständigen Cutback, einen vernünftigen Off-the-Lip, und ich konnte mein freies Bein so nach vorne strecken, dass ich mit allen fünf Zehen die Spitze des Boards erreichte – ein Stretch Five. Zugegeben: Ich hatte keinen Switchstance drauf, konnte keine hubschraubermäßigen 360er drehen und schaffte keine Über-die-Lippe-und-ab-in-den-Himmel-Ollie-Aerials mit auf dem Brett fixierten Füßen oder irgendein anderes dieser Parademanöver, mit denen man sein Foto in die einschlägigen Magazine kriegte. Aber ich beherrschte die Basics und war bereit, darauf aufzubauen.

Ich kam zu dem Schluss, dass Wettkämpfe die beste Methode wären, mein Ziel zu erreichen. Wollte ich an Ausscheidungen teilnehmen, hatte ich als Kalifornier zwei Verbände zur Auswahl: die Western Surfing Association und die National Scholastic Surfing Association. Die NSSA war erst vor Kurzem von zwei australischen Profisurfern gegründet worden. Die Aussies waren damals die bedeutendste Surfmacht, und eine ganze Reihe von Design-Innovationen wie die Doppelfinne und später auch der Tri-Fin Thruster stammten aus Australien. Von einigen wenigen Ausnahmen abgesehen, stellten die Australier alle Spitzensurfer auf der Tour, australische Aufkleber zierten Boards und Autos, und jeder trug Surfklamotten von Quiksilver, Billabong und Golden Breed, dem Sponsor der NSSA. Ich hatte also schon eine ziemliche Überdosis Aussie abgekriegt, aber der Schwerpunkt ihrer Organisation lag auf Schul- und Universitätswettkämpfen für Amateure, und das war ein Rahmen, in dem ich mich wohlfühlte, also wurde ich Mitglied. Für meinen Beitrag bekam ich einen NSSA-Aufkleber, ein T-Shirt mit dem Verbandslogo, den vierteljährlichen Newsletter *Surflines* und einen Mitgliedsausweis, den ich vorsichtig hinter das Plastikfenster meines Nylon-Klettverschluss-Surferportemonnaies schob. Der Newsletter enthielt unter anderem die Wettkampftermine, und ich merkte mir ein Event im Hochsommer in Drainpipes vor, auf meiner Heimatwelle.

Zuerst war ich ganz heiß darauf, Jack von meiner neuen Verbandsmitgliedschaft zu erzählen. Das lange Memorial-Day-Wochenende waren wir runter nach Ensenada gefahren, wo wir campen und San Miguel surfen wollten. San Miguel war eine Mündungsbucht mit wunderschönen, formvollendeten Wellen, die auf eine Felsmole zurollten. Man nannte es auch das mexikanische Malibu. Leider diente die Stelle auch als eine Art Überlaufbecken für das berühmtere Gegenstück und den ganzen Rest von Kalifornien. Als wir ankamen, sah man nur Himmel und Menschen, die Wellen waren noch nicht einmal annähernd gut, und zudem war der Campingplatz mit Motorradgangs und bieraggressiven College-Kids übervölkert. Angesichts dieser beschissenen Lage verfiel Jack auf die pathologisch irrsinnige Idee, bis zum Ende der langen Baja-Halbinsel zu fahren. Cabo San Lucas. Ungefähr sechshundert Meilen.

»Weißt du, Jack«, sagte ich, »ich sollte dich wirklich drauf festnageln. Dich einfach mal beim Wort nehmen. Weil wir jetzt nämlich auf gar keinen Fall nach Cabo fahren werden.«

»Hey Qualle, wir sind schon so gut wie da! Wir ziehen das durch! Ich kenn ’nen Typen, der hat mir erzählt, da sind nie weniger als sechs Fuß!«

»Whoa. Hey Hasso, aus! Wie soll das funktionieren? Runterfahren, eine Stunde surfen, wieder zurückfahren? Wir haben am Dienstag Schule.«

»Wir schwänzen.«

»Einfach so, was?«

»Ich bin bereit.«

»Tja, du kannst dich glücklich schätzen, Jack, du verpasst nur die Schule, aber wenn Moore jemals spitzkriegt, dass ich fürs Surfen das Training sausen lasse, bin ich tot.«

»Wie soll er das denn rauskriegen?«

»Unterschätz ihn nicht.«

»Ach, komm, sei kein Weichei.«

»Ich bin nicht lebensmüde.«

»Also willst du nicht.«

»Ich *kann* nicht.«

Er sah mich an. »Mann, was ist überhaupt Sache mit diesem Leichtathletikkram? Was soll das? Der Rausch des Siegers, der Schmerz des Verlierers«, schmetterte er inbrünstig. »Stehst du auf diesen Schwachsinn?«

»Nicht auf den Schmerz des Verlierers.«

»Du kannst nicht nur ab und zu surfen und trotzdem 'n richtiger Surfer sein, Mann. So läuft das nicht.«

»Was ist denn ein richtiger Surfer?«

»Ein Typ, der surft, und zwar *ausschließlich*. Der surft und nicht noch sonst was alles anstellt.«

»Außer Kiffen.«

»Exakt, mein junger Freund. Weil nämlich Surfen das Beste überhaupt ist, und wenn man nicht surfen kann, ist alles andere total langweilig.«

»Komm schon, Jack, du kannst nicht die ganze Zeit nur surfen und kiffen. Such dir 'n Hobby. Kauf dir 'n Chemiebaukasten.«

»Pass auf, Alter«, erklärte er gereizt. »Wenn du immer gute Noten kriegen und brav dein Kraftfutter zum Frühstück essen willst, prima. Freut mich für dich. Aber um ein echter Surfer zu werden, musst du Zeit investieren. Ich kenn 'n Haufen Sportlertypen, die denken, Surfen ist nur so 'n alberner Witz, aber wenn du die aufs Brett stellst, sehen sie aus wie die letzten Deppen. Spastis! Und dann schnallen sie es immer noch nicht – wahrscheinlich, weil Surfer keine Sportstipendien fürs College kriegen und auch nicht mit so beknackten Mannschaftsjacken rumrennen.«

Diese letzte Bemerkung war ebenso unfair wie unzutreffend, denn ich besaß überhaupt keine von diesen beknackten Mannschaftsjacken mit riesigen Buchstaben auf der Brust (Vollkorn-Flakes aß ich allerdings), doch in gewisser Weise konnte ich Jacks Frust verstehen. Ich war so *normal*. In jedem Punkt entsprach ich dem sauberen, anständigen Stereotyp, das der YMCA und der amerikanische Traum propagierten. Das musste einfach jeden auf die Palme bringen. Manchmal nervte es ja sogar mich. Letztlich erzählte ich Jack also nichts von meiner neuen NSSA-Mitgliedschaft, obwohl sie meinen ernsthaften Einsatz fürs Surfen bewies. Ich dachte mir, der Sportverein-Aspekt daran würde ihn nur wieder aufregen. Und was ihn noch viel mehr anpesten würde, war die Tatsache, dass die NSSA sich bemühte, den Bürgern ein positives Bild von Surfern zu vermitteln. Die kleinen Stipendien, die es entgegen Jacks Aussagen gab, verlieh man nicht allein aufgrund surferischen Könnens, sondern es zählten auch schulische Leistungen und *gesellschaftliches Engagement*. Völlig uncool. Wenigstens konnte ich es Jim erzählen. Mit Jim war ich im Jahr zuvor beim Surfwettbewerb in Huntington gewesen.

»Du spinnst ja«, sagte er, als ich ihn einweihte. »Was haste vor? Surfstar werden?«

»Genau. Surfen und Reisen. Mädchen flachlegen und haufenweise Kohle einstreichen. Pass auf, Mann, es ist einfach so: Ich will was lernen. Ich dachte, das könnte 'ne gute Methode sein – gegen Typen zu surfen, die besser sind als ich.«

»Allerdings sind die besser als du«, sagte er sehr charmant. »Wenn du mehr lernen willst, surf einfach mehr. Am besten jeden Tag, so wie Dane. Alles andere ist nur Egokram.«

Eines Tages surften Jim und ich zusammen in Zuma. Er schleppte mich da ständig hin, weil ihm irgendjemand erzählt hatte, dass Zuma von allen Surfspots in L. A. County am ehesten hawaiiartige Wellen biete. Und an diesem Tag machte Zuma seinem Ruf alle Ehre, indem es uns überkopfhohe Wellenwände mit machbaren Tube-Sections servierte, und zum ersten Mal in meinem Leben schaffte ich einen amtlichen Röhrenritt. Ich war schon so daran gewöhnt, von hammerharten Wellenlippen beinahe geköpft zu werden, dass ich diesmal noch nicht mal meinen Beinabstand vergrößerte. Ich machte mich nur bereit und hielt auf meinem Brett die Stellung, und als ich dann auf der anderen Seite auf der Schulter herausgeflutscht kam, war ich so verdattert, dass ich einfach vom Brett kippte. Ich krabbelte wieder rauf und paddelte zu Jim rüber.

»Hey Jim, ich war in der Röhre! Ich war in der Tuuube!«

»Und wovon träumst du nachts? Bist du sicher, dass es nicht nur 'n Head Dip war?«

Einen Head Dip machte man, wenn die Röhre so klein war, dass man nicht seinen ganzen Körper ins Innere des Wirbels zwängen konnte. Also steckte man nur den Kopf unter den Brechungsrand und holte sich nasse Haare – als Trostpreis sozusagen. Der Körper blieb dabei vollständig außerhalb des seidig glatten Wasserkokons. Es war eine Pseudoröhre und die reine Selbsttäuschung.

Ein Head Dip? Was für eine Beleidigung.

»Pass auf, Mann, die Lippe hat sich rumgeworfen, ich halte mich am Rail fest und ducke mich. Plötzlich ist die Sonne weg, es wird dunkel, und ich bin in der Röhre.«

»Wie lange?«

»Fünf Sekunden.«

»Du warst doch höchstens fünf Sekunden auf der *Welle*.«

»Tja, Jim, schätze, du warst noch nie in der Röhre, sonst wüsstest du, dass sich die Zeit im grünen Raum dehnt.«

Mit dieser Tube stieg meine Motivation auf einen neuen Höhepunkt. Sie war genau das Richtige für mein Selbstbewusstsein, die eine Nummer, die mein Repertoire vervollständigte. Also schickte ich meine Anmeldung für den Drainpipes-Wettbewerb ab und surfte bis zum Termin jeden Tag. Auch wenn ich nicht draußen im Wasser war, ging ich gedanklich die einzelnen Bewegungen durch und stellte mir den gesamten Wettkampf bildlich vor – vom Moment, in dem es hieß, *Meine Herren, bitte gehen Sie jetzt ins Wasser!*, bis zum Abpfiff des Ausscheidungsrennens, bei dem man sich entsprechend den Vorschriften auf dem Bauch liegend durchs Weißwasser an Land treiben ließ. Meine Hingabe war unendlich groß und allumfassend, mein Geist voll und ganz aufs Surfen konzentriert und mein Körper in Bestform – aber mir fehlte noch der letzte Schliff.

In meinem ersten Jahr an der Highschool hatte ich einmal Filmaufnahmen von mir selbst beim Stabhochsprung gesehen, die meine Schwächen beim Ansatz schonungslos offenlegten. Mir fiel wieder ein, wie ich danach zu einem festeren, längeren Stab gegriffen und meine Höhe sofort um zwei Fuß verbessert hatte – quasi über Nacht. Das musste auch beim Surfen funktionieren. Mein Vater besaß eine alte 8-mm-Kamera, die irgendwo im Flurschrank lag, also brauchte ich nur jemanden, der mich filmte.

Auf keinen Fall konnte ich Jim oder Jack fragen. Es gab da aber diesen Vierzehnjährigen, den ich kannte, Randy. Er wohnte nur ein paar Häuser weiter und hing zusammen mit seinen Skateboarder-Freunden den ganzen Tag auf der Straße rum. Er trug T-Shirts mit Bildern von Typen, die in engen Tubes hockten, über denen Sprüche wie *Go for it!* prangten, und jedes Mal, wenn ich mit meinem Board vorbeikam, ließ er seine Kumpels auf der Bordsteinkante sitzen und kam auf seinem Flexdeck-Kicktail zu mir rübergerollt.

»Gehste surfen?«

»Wie kommst du darauf?«

»Dein Board.«

»Mein Board? Oh Mann, ich hau das Scheißding in die Tonne. Ich bin fertig mit diesem bescheuerten Sport. Hab gehört, Greenpeace sucht noch Helfer. Wenn ich auch nur einen einzigen singenden Buckelwal retten kann, hab ich nicht umsonst gelebt.«

»Dann schenk *mir* doch dein Board.«

»Kein Problem. Du musst nur erst den Test bestehen.«

»Test?«

»Nur 'n paar Fragen.«

»Schieß los.«

»Bist du bereit?«

»Frag!«

»Wie viele Bahnen hat die Hollywood Bowl?«

»Gar keine. Das ist 'ne Open-Air-Bühne.«

»Okay, das war leicht. Jetzt kommt was Schwereres – aber ähnliches Thema: Was haben Kansas, Chicago und Boston gemeinsam?«

»Die liegen alle in Amerika.«

»Sind alles Rockbands. Aber America ist auch 'ne Rockband, also gewinnst du.«

»Hey, geil! Mein erstes Surfboard!«

»Sachte, sachte, immer ruhig mit den jungen Pferden. Nicht das Brett, die Frage. Hier kommt die letzte – bereit?«

»Bereit.«

»Was macht ein Japaner mit 'ner Latte?«

»Er wichst.«

»Hey, für 'n kleinen Hosenscheißer hast du aber 'ne reichlich schmutzige Fantasie. Er killt sie.«

»Kapier ich nicht.«

»Landy, du bist doch sonst ein schlauel Bulsche. Walum velstehst du nicht kleinen Schelz?«

»Oh. Sehr witzig. Aber das war 'ne Scherzfrage. Frag mich was Richtiges!«

»Na gut, wenn du willst, nimm die hier: Wie lautet der vollständige spanische Name von Los Angeles?«

»Keine Ahnung. Los Angeles … irgendwas.«

»Oh Mist, Randy. Ich wollte dir mein Board wirklich gerne geben, aber wenn du noch nicht mal weißt, wo du *lebst*, dann muss ich damit wohl noch ein bisschen warten. In der Zwischenzeit kannst du mit deinen Kumpels einfach auf die Skaterbahn gehen – garantierte sechs Fuß und glassy.«

Zwei Wochen vor dem NSSA-Wettkampf kam ich gerade mit meinem Board unterm Arm aus dem Haus geschlendert, als Randy wie auf Bestellung auftauchte. Er kickte sich auf seinem Skateboard rüber und demonstrierte dabei sein Können mit einem Nosewheelie. Der Junge war gar nicht schlecht. Die Kamera befand sich in meiner Sporttasche.

»Hey Kleiner, wenn du cool bist, kannst du mich beim Surfen filmen.«

»Hast du 'ne Filmkamera?«

»Allerdings. Ich bin zu einem Wettkampf angemeldet und brauch Filmmaterial, um meine Manöver zu analysieren. Aber wahrscheinlich bist du doch noch etwas zu jung, um …«

Er erklärte mir, wie völlig falsch ich mit dieser Annahme lag.

Wir fuhren auf den Freeway und dann die Kanan Road zur Küste. Wir kamen am Point Dume raus, ich fuhr rechts auf den Pacific Coast Highway, vorbei an Zuma, wo wellenmäßig nicht viel los war, vorbei auch am Shoppingzentrum von Trancas und dann den Hügel hoch. Als Nächstes flog der Malibu Reit- und Tennisclub draußen vorbei, bevor der Highway den Gipfel erreichte und uns einen Panoramablick auf Leo Carrillo und seinen surfboardverschlingenden Felsen eröffnete. Wir fuhren bergab und wieder bergauf, an den weißen Strandhäusern mit blauen Schieferdächern vorbei, und kamen schließlich am Steilufer von County Line an, genau an der Stelle, an der die Typen vorm Surfen erst mal einen Joint durchzogen. Ich hatte mir überlegt, dass dies eine gute Position für die Kamera sein müsste, da der felsige Point mit seinen ganzjährig glatten Peaks nur einen Steinwurf entfernt lag.

Ich erklärte Randy die Handhabung der Kamera: draufhalten und filmen. Dann folgte ich dem Trampelpfad die zerklüftete Klippe hinunter und um die Felsbrocken am Fuße der Klippe herum, gelangte zum Wasser und paddelte durchs Seegras zum Lineup. Ein Dutzend Surfer wartete am Point. Ich drehte mich um und sah Randy auf der Klippenkante stehen. Er winkte.

»HEY, ICH KANN BIS HAWAII GUCKEN! SOLL ICH DAS FILMEN?«

Bei klarer Sicht konnte man von County Line die Channel Islands sehen, und nichts anderes hatte das kleine Monster gerade im Visier. Ich ignorierte das hämische Gekicher um mich herum. Es gab vier Fuß hohe Wellen und ab und an größere Sets, und nach ein paar Minuten nahm ich meine erste Welle. Zunächst holte ich Schwung für einen Bottom Turn, dann schoss ich die Welle wieder hoch und stieß in einer Explosion schlagsahnefester Gischt durch die Lippe, setzte meine Beine beim Wenden der Spitze meines

Boards wie Stoßdämpfer ein, um die Welle sofort wieder hinabzugleiten und unten zu einem erneuten Bottom Turn anzusetzen, gefolgt von einem weiteren Off-the-Lip. So ritt ich die ganze Welle rauf und runter, zog alle Register, lieferte einen Turn nach dem anderen, und Randy schrie wie ein Irrer.

»OH, WOW, MANN! DAS WAR HEISS! DAS WAR ABSOLUT OBERGEIL!«

Ich paddelte zurück ins Lineup und versuchte, nicht in die breit grinsenden Gesichter dort zu sehen. Bis zum nächsten Wellenset schien eine Ewigkeit zu verstreichen. Als es dann kam, war ich ziemlich ungünstig positioniert, ein kleines bisschen zu weit drinnen, und als sich der Fünffüßer plötzlich erhob, wollte ich ihn mit einem späten Takeoff erwischen … aber die Lippe warf sich herum, mein Board war auf einmal weg, und ich fraß Seegras. Ich wartete, bis sich das Wasser wieder beruhigte, und als ich an die Oberfläche kam, brüllte Randy von der Klippe runter.

»KLASSISCHER WIPEOUT! MAN SIEHT GENAU, WIE DU'S VERBOCKT HAST! WIR HABEN'S HIER DRAUF! ALS INSTANT REPLAY!«

Ich tauchte wieder unter.

Die peinlichen Vibes waren mehr, als ich ertragen konnte, also paddelte ich rüber zum buchtigeren Teil, wo weniger los war. Hier waren die Wellen zwar kleiner, aber das war nicht unbedingt schlecht: Die meisten Wettbewerbe außerhalb Hawaiis fanden unter mäßigen bis schlechten Bedingungen statt. Selbst die Profis ließen manchmal gute Wellen sausen und stellten alles Mögliche an, um unter den übelsten Bedingungen für die Wettkämpfe zu trainieren. Man musste auf alles vorbereitet sein. Nach einer Weile erwischte ich einen flotten kleinen Linksbrecher. Die Welle brach, baute sich dann aber wieder auf, und ich holte alles aus ihr raus, bis sie sich aufs Ufer brach. Als das rücklaufende Wasser kam, stieg ich mit einem perfekt getimten Flyaway Kickout nach hinten aus, sodass ich nach oben aus der Welle katapultiert wurde – so als ob ich an eine Seemine aus dem Zweiten Weltkrieg gestoßen wäre, die aus ihrer Verankerung gerissen und zum Shorebreak gespült worden war.

»UNGLAUBLICH! AUSSERIRDISCH! DU BIST DER CRACK!«

Meine Füße suchten den sandigen Untergrund, und ich watete an den Strand und kletterte den rissigen Abhang zur Straße hoch. Dann ging ich den Pacific Coast Highway lang und kam so von hinten an die Stelle, wo Randy auf der Kühlerhaube meines VW saß und den Horizont mit dem Objektiv der Kamera absuchte. Ich packte ihn am Kragen.

»Lass uns mal was klarstellen. Erstens, ich bin *kein* Crack. Zweitens, du bist nicht als Sportkommentator hier, sondern als mein Kameramann. Spar dir das Gelaber, oder ich such mir jemand anderen.«

»'tschuldigung«, sagte Randy, »aber du surfst einfach so super!«

Wir fuhren eine Meile weiter Richtung Süden nach Leo Carrillo, wo ich einen neuen Versuch starten wollte – diesmal ohne Peinlichkeiten. Ich postierte Randy im unbesetzten Strandwachturm und erteilte ihm strikte Anweisung, den Mund geschlossen und die Kamera draufzuhalten, auch wenn andere Surfer am Start waren. Er sollte jederzeit bereit sein, und ich wollte nicht, dass jemand auf die Idee käme, er filme nur mich. Dann paddelte ich raus, erwischte ein paar ganz gute Wellen und legte ein paar anständige, schnelle Mini-Cutbacks hin; da die Sonne aber inzwischen nur knapp überm Horizont stand und das Licht kaum ausreichte, um zu filmen, paddelte ich an Land und erklärte die Session für beendet.

Wenige Tage später engagierte ich Randy für eine gemeinsame Fahrt nach Drainpipes. Es gab noch etwas Film in der Kamera, und ich wollte mit den Wellen üben, die ich auch im Wettkampf reiten würde, auch wenn ich Drainpipes ganz gut kannte. Der Drop dort war extrem heftig und die Tubes so, dass man um sein Leben rennen musste. Wer das nicht packte, wurde niedergemalmt und musste mit Hautabschürfungen rechnen – an diesem Tag aber packte ich es. Ich haute einen Off-the-Lip nach dem anderen raus und quetschte mich in einige Duck-dich-und-durch-Röhren, und voilà: Verschwindibus! Ich in der grünen Hölle, voll und ganz! Und Randy hatte es gefilmt! Das würde ich Jim zeigen, da konnte er sich vor Neid in seinen kleinen hawaiianischen Hintern beißen. Hey Jimbo, guck dir mal diesen *kalifornischen* Head Dip an!

Eine Woche später war der Film fertig entwickelt, und ich fuhr ihn abholen. Als ich wieder in unsere Einfahrt bog, sah ich Randy mit seinen Freunden am Straßenrand sitzen. Ich rief ihn zu mir.

»Weißt du noch, die Aufnahmen, die du gemacht hast?«

»Das war killermäßig!«

»Ich hab den Film jetzt entwickeln lassen.«

»Niemals!«

Wir gingen ins Haus, um unsere kleine Privatvorführung zu starten. Ich machte eine Riesenschüssel Popcorn, schüttete großzügig geschmolzene Butter und Salz drüber und holte noch Fanta und Mars aus dem Kühlschrank. Dann baute ich die Leinwand auf und stellte den Projektor zwischen die beiden Sitzsäcke, die ich extra nach drüben bugsiert hatte. Ich zog die Gardinen zu und knipste das Licht aus.

»Bereit, Ran-Doggie?«

»Leg los!«

Der Projektor sprang sirrend an. Die automatische Bandaufwicklung ratterte los, und ein flackernder Lichtkegel fiel auf die Leinwand …

Was war das? Auf jeden Fall kein Surfen. Onkel Frank und Tante Katie führten eine Art irrwitzigen Balztanz um einen Weihnachtsbaum auf. Ich hatte ganz vergessen, dass auf dem ersten Teil der Filmrolle noch Aufnahmen unseres letzten Familientreffens waren – immer sehr feuchtfröhliche Ereignisse. Ich nutzte die Zeit, um den Projektor scharf zu stellen. Und da, gerade als sich mein Cousin Craig ein gigantisches Stück Buttercremetorte in den Mund stopfte, sprang der Film zu einem Felsen und den daraufgesprühten Worten NIXON DU SCHWUCHTEL. Dann schwenkte das Bild über die Straße zum Bikertreff Neptune's Net, über eine Reihe von Harleys, die davor parkten und deren Hochlenker und sonstige Verchromungen in der Sonne blitzten, und schließlich zoomte die Kamera auf einen einzelnen Typen, der mit Pickelhaube und hummerrotem Sonnenbrand vorbeiging.

»Hey, was ist das denn?«, fragte ich.

»Ich hab nur geübt«, erklärte Randy. »Du kommst gleich.«

Und dann, endlich, sprang das Bild auf der Leinwand zu den seidig blaugrauen Wellen der Ventura County Line. Randy und ich verfolgten die erste Welle. Der Surfer im schwarzen Wetsuit war absoluter Durchschnitt, weder besonders elegant noch irgendwie explosiv.

»Hey«, sagte ich zu Randy. »Wie lange wolltest du noch üben?«

»Wieso, was meinst du?«

»Ich hatte dir doch gesagt, du sollst nur mich filmen.«

»Das *bist* du.«

»Das bin ich nicht.«

»Doch, das bist du.«

»Tut mir leid.«

Dann kam die Wipeout-Welle. Autsch. Das war ich. Kopfüber ins Wasser, und mein Board ploppte hinter der Welle raus und tanzte im Weißwasser. Als Nächstes kam die Welle mit meinem spektakulären Kickout.

»Bist du *sicher*, dass ich das bin?«, fragte ich. »Ich war doch viel weiter in der Luft. Und die Welle war deutlich höher.«

»Das bist du, Mann. Ich hab nur dich gefilmt. Du bist spitze!«

Dann kam Leo Carrillo. Vom Strandwachturm aus, in dem ich Randy mit der Kamera aufgestellt hatte, konnte man die Surfer schlecht voneinander unterscheiden. Alle auf einem Haufen, sahen wir in unseren Wetsuits aus wie ein Rudel Robben. Viele Surfer zogen sogar im August, wenn die Wassertemperaturen um L. A. die zwanzig Grad erreichten, ihre zweite Haut an. Und in Leo Carrillo waren es immer ein oder zwei Grad weniger als anderswo.

»Pass auf«, sagte ich, als Welle auf Welle hereinrollte und das Surfen mittelmäßig bis langweilig blieb, »du musst jemand anderen gefilmt haben. Ich hab dir gesagt, du sollst nur durch die Kamera *gucken*, wenn andere Surfer reinkommen, nicht filmen. Aber halb so schlimm, mein Fehler, ich hab dich viel zu weit weg postiert.«

Nächster Halt: Drainpipes. Hier hatte Randy direkt am

Wasser gestanden. Aber was ich für Husarenritte durch die Röhre gehalten hatte, erwies sich als das lahme Dahingleiten in gekrümmter Fötushaltung auf einer Welle, deren Lippe nur *drohte* über meinen Kopf hinwegzurollen. Sie tat es nie wirklich. Hatte ich meine Augen geschlossen? War es deswegen dunkler geworden? Ich sah mich direkt am Brechungsrand der Welle, mein Standfuß befand sich auf dem Gaspedal meines dahinschnellenden Boards, der andere ganz vorne auf der Spitze – aber auch nur annähernd vom Wasserdach überschattet wurde einzig und allein meine hintere Hand, die durch die Wellenwand schnitt. Toll. Eine Handröhre.

»Wow, überirdisch! Alles klar! Voll drin!«

»Halt die Klappe.«

Die Leinwand wurde weiß. Ich schaltete den Projektor aus. Randy saß da und sah mich gekränkt an.

»Tut mir leid, Randy.«

»Schon okay.«

Nachdem ich ihn zur Tür gebracht hatte, sank ich in einer Art Schockzustand wieder in den Sitzsack. Ich war nicht gut. Deutlich gesagt: Ich war ziemlich mies. Ich surfte flüssig, ja. Sobald es aber um richtige Manöver ging, mit denen man punkten konnte, war ich absolutes Mittelmaß. Oh Gott, wie musste ich bloß als Anfänger ausgesehen haben? Oje, oje!

Aber dann dachte ich noch ein bisschen nach und sah einen Hoffnungsschimmer am Horizont. Es lag nicht nur an mir. Die Ausrüstung spielte auch eine Rolle dabei. Diesen Aspekt hatte ich bislang immer ausgeblendet. Aber um wirklich gut zu surfen, brauchte man dreierlei: Talent, Erfahrung und ein vernünftiges Board. Noch nicht mal die Profis konnten auf irgendeinem alten Brett surfen. Alle besaßen sie einen Köcher mit gut einem halben Dutzend maßgeschneiderter Bretter, und sie zahlten Übergepäck, um mit den Dingern um die ganze Welt zu jetten und so für alle möglichen Wellen gewappnet zu sein. Wie gut wären sie wohl, wenn sie mit einem einzigen, jämmerlichen Massenproduktionsbrett auskommen müssten? Wie gut war ein Stabhochspringer, der nur einen einzigen Stab zur Auswahl hatte?

Also beschloss ich, dass ich ein neues Board brauchte. Mit einem neuen Board, vielleicht sogar einer Spezialanfertigung, würde ich mein Potenzial voll ausschöpfen und an Wettkämpfen teilnehmen können. Allerdings musste ich mir eingestehen, dass ich nicht die geringste Ahnung von Surfboarddesign hatte. Das Brett an sich war mir von seinem Wesen her völlig fremd. Zwar gab es in den Surfheften immer Beiträge über Boarddesign, aber die hatte ich bislang stets überblättert. Ich war kein Brettbauer – was brachten mir die Beiträge? Jetzt aber stürzte ich mich auf meine Heftsammlung und verschlang jeden Artikel zum Thema Design. Und während ich las, wurde mir klar, dass zu einem Board und seinem Verhalten im Wasser sehr viel mehr gehörte, als ich dachte. Da ging es um Breite, Dicke, Rails, Unterseitenform, Außenbiegung, maximale Breite, Nose-Formen, Design und Position der Finnen und, und, und. Die Abwandlungen und Kombinationen waren endlos, und von der Existenz vieler Dinge, wie zum Beispiel »Foil«, »Kick« und »Chimes«, hörte ich zum ersten Mal. Ich lernte eine Menge. Aber selbst nachdem ich alle Artikel durchgeackert hatte, blieb mir vieles noch unklar. So konnte ich immer noch nicht harte und softe Rails, einen Stinger von einem Winger oder ein Rocket von einem Fish unterscheiden. Und selbst wenn die Artikel versuchten, die Grundlagen zu erklären, verstand ich es nicht richtig, weil ich die Informationen nicht mit den entsprechenden Resultaten in Verbindung bringen konnte.

Noch dazu waren viele Informationen regelrecht widersprüchlich. Zum Beispiel hieß es an einer Stelle, dass ein Brett, mit dem man radikale Manöver fahren wolle, viele Kurven und eine große Oberfläche brauche, damit es genügend Wasser ansauge und halte und auf diese Weise ausreichend Griff habe. Ein Brett mit weniger Kurven und schärferen Kanten ließe dagegen das Wasser so ablaufen, wie Schnee von einem Ski abfällt, sodass schnelle, rasante Ritte möglich würden. Auf Hawaii brauche man die breiten, kurvigen Boards, da die Wellen allein schon für die Geschwindigkeit sorgten, während die trägere kalifornische Brandung ein langes, stromlinienförmiges Board erfordere, das locker über matschige Stellen und zerbröckelnde Sections hinweggleiten könne. So weit, so gut. Woanders wiederum (oder vielleicht sogar im selben Artikel) konnte man jedoch lesen, dass ein Board bei kleineren Wellen umso mehr beschleunige, je breiter und kurviger es war. Also begann man nachzugrübeln und dachte, klar, das Letzte, was man in Kalifornien gebrauchen konnte, war eine stöckelschmale Rennbombe, die den eher gemächlichen Erzeugnissen des Kontinentalsockels einfach davonraste. Und da die Wellen in Hawaii so schnell und gefährlich waren, schien es da nicht das Wichtigste, überhaupt erst einmal mit der Welle mitzuhalten, und kamen dann die Manöver nicht schon von ganz alleine? War nicht Hawaii die Heimat der riesigen Elefantentöter, mit denen man die Großwildwellen erlegte und schnell genug blieb, den Killerlippen zu entkommen? War es nicht so, dass die zu dicken, zu breiten Boards immer wegschmierten? Und was machten die Kalifornier bloß mit diesen kleinen, untersetzten Twinfins, die überall zu sehen waren? Kopierten sie nur stumpf jeden Trend aus Hawaii oder Australien? Oder waren es die Longboarder, die Nachhilfe in Hydrodynamik brauchten?

Ich musste mit jemandem reden.

Logischerweise war dafür Radical Jack mein Ansprechpartner. Jack vermochte jede Welle in Stücke zu surfen, also kannte er wahrscheinlich auch die einzelnen Teile, aus denen ein Brett bestand. Jedoch hatten wir uns noch nie über Surfboarddesign unterhalten, und ich war mir nicht sicher, was er von mir halten würde. Diese völlige Unvertrautheit mit dem eigenen Wellenfahrzeug war auf gewisse Weise unmännlich, so als könnte man beim eigenen Auto den Vergaser nicht finden. (Was ich allerdings ebenfalls nicht konnte, und es hätte mich sehr erstaunt, wenn ich erfahren hätte, dass mein VW-Variant gar keinen Vergaser besaß.) Trotz meiner Bedenken sprach ich die Brettfrage eines Tages auf dem Rückweg von einer Surf-Session an.

»Hey Jack, denk jetzt bloß nicht, dass ich ein Kook bin oder so, aber weißt du, dieser Rocker am Board? Was genau ist das?«

»Du weißt nicht, was der Rocker ist?«

»Wollte nur sichergehen.«

»Das ist die Aufbiegung der Unterseite vom Board.«

»Längs oder quer?«

»Längs, in Richtung des Stringers. Von der Nose zum Tail. Quer ist Vee.«

»Und was machen Rocker und Vee?«

»Die beeinflussen das Fahrverhalten. Machen, dass sich das Board auf eine bestimmte Art übers Wasser bewegt.«

»Wie?«

»Wieso wie?«

»Ich mein, was passiert da genau? Wie funktioniert das?«

Er konnte es mir nicht sagen.

Ich hatte das Thema aus einem einfachen Grund angeschnitten: Ich wollte so viel Wissen wie möglich zusammenklauben, bevor ich mich in einen Surfshop wagte und mich dort in irgendwelche hochtechnischen Diskussionen verwickeln ließ, bei denen ich allein meine völlige Unwissenheit demonstrieren konnte. Es wäre nicht das erste Mal, ganz im Gegenteil: Ich hatte das Gefühl, dass ich bereits in jedem einzelnen Surfshop am Ventura Boulevard – Kennedy, Val Surf, Cal Foam, Inner Visions – entwürdigende Vorstellungen meiner absoluten Ahnungslosigkeit geliefert hatte. Seither hatte ich mich stets bemüht, ihnen fernzubleiben. Außerdem kam es mir so vor, als hätten alle Typen, die dort arbeiteten, diese gewisse herablassend-gönnerhafte Art. Sie übertrieben es einfach mit der Surfersprache. *Hey, ich zeig dir 'ne supergeile Leash, auf die wirst du echt heiß sein! Die ist erste Sahne! 'ne echte Blase!* Die machten sich nur lustig über mich, ich war mir sicher. Aber jetzt hatte ein neuer Surfshop aufgemacht, Everett Surfboards. Auf meinem Weg zum Strand kam ich dran vorbei und wunderte mich, was er da machte, weit entfernt vom Boulevard, ganz alleine zwischen den schattigen Bäumen liegend, da, wo die Topanga Canyon Road auf den Mulholland Drive traf – und eines Tages stattete ich ihm auf dem Rückweg vom Surfen einen Besuch ab.

Von Nahem sah ich, dass der Laden ziemlich fertig und abgewrackt aussah. Über den pfirsichfarbenen Putz lief als Erinnerung an diverse Erdbeben ein Muster aus Rissen. Ich ging rein. Drinnen war kein Licht und niemand zu sehen –

als ob der Besitzer Energie sparen wollte und das Licht ausmachte, wenn er aufs Klo ging. Im Verkaufsraum stand ein Glastresen mit den üblichen Leashes und Finnen und Wachsstücken, an der Wand gegenüber standen Surfboards, an der anderen hingen Wetsuits. Das war's. Keine Skateboards oder Bikinis oder Sonnenblenden oder Poster oder anderer Surfkleinkram. Noch nicht mal die aktuellen Surfmagazine am Tresen. Nur ein Standventilator, der sich teilnahmslos hin- und herdrehte und sanft die Luft bewegte.

Alles in allem eine erfrischende Alternative zu den ultraschicken Surfpalästen am Boulevard.

Aus einem hinteren Raum drang das Geräusch irgendeines Elektrowerkzeugs. Ich wartete, bis der Krach abebbte.

»Hallo! Ist jemand da?«

Die Neonröhren an der Decke knisterten und sprangen schließlich mit einem *Pling* an. Durch den Vorhang vor dem hinteren Durchgang trat ein Typ, der ungefähr so alt sein mochte wie mein Vater. Seine Hände waren von weißem Staub bedeckt, und in seinem Mundwinkel hing eine Zigarette. Sein strubbeliges, blondes Haar fing bereits an, grau zu werden, sein Gesicht war zerknittert, und er trug ein hellgrün kariertes Flanellhemd, das mit elfenbeinfarbenen Fäden durchwirkt war und aussah wie ein alter Geldschein.

»'tschuldigung«, sagte er. »Muss mal eine von diesen Glocken einbauen. Was kann ich für dich tun?«

»'n paar Wachsdinger.«

»Welche Sorte?«

»Kokos-Ananas.«

»Ich hab nur noch Cola-Kirsch oder Vanille-Banane.«

»Hmmm.«

»Schwere Entscheidung, ich weiß.«

»Ich denke, ich nehme Vanille-Banane.«

Als er sich unter den Tresen beugte, drehte ich mich um und schlenderte rüber zu dem Ständer, an dem die Bretter lehnten. Es waren alles weiße Pintails von verschiedener Länge, willkürlich sortiert, sodass sie aussahen wie eine gezackte Reihe von Haizähnen. Ich nahm eins zwischen den Holzstützen heraus. Auf dem ovalen Logo stand *Everett Surfboards*.

»Baust du deine eigenen Bretter?«

»Warum?«, fragte er zurück. »Bist du auf der Suche?«

»Vielleicht. Was nimmst du für 'ne Maßanfertigung?«

»Kommt drauf an, was du willst. Brauchst du 'n Longboard oder 'n Shortboard? Shorty, stimmt's?«

»Ja, so was wie das hier.«

»Das kostet dich so dreihundert.«

Ich warf einen Blick auf das Preisschild: hundertfünfundsiebzig Dollar.

»Wofür zahl ich denn die extra hundertfünfundzwanzig?«

»Da ist einmal das Material«, antwortete er. »Vor allem die Harze, die werden jedes Jahr teurer, steigen mit dem Rohölpreis. Und es ist alles Handarbeit. So 'n Board ist 'ne empfindliche Sache, der kleinste Fehler beim Bau kann alles ruinieren. Aber ich mach keine Fehler, denn ich hab jahrelange Erfahrung, und für die bezahlst du auch.«

»Aber das ist doch bei jedem Board so«, wandte ich scharfsinnig ein. »Warum kostet eine Maßanfertigung so viel mehr?«

»Würdest du einen Anzug tragen, der für jemand anders geschneidert wurde?«

»Ich würde auch keinen Anzug tragen, der für mich geschneidert wurde.«

»Der Mann gefällt mir.«

Er kam auf mich zu und stellte sich vor. Sein Name war Lloyd Everett. Er war der Besitzer des Ladens und, wie sich herausstellte, ein ganz angenehmer Typ. Ruppig, aber angenehm. Dann fing er an, mich auszuquetschen. Erst fragte er, wo ich surfte, was ich surfte, wie ich surfte, und schließlich kam die K.-o.-Frage.

»Also, an was für'n Brett hattest du dabei gedacht?«

War ich darauf vorbereitet? Bereit wie ein Pfadfinder. In den Tagen zuvor hatte ich mein Fachvokabular aufgepeppt und mir aus den ganzen esoterischen Designinformationen eine Collage gebastelt, die mir sinnvoll erschien.

»Keine Doppelfinne«, erklärte ich mutig. »Die sind ein bisschen zu durchgedreht. Ich dachte mehr so an eine bewegliche Einzelfinne, die aber im richtigen Saft noch hält. Vielleicht 'ne Rautenfinne, für die Griffigkeit in den Turns, und der Tail sollte eher breit sein, wegen der wendigen Drehachse – aber nicht so breit, dass ich nur noch rumrutsche.«

Er nickte weise.

»Etwas Vee«, fuhr ich fort, »damit's geschmeidig läuft, und ein bisschen Rocker, die Rails halb hochgedreht, die Kontur nicht zu kurvig, die Unterseite sollte halbflach sein mit Aushobelungen, und ich glaub, mir ist ein flaches Deck lieber, das sorgt für besseren Zug.«

Er nickte noch einmal.

»Die grundlegende Idee ist, ich will was Leichtes, bei dem die Stabilität aber nicht zu kurz kommt«, fasste ich zusammen. »Und klar, du bist natürlich der Fachmann und alles, aber wenn du mich fragst – und das hast du ja –, dann würd ich sagen, sechs Unzen Glassing und vielleicht 'n Fußbereich von vier Unzen, nur um sicher zu sein.«

Er sah mich nachdenklich an. »Das ist alles?«

»Glaub schon.«

»Du hast noch was vergessen.«

»Oh, ja – ich möchte ’ne Fin-Box, keine einlaminierte Finne.«

»Nein, ich meinte die Farbe.«

»Weiß ist okay.«

»Du meinst Klar.«

»Ja, Klar.«

Ich zahlte hundertfünfzig Dollar an, und Lloyd versprach mir, dass das Brett in vierzehn Tagen fertig sei. Bevor ich ging, quatschten wir noch ein bisschen. Er erzählte mir, dass er aus La Jolla stammte und schon als Junge mit Bob Simmons Windansea gesurft war. Er hatte sogar das Boardbauen von ihm gelernt. Simmons war das revolutionäre Bindeglied zwischen den alten Redwood-Planken und dem modernen Surfboard, der erste Mann, der mit Fiberglas und PU-Schaum experimentierte. Ich war ganz Ohr und fühlte mich geschmeichelt. Er wusste, dass ich mit dem berühmten Namen etwas anfangen konnte, dass er nicht irgendeinen dahergelaufenen Deppen vor sich hatte. Abgesehen davon war es auch sehr beruhigend, zu wissen, dass mein Board in den Händen eines Mannes lag, der unter dem großen Bob Simmons gelernt hatte.

»Und, surfst du noch?«, fragte ich ihn.

»Nicht viel.«

»Warum nicht?«

»Die Wellen sind nicht mehr so gut«, sagte er schlicht. »Die Dünung ist nicht mehr so beständig. Ich kann mich noch dran erinnern, dass es vielleicht mal zwanzig Tage im Jahr gab, an denen die La Jolla Shores *keine* vernünftige Brandung boten. Und jetzt ist es genau andersrum – ungleichmäßig und in lauter unregelmäßige Sections zerhackt.«

»Ja, das liegt an der großen Dünung von Neuseeland, damals, 1974«, erklärte ich wissend. »Hat den ganzen Meeresboden verändert.«

Er schnaubte verächtlich.

»74? Das war nichts im Vergleich zum Winter von 69. Die fetteste Dünung überhaupt. Hat die Strände total umgepflügt. Danach war nichts wie vorher.«

Nach zwei Wochen fuhr ich wieder zu Everett Surfboards. Als ich die Tür aufstieß, wurde ich vom Jaulen des Elektrowerkzeugs begrüßt. Ich wartete, dass es sich beruhigte, aber das tat es nicht so schnell. Anstatt gegen den Lärm anzubrüllen, schob ich den Plastikvorhang zur Seite und betrat das Hinterzimmer.

Es roch nach Polyesterharz, und das einzige Licht lieferten zwei Neonröhren an den Wänden. In der Mitte des Raums stand ein Blank, ein Surfbrettrohling aus PU-Schaum, der seitlich zwischen zwei Y-förmige, mit schnodderfarbenem Flokati gepolsterte Holzständer geschoben war. In den Ecken und an den Füßen der Ständer hatten sich kleine Schneeverwehungen aus Schaumstoffspänen angesammelt. Lloyd blickte von seiner Schleifmaschine auf und schaltete sie ab. Neben ihm stand ein junger Typ, der einen Atemschutz trug.

»Maßanfertigung?«, fragte ich.

»Wie kommst du darauf?«

»Sieht ziemlich topmodern aus«, gab ich zurück. »Ein Fangtail, leicht konkav mit scharfen Rails – nicht gerade ein Brett von der Stange.«

Der junge Typ starrte mich über seine Staubschutzmaske hinweg an. Auf Lloyds Gesicht breitete sich langsam ein Grinsen aus. »Stimmt genau«, sagte er. »Ein richtiges Raumschiff. Schwerelosigkeit, Power und Kontrolle. Bist 'n ziemlicher Design-Spezi.«

»Ich tu mein Bestes.«

»Aber du hast die Rillen oben und unten übersehen. Und du solltest 'ne Schutzmaske tragen hier drin.«

»Du hast auch keine auf.«

Er nahm einen tiefen Zug von seiner Zigarette und malte mit ihr einen theatralischen Schnörkel in die Luft.

»Das filtert den Staub besser als jede Schutzmaske. Hundert Prozent Teer und Nikotin. Tötet die Bakterien, die die Lunge angreifen. Du wolltest dein Board abholen, stimmt's? Ist vorne im Laden.«

Wir gingen nach vorne. Lloyd blieb kurz vor der gezackten Zahnreihe aus Boards stehen und zog dann eins heraus.

»Das hier ist es«, sagte er und drückte es mir in die Hand. »Ich hab versucht, das meiste von dem zu berücksichtigen, was du mir gesagt hast, aber in einigen Punkten hab ich nach meinem eigenen Ermessen entschieden.«

Als ich mir das Board ansah, konnte ich nicht gleich meine Anweisungen von seinem Ermessen unterscheiden. Ehrlich gesagt konnte ich mich nicht mehr genau erinnern, was ich ihm eigentlich erzählt hatte. Aber dies hier war ein weißer Pintail mit Fin-Box, und laut Etikett war es sechs Fuß zehn lang – eine gute Mittellänge. Vielleicht nicht das ultimative Brett, aber gut und praktisch und für alle Wellenbedingungen einsetzbar, und das war es, was ich von Anfang an gewollt hatte. Ich wiegte das Board in den Händen, als wollte ich seine strukturelle Stabilität prüfen, ungefähr so wie ein Möchtegern-Weinkenner, der einen edlen Tropfen bestellt und dann so tun muss, als schmecke er das Bouquet, während der Kellner danebensteht und sein Urteil abwartet. Irgendwas stimmte nicht. Das Ganze lief zu schnell, fast nebensächlich ab. Und wo war der *Verkauft*-Aufkleber, der anderen Kunden signalisierte, dass das Brett nicht mehr zu haben war?

»Ist irgendwas?«

»Nein«, antwortete ich. »Nein, nein.«

»Ich denke, es wird dir gefallen. Deine Angaben waren wirklich gut, haben ein prima Brett ergeben. Und ich fand's gut, dass du die einfache Finne genommen hast. Heutzutage sind doch einhundert Typen mit zweihundert Finnen da draußen in Malibu unterwegs. Immer nur Doppelfinnen surfen schränkt dich bloß ein. Solange die keine Doppelfinne für große Wellen erfinden, bleibt der Einfinnen-Pintail das Rückgrat jedes Surfboard-Arsenals.«

Ich stimmte zu. Er sah auf die Uhr.

»Okay dann, ich will dich nicht drängen oder so, aber …«

»Oh, ja, klar.«

Ich wühlte in meiner Tasche, zog ein Bündel Geldscheine hervor und zählte Lloyd die noch ausstehenden hundertfünfzig Dollar in die Hand.

»Viel Spaß damit«, sagte er, während er sich die Scheine in die Hemdtasche stopfte. »Und demolier es nicht gleich am ersten Tag.«

»Keine Sorge.«

»Wir machen hier auch Reparaturen, falls du so was mal brauchst.«

»Danke, aber das mach ich selber.«

»Hey, ich wusste, du bist 'n Fachmann«, antwortete er,

schüttelte lächelnd den Kopf, als wollte er sagen *Alle Achtung!*, und als ich aus dem dunklen Laden in den strahlenden Sonnenschein trat, wurde mir schlagartig klar, dass ich gerade dreihundert Dollar für eins seiner Sonderangebote von der Stange bezahlt hatte.

Es war gut, dass ich auf der Fahrt durch den Topanga Canyon Kupplung und Gaspedal bedienen musste, da ich mich sonst den ganzen Weg selbst getreten hätte. Ich konnte nicht fassen, wie dämlich ich war. Der junge Typ im Hinterzimmer hatte Lloyd dabei zugesehen, wie der *sein* maßgefertigtes Brett baute. So musste man das machen, so konnte man sichergehen, dass man bekam, was man bestellt hatte. Genau das hätte ich auch tun sollen. Obwohl ich nach dem Glassing und den sonstigen Oberflächenbehandlungen, bei denen ich sicherlich nicht dabei gewesen wäre, wahrscheinlich sowieso nicht erkannt hätte, welches Board ich da letztlich in der Hand hielt. Lloyd wusste das und hatte mich schön über den Tisch gezogen. Ich wollte am liebsten umdrehen, das Board zurückbringen und dem alten Schlitzohr gehörig meine Meinung sagen. Oder ihm einfach den Verbraucherschutz auf seinen betrügerischen Hals hetzen. Aber ich konnte nichts beweisen. Ich hatte noch nicht mal eine Quittung.

An der Küste angekommen, bog ich Richtung Süden ab, warf nur einen flüchtigen Blick auf das übervölkerte Topanga, nahm das ewig ruhende Charthouse noch nicht einmal wahr, verschmähte Sunset mit seinen apathischen Wellenlinien und erreichte schließlich die Mole, an der ich im Sommer zuvor Surfen gelernt hatte und zu der ich nun zurückgerannt war wie ein Kleinkind zu seiner Mami. Ihr Mutterinstinkt war heute allerdings abgestellt; sie hatte sich Mutter Natur untergeordnet, die ihre nachmittäglichen Westwinde schickte. Bei der Billigkaschemme konnte ich nicht parken, weil der Laden mit Brettern zugenagelt und der Platz mit einer Kette abgesperrt war, also fuhr ich langsam die Straße auf der Küstenseite entlang und suchte nach einer Lücke zwischen den Autos, die hier dicht an dicht standen. Die einzige Parkmöglichkeit gab es im Halteverbot. Zur Hölle damit. Ein Strafzettel würde meinen Tag perfekt abrunden.

Ich wühlte im Handschuhfach nach meinem Kreuzschlitzschraubenzieher, stieg dann aus und holte das Brett vom Dachträger. Vorbeidonnernde Sattelschlepper warfen Rollsplitt auf mich, als ich am Straßenrand saß und die Finne in der Fin-Box nach vorne bewegte. Das hatte ich bei meiner Forschungsorgie aus einem Artikel über den hawaiianischen Surfvirtuosen Larry Bertlemann gelernt: Bei kleinen Wellen musste man die Finne nach vorne schieben und locker befestigen. Anweisung vom Spitzenprofi. So machte man das.

Warum, wusste ich in meiner grenzenlosen Verwirrung natürlich nicht einmal ansatzweise.

Ich ging die Felsen runter zum Strand, wachste mein Board, klemmte mir den Pintail unter den Arm und platschte ins Meer.

Das Board ließ sich gut paddeln und glitt leicht übers Wasser. Es war ziemlich dick, einen Fuß länger als ich und schwamm weit oben, was gut für den nahenden Winter war. Die ersten Wellen ritt ich sehr zurückhaltend vom Tail aus, auf und ab, sodass meine Füße sich an die Wendepunkte des neuen Bretts gewöhnen konnten. Nach ein paar Wellen verlagerte ich dann mein Gewicht über den Schwerpunkt des

Boards und fing an, die Nose ein bisschen hin und her zu schwenken. Auf diese Weise arbeitete ich mich langsam zu den eigentlichen Manövern vor, aber die Brandung war minderwertig, und ich kam nicht genug in Fahrt, um irgendwas Vernünftiges zu probieren – noch nicht mal für einen richtigen Bottom Turn reichte es.

Vielleicht lag es auch am Board.

Oder am Surfer.

Nach einer Weile strich ich die Segel und kam aus dem Wasser. Ich musste auf einen besseren Tag warten, um mir ein Urteil über mein 300-Dollar-Neppboard bilden zu können.

Ich trottete den Strand hoch. Ein zitronenblonder Gremmie stolzierte mit geschwellter Brust und einem bügelbrettgroßen Miniboard unterm Arm zum Wasser runter. Wir nickten uns zu, und er bemerkte meinen Pintail.

»Nettes Brett, Mann!«

»Danke, Mann.«

Wenigstens sah es gut aus.

Lokalkolorit

Man sollte meinen, dass der Ozean weit und grenzenlos sei, aber das ist er nicht. Nicht da, wo ich herkomme. Zwischen Point Conception und der mexikanischen Grenze gibt es eine höhere Surferdichte als irgendwo sonst auf der Welt. Ich habe mal etwas über einen kalifornischen Profi gelesen, der meinte, er tut einfach so, als seien die Menschenmassen nicht da, und lässt sich beim Surfen nicht stören. Der Typ war entweder ein Lügner oder eine Art Zen-Meister. Ein anderer Ansatz appelliert an das soziale Gewissen jedes Einzelnen: Hey, alles cool, bring 'n bisschen Sensibilität und Toleranz mit ins Lineup, und schon gibt es weniger Feindseligkeit, Bruder, lass uns Neptuns unendliche Fülle gemeinsam erleben, jeder von uns als Teil der großen ozeanischen Gemeinschaft. Der Ansatz der heiligen Idioten. Die Anhänger der dritten Alternative verlassen sich eher auf physische Präsenz und meinen, man müsse ein 100-Kilo-Gorilla oder Preisboxer sein. Am besten beides. Ich allerdings war weder das eine noch das andere. Meine einzige Chance, die Massen zu schlagen, war daher, den Massen aus dem Weg zu gehen.

Das konnte man auf verschiedene Arten tun. Eine war es,

außerhalb der Sommersaison an Werktagen eine Stunde vor Sonnenaufgang am Strand zu sein. Sofern es einem nichts ausmachte, nur wenige Stunden zu schlafen und dann im Halbdunkel zu surfen, konnte man mit dieser Strategie vielleicht – *vielleicht* – ungefähr dreißig Minuten auf den einsamen Wellen rausschinden, bevor der Mob eintraf. Dann gab es die Möglichkeit, Kommando Surf zu spielen und sich in abgesperrte Gebiete wie den Wasserraketenübungsplatz vor Point Mugu zu schleichen – wo man allerdings Gefahr lief, in den Bau zu wandern – oder unzugängliche Orte wie die »Ranch« aufzusuchen, wohin man entweder von Jalama aus meilenweit und nur bei Ebbe am Strand entlanggehen musste oder mit dem Boot kam, das man dann draußen hinter dem Seetang vor Anker legte. Oder aber man stieg ins Flugzeug, flog um die halbe Welt, ließ die ganze kalifornische Surferszene weit hinter sich, um dann in Ulawatu oder Padang Padang oder an irgendeinem anderen dieser Orte zu surfen, deren klangvolle Namen entlegene Atolle und menschenleere Wellen verhießen. Weniger kostspielig, aber dafür gesundheitsgefährdend war die vierte Möglichkeit: Man fiel in eines der kalifornischen Einheimischenreservate ein. An diesen Orten traute sich niemand zu surfen, weil bösartige ortsansässige Surfer – die sogenannten Locals – ihr Strandrevier mit allen Mitteln gegen unerwünschte Tagesausflügler verteidigten.

Nordirland, der Nahe Osten und die Strände Südkaliforniens: drei konfliktgeschüttelte Krisengebiete, in denen gewaltsame Territorialkämpfe loderten. Unsere regionalen Gegenstücke zu IRA und PLO waren Selbstjustizgruppen wie VAIL (Valleys Against Ignorant Locals) und LAVA (Locals Against Valley Assholes). Bezeichnend für die Lage war, dass

Surfmagazine in ihren Artikeln über Südkalifornien alle Fotos nur mit vagen Bildunterschriften wie »Orange County« oder »San Diego County« versahen; mit einer genaueren Kennzeichnung der abgebildeten Orte hätten sie den Zorn der erbosten Locals heraufbeschworen. Als Vergeltungsschlag hätten diese daraufhin scharenweise ihre Abos gekündigt, um sich für das unerhörte Verbrechen des Magazins zu rächen, den Surfspot X bekannt zu machen, und gelegentlich wurde eine solche Maßnahme noch durch die Drohung flankiert, jedem Fotografen, der es wagen sollte, noch einmal in ihrem Gebiet zu wildern, die Fresse zu polieren. Am schlimmsten waren die Einheimischen im Norden. Orte wie Port Hueneme und Hollywood-by-the-Sea genossen einen üblen Ruf. In Hollywood gab es die Sorte Traumwellen, die ich während langweiliger Unterrichtsstunden auf meinen Block malte, und wie jede kostbare und seltene Ressource wurde Hollywoods Wundermeile mit ihren beidseitig brechenden Peaks penibel gehütet. Es gab Morddrohungen, die unter Scheibenwischer geklemmt wurden, zerstochene Reifen, zertrümmerte Scheinwerfer und sogar Autos, die abgefackelt wurden.

Im Herbst meines vorletzten Highschool-Jahres schlug Jack vor, einen Break namens Haggerty's auszutesten. Haggerty's lag im nördlichen Teil der Halbinsel Palos Verdes, hatte eine großartige Norddünung und saftige Linksbrecher, an denen man ordentlich seine Backside trainieren konnte. Und das Wasser war sauber. Ich hatte da bislang nie gesurft. Der Pacific Coast Highway ließ die gesamte Halbinsel unberührt; er hackte sie an der Landverbindung ab, lief dann an den Häfen von L. A. und Long Beach vorbei, bevor er erst wieder bei Seal Beach auf die Küste traf. Die einzigen Male, die ich Palos Verdes betreten hatte, waren die Besuche als Kind im dortigen Marineland gewesen, wo ich Bubbles den Wal bestaunte und exotische Fische angaffte, die endlos ihre Runden durch die Aquarien drehten.

»Gibt es auf PV nicht 'ne ziemlich harte Local-Szene?«

»Kannst die Alarmsirene wieder abstellen«, sagte Jack. »Ich kenn 'nen Typen, der da schon seit Jahren surft und noch nie Ärger hatte. Solang du ganz locker bleibst, besteht kein Grund zur Beunruhigung.«

Ich war nicht beunruhigt. Ich war erleichtert, dass er nicht nach Hollywood-by-the-Sea fahren wollte.

Am nächsten Morgen brachen wir früh auf, um vor den üblichen Menschenmassen unterwegs zu sein und die Tide zum richtigen Zeitpunkt zu erwischen. Entlang der Küstenstraße fuhren wir an den zotteligen Palmen von Redondo Beach vorbei, die sich gegen das von aufsteigenden Dunstschleiern gedämpfte Morgenlicht abhoben. Zur Rechten befanden sich die Tiki-Bars und zur Linken Wohnanlagen, deren Grundstücke mit fetten Seilen vom Gehweg abgegrenzt waren und deren Vorgärten schräg aufgestellte Anker zierten. Bereits von der Straße aus konnten wir Wellen sehen, und Jack beglückwünschte sich selbst zu seiner genialen Idee. War die Brandung gut, stürzten sich alle auf die bekannten Surfstellen. Die weniger bekannten blieben von allen unbeachtet – von allen, außer den Locals. In dieser Hinsicht waren Surfbreaks wie Restaurants: Menschen fühlten sich immer von denen angezogen, die sowieso schon voll waren. Viel Kundschaft verhieß, dass ein Restaurant gut sein musste. Aber hochwertige Kost (und größere Portionen) bekam man auch an verborgenen Plätzen.

Schließlich stieg die Straße an und lief aus der Ebene hoch zur Landzunge von Palos Verdes, die den südlichen Abschluss der Santa Monica Bay bildete – dahinter lag ein uns unbekanntes Gewässer. Plötzlich bog Jack von der Straße ab und fuhr in die dem Wasser entgegengesetzte Richtung.

»Hey, was soll das?«

»Kenn 'nen Typen, dem hamse hier die Karre demoliert«, sagte Jack grimmig.

»Ist das der Typ, der nie Ärger hatte?«

»Ich meinte draußen, im Wasser.«

Jacks Parkplatzsuche endete weit oberhalb vom Strand.

»Also, du kannst machen, was du willst«, sagte er, als wir unsere Bretter vom Auto holten, »aber ich mach meine Leash ab. Die Eingeborenen nehmen keine – denken, das bringt das Lineup durcheinander.«

»Lächerlich.«

»Irgendwie haben sie schon recht«, wehrte er sich. »Typen, die runterfallen oder ihr Brett nicht bei sich behalten können, haben's verdient, dass es gegen die Felsen knallt.«

»Gegen die Felsen?«

»Pass einfach auf dein Brett auf.«

Ich machte meine Leash ab, und wir gingen den Hügel runter. Der Himmel hatte die Farbe von nassem Zement, die Luft war feucht, und von der Seite des Kliffs lösten sich fette, träge Wellenlinien. Niemand war draußen. Noch niemand. Im Dämmerlicht konnte ich mit Boards bewaffnete Gestalten in schwarzen Neoprenanzügen erkennen, die über die Felsen runter zum Wasser kletterten. Wahrscheinlich waren sie es, die oben am Hang in den schicken Häusern mit den Panoramafenstern wohnten. Für sie musste es sich anfühlen, als gingen sie durch ihren Garten zum Swimmingpool.

Auf einmal spürte ich ganz deutlich, dass ich hier ein Eindringling war.

Ich kam aus dem San Fernando Valley und war damit abgestempelt: ein unwürdiger Bauer, der sich im Park des herrschenden Fürsten herumtreibt. Kinder reicher Leute lebten am Meer, Kinder armer Leute im Smogkessel, wo es statt eines Strands nur das ausbetonierte Flussbett des L. A. River samt seinem Flutkontrollsystem gab. Die Leute hier warfen uns Vals wahrscheinlich in einen Topf mit den Schwarzen in Downtown und den Mexikanern in East L. A. Damit hatte ich kein Problem. Warum sollte ich etwas gegen die Mexikaner oder die Schwarzen haben? Keiner von denen hatte mich je schikaniert, mir den Weg zur Welle versperrt, mich abgedrängt oder mich einen beschissenen Valley Kook genannt.

Am Fuß des Hügels überquerten wir den Parkplatz von Torrance Beach, stiegen auf der Küstenseite über die weiße Leitplanke, kletterten vorsichtig den steilen, mit Eiskraut bewachsenen Hang runter zum Strand und folgten der Küstenbiegung. Bald löste Geröll den Sand ab, und wir bahnten uns einen Weg zu einer kleinen Landzunge aus Felsbrocken, die von den Wellen umspült wurde. Hier war der Absprung. Und zwar wörtlich. Jack segelte durch die Luft, und ich folgte ihm. Wir klatschten aufs Wasser und glitten durch das hereinströmende Weißwasser raus und fingen dann an zu paddeln. Innerhalb weniger Minuten hatten wir das erste Riff erreicht. Das Wasser war klar und grün, und am Meeresboden konnte ich die Tangstränge sehen, die in der Strömung schaukelten. Was die Wellen anging: knackige kleine Kurzritte mit ein paar rasanten Abschnitten, die einen bis zum Ende der Welle beschleunigten. Ich hätte den ganzen

Tag lang dort surfen können, aber nach ein paar Wellen bestand Jack darauf, zum nächsten Riff zu wechseln.

Als wir dort ankamen, waren die Hangbewohner schon draußen. Sie sahen aus wie ein Verein wider den übertriebenen Luxus: Alle trugen einheitlich schwarze Wetsuits und besaßen weiße Pintails ohne Aufkleber. Keine Verzierungen. Und so surften sie auch: ohne Brimborium. Wie beim Cruisen mit einem Cadillac fuhren sie ruhig die Wellen ab, folgten fast ausschließlich der Wellenströmung, streuten ein paar elegante Cutbacks ein, zu denen sie ihre Boards sanft herumdrehten und so am Brechungsrand blieben, aber das war es auch schon. Eine Handvoll dieser Typen wechselte sich in der Takeoff-Zone ab und nahm die Wellen in Beschlag. Ich blickte zum Kliff hoch und sah noch mehr schwarze Wetsuits mit blendend weißen Boards unter dem Arm, die wie Bergziegen zum Wasser runterkletterten. Falls ich jemals eine Welle am zweiten Riff von Haggerty's erwischen wollte, musste ich mich beeilen.

Es kann also sein, dass ich die Sache etwas überstürzte.

Und dann war da auch noch meine Backside.

Ob man Backside reitet, also mit dem Rücken zur Welle, oder nicht, hängt von der Fußstellung und von der Welle ab. Jack und ich waren Rechtsfüßler, und die Wellen in Haggerty's brachen sich vom Wasser aus gesehen links, sodass wir hier mit dem Rücken zur Welle surften. In Malibu, wo die Wellen Rechtsbrecher waren, surfte ich mit dem Gesicht zur Welle. Es hieß, Backside zu surfen sei leichter. Man blickte nicht nur in die Richtung, in die die Schwerkraft einen zog, sondern man erhielt mehr Kraft und Antrieb aus den Fersen. Vielleicht stimmte das sogar. Ich hatte bis zu diesem Zeitpunkt nie genug Übung in Sachen Linksbrecher gehabt, um das beurteilen zu können. Ich war Stammgast an den Stränden im nördlichen L. A. County, meine Surfspots waren Lighthouse Jetties, Sunset, Chart House, Topanga, Malibu, Point Dume, Leo Carrillo und County Line. Alles Rechtsbrecher. Meine Backside glich der Rückhand eines Sonntagstennisspielers – sie war immer ein kleines bisschen unsicher.

Mit anderen Worten, ich vermasselte es.

Ich sprang auf einen dieser fetten Haggerty-Linksbrecher, raste im Sturzflug die Wellenwand runter und schoss dann nach einem engen Turn direkt wieder hoch für einen Off-the-Lip. Aber das Wasser war so klar, dass ich die Wellenform falsch einschätzte. Da kam gar keine Lippe. Jedenfalls keine, von der man sich abstoßen konnte. Als ich versuchte zu wenden, rutschte mein Brett unter mir weg. Ich wartete auf das gewohnte Ziehen der Leash an meinem Knöchel – aber ohne Leash kein Ziehen.

Mein Board war unterwegs zu den Felsen für ein Rendezvous mit dem Dellenmann.

Aber so weit kam es nicht. Es rammte ein anderes Board, das sich ihm in den Weg geschoben hatte. Der Besitzer ließ keinen Zweifel daran, dass er stinksauer war. Er zeigte mir den Schnitt, den die Finne meines Boards in seinem Rail hinterlassen hatte.

»Du hast mein Board zerschrottet, Mann! Das kostet! Du gibst mir jetzt sofort zwanzig Tacken!«

»Ich hab keine zwanzig Tacken.«

»Okay, dann kämpfen wir eben!«

»Gut.«

»Ich mach dich fertig!«

Er spritzte mir mit der flachen Hand Wasser ins Gesicht,

drehte sich um und paddelte Richtung Strand. Ich schwamm zu meinem Board, packte es und folgte ihm.

In den eineinhalb Jahren, die ich bisher gesurft war, hatte ich Prügeleien stets erfolgreich vermieden. Ein paar Male war es ziemlich brenzlig geworden, aber auch das hatte sich immer in gegenseitigem Anbrüllen erschöpft. Je mehr die gegnerischen Parteien verbal entgleisten, umso weniger scharf schienen sie darauf zu sein, an Land zu gehen und die Sache mit den Fäusten zu regeln. Aber die offene Herausforderung dieses Typen hatte mich überrascht. Ich hatte keine Zeit gehabt, Angst zu kriegen. Zudem plagte mich ein schlechtes Gewissen: Ich hatte es verbockt, also schuldete ich ihm etwas. Es schien nur natürlich, seinem Wunsch Folge zu leisten und für meine Sünde zu büßen.

Dann aber, als ich den langen Weg zum Strand paddelte, vollzog mein Hirn eine Kehrtwende. Möglicherweise war ich nur deshalb noch nie in eine Prügelei verwickelt gewesen, weil mich dazu noch keiner herausgefordert hatte. Zumindest nicht direkt. Wer so was machte, musste sich seiner Sache ziemlich sicher sein. Höchstwahrscheinlich wusste er sich zu schlagen. Auch sah dieser Typ etwas größer aus als ich.

Er erreichte den Strand. Ich ließ mich auf dem Bauch liegend von der Strandbrandung auf den Sand treiben. Dort ließ ich mein Brett zurück und ging ihm nach. Allerdings nicht besonders schnell. Meine Knie zitterten leicht. Ich konnte meinen Herzschlag spüren. Noch hatte er sich nicht umgedreht, und in meiner aufkeimenden Panik fasste ich einen plötzlichen Entschluss und stürzte mich auf ihn und damit in den Kampf – keine Möglichkeit mehr, den Schwanz einzuziehen. Er musste die Erschütterung im Boden gespürt haben, denn er drehte sich zu mir um, schmiss sein Board weg und hatte gerade noch Zeit, sich mit einem Ausfallschritt gegen den Aufprall zu wappnen, der uns beide in den Sand riss. Er nutzte meinen Schwung, um mich auf den Rücken zu werfen. Ich nutzte seinen Schwung und warf ihn zurück. Wie zwei Liebende in leidenschaftlicher Umarmung rollten wir im Sand herum, bis ich es schließlich schaffte, ihn unten zu halten und mich auf ihn zu setzen. Dann fing ich an, ihm wieder und wieder meine Rechte ins Gesicht zu schlagen. Er hatte den Kragen meines Wetsuits gepackt, zerrte meinen Kopf nach unten und schlug nach mir, aber ich hatte den besseren Hebel. Mit leisen Klatschgeräuschen regneten meine Schläge auf ihn ein – zehn, zwölf, fünfzehn Treffer, die alle saßen. Beschissener Local! Reiches, verwöhntes Schwein! Ich fühlte mich wild und ungezähmt, ich fühlte mich gut, wie ich die gerechte Strafe austeilte und dabei meine angestaute Wut rausließ, eine Wut, von der ich nicht geahnt hatte, dass sie in mir war …

Dann fühlte ich Hände, die meine Schultern packten und mich zurückzogen.

Ich kam wieder auf die Beine. Die Hände gehörten zwei fremden Surfern. Aus den Augenwinkeln sah ich Jack wie verrückt Richtung Strand paddeln. Mein Gegner blieb auf allen vieren hocken. Er bewegte seinen Kopf hin und her. Dann stand er langsam auf. Sein grüner Wetsuit war voller Sand. Seine linke Schläfe und der Wangenknochen darunter waren purpurrot. Ich fühlte keinen Schmerz, null, obwohl ich meine rechte Hand noch zwei Monate später spüren sollte.

»Wegen nichts!«, schrie er. »Wir prügeln uns wegen nichts!«

Ich blieb wachsam und musterte ihn angespannt. Die beiden anderen Typen standen schweigend daneben und beobachteten uns, um zu sehen, ob ihre Dienste noch gebraucht wurden.

»Ich bin nur reingepaddelt, um mein Board zu reparieren, Mann! Erst demolierst du mein Brett, dann stürzt du dich auf mich! Was ist los mit dir? Ihr bescheuerten PV-Locals seid solche *Arschlöcher*! Und ihr könnt nicht mal richtig surfen!«

Jack hatte sich inzwischen an Land gestürzt, als sei dies hier die Landung in der Normandie. »Los, kommt, macht schon! Ich mach euch fertig, einen nach dem anderen!«

Wir erklärten ihm, dass alles gelaufen war. Und dann, nach ein paar weiteren verbalen Abschiedsböllern, hob mein Gegner sein Board auf und zog von dannen, wobei seine Leash hinter ihm her durch den Sand schleifte. Die beiden Friedensstifter gingen zum Wasser. Ich starrte raus auf Haggerty's, wo die Einheimischen immer schön abwechselnd die Wellen nahmen.

Büffelhorn

Ich hatte von einem Zehn-Kilometer-Straßenlauf gehört, der in den Weihnachtsferien auf Catalina Island stattfinden sollte. Für die im Frühjahr beginnende Leichtathletiksaison wollte ich unbedingt noch an meiner Kondition arbeiten. Jim hielt sich neben dem Surfen auch mit Joggen fit, sodass mir ein Zehn-Kilometer-Wettlauf für uns beide ein guter Trainingsanreiz zu sein schien. Zudem waren wir beide noch nie auf Catalina gewesen. Ich für meinen Teil wusste rein gar nichts über die Insel. Ich hätte nicht einmal sagen können, ob sie in einer anderen Zeitzone lag oder so.

Wir schickten also unsere Anmeldungen los, zahlten das Startgeld und bekamen unsere Anmeldebestätigung samt Startnummer. Ich begann mein Training mit Läufen über drei Meilen und steigerte mich dann langsam auf sechs, die ich schon bald problemlos in unter vierzig Minuten lief. Soweit ich wusste, trainierte Jim nicht mehr als gewöhnlich, und das machte mir Mut. Als wir jünger waren, hatte er mich über kurze Strecken immer abgehängt, aber ich war sicher, dass ich ihn über zehn Kilometer schlagen konnte. Schließlich war ich der Leichtathlet von uns beiden.

Der Lauf sollte an einem Sonntag stattfinden, und Jim schlug vor, schon am Samstag nach Catalina zu fahren, dort auf einem Campingplatz zu übernachten, Sonntagnachmittag am Wettkampf teilzunehmen und am selben Abend mit der Fähre zurückzutuckern. Dazwischen wollte er noch ein bisschen surfen. Damit war der Augenblick gekommen, ihm das Einzige zu erzählen, was ich über Catalina wusste: Es gab dort keine Wellen.

»Doch, auf der Südseite«, erklärte Jim zuversichtlich.

»Südseite? Wie willst du denn da hinkommen? Wir sind in Avalon, Mensch. Da müsste man ja quer über die ganze Insel latschen.«

»Mir egal, ich nehm mein Board auf jeden Fall mit.«

»Jim«, seufzte ich. »James, mein Junge. *Jeder* weiß, dass Catalina keine Brandung hat. Steht in jedem Surfheft.«

»Das schreiben die bloß, um die Locals zu schützen«, sagte er. »Ist alles 'ne große Verschwörung.«

Jim holte mich wie verabredet am Samstagmorgen ab, und wir fuhren runter nach Long Beach Harbor, wo unsere Fähre abging. Wir kauften Tickets, kletterten an Bord und gingen in einen großen Raum voller Sitzreihen, wo die Wände mit Rettungsringen gesäumt waren, neben die wir unsere Bretter lehnten. Ja, ich hatte meins auch dabei. Ich fühlte mich wie ein Trottel, so wie jemand, der seine Angelrute mit ins Freibad nimmt. Sollte aber das Undenkbare eintreten und Jim tatsächlich Wellen auftreiben, hätte ich es mir nie verziehen, unvorbereitet zu sein. Man konnte schließlich nie wissen – vielleicht kam ein verirrter Tsunami vorbei. Aber ich war nicht unterwegs, um zu surfen, sondern um zu laufen.

Die Fähre erzitterte, setzte sich in Bewegung und legte ab. Über unseren Köpfen kreisten und schrien die Möwen, als wir an den als Wohnblocks getarnten Bohrtürmen vorbei ausliefen. Wir waren noch nicht lange draußen auf dem Meer, als Seegang einsetzte und unser Schiff anfing, sich zu heben und zu senken. Ich ging vor zum Bug, stellte mich ganz in der Spitze an die Reling und ließ mir Wind und Gischt um die Ohren pusten. Dann stieg ich hoch aufs Oberdeck, um die rollenden Bewegungen des Schiffes so richtig zu spüren. Ich stellte mich breitbeinig hin, die Hände in die Seiten gestemmt, und fühlte mich wie ein alter Seebär. Alle Mann in die Wanten! Schrubbt das Deck! Nach einer Weile schlenderte ich zurück zu Jim und unseren Boards. Er war nicht da. Ein paar Minuten später tauchte er auf, sein dunkles Gesicht stark gelbstichig.

»Ich bin seekrank«, stöhnte er.

»Hey Jim, Mann, du bist Hawaiianer. Du hast den Ozean im Blut. Der fließt durch deine Adern …«

Er stürzte zur Reling.

Eineinhalb Stunden später legten wir an. Jim konnte kaum einen Fuß vor den anderen setzen, also gingen wir zum nächsten Taxistand und ließen uns zum Campingplatz von Hermit Gulch fahren. Dieser lag etwa eine Meile landeinwärts und bestand nur aus einem einigermaßen ebenen Platz mit ein paar Feuerstellen. Jim ging es immer noch schlecht, also machte ich mich allein daran, alles aufzubauen. Kaum hatte ich unser kleines Zweimannzelt aufgeschlagen, krabbelte er rein und brach auf seinem Schlafsack zusammen. Nach einer kurzen Weile sah ich vorsichtig nach ihm. Er lag da wie im Koma; sein Mund war geöffnet, und Speichel floss seine Wange herunter. Ich dachte mir, dass er wohl für die nächsten ein, zwei Stunden schlafen würde, und beschloss, ein bisschen in Avalon herumzuschlendern und mir etwas zum Mittagessen zu besorgen.

Avalon sah aus wie eins von diesen Bildern auf den alten 3-D-Viewmaster-Scheiben. Einmaster schaukelten träge im Hafen. Auf einer kleinen Landzunge neben der Hafeneinfahrt stand ein weißer Art-déco-Pavillon, in dem früher die Bigbands aufgespielt hatten. Die umliegenden grünen Hügel waren mit rosafarbenen Häusern und deren terrakottabraunen Dächern gesprenkelt, und kleine flauschige Wolken zogen über den in zartem Hellblau gehaltenen Himmel. Abgesehen davon gab es auch einen Hotdog-Stand. Also kaufte ich mir zwei Hotdogs, setzte mich auf eine Bank und beobachtete die Touristengruppen auf dem kleinen, sichelförmigen Streifen Strand.

Ich kapierte es nicht. Was wollten die Leute an einem Strand ohne Brandung? Eins der Grüppchen amüsierte sich mit einem Strandball. Unglaublich. So was hatte ich nicht mehr gesehen, seit ich ein Kind war. Zwei Mädchen sprangen ins kalte Wasser, und ich sah, wie Schwärme von Möwen sich auf ihr zurückgelassenes Picknick stürzten. Sie hackten auf die Tüten ein, schüttelten sie und schlangen den Inhalt herunter – in wenigen Minuten hatten sie alles vertilgt. Ich wartete noch, bis die Mädchen aus dem Wasser kamen – »Guck mal, da sind Federn in den Chips! Iiiiiih!« –, und ging dann zurück zum Hotdog-Mann, um noch zwei heiße Hündchen für Jim zu holen. Ich packte großzügig Relishsoße und Zwiebeln drauf, so wie er es mochte, da ich annahm, dass sich sein Magen mittlerweile beruhigt haben würde.

Als ich zum Campingplatz zurückkam, war Jim nirgends zu sehen. Sein Board und sein Neoprenanzug waren ebenfalls weg. Ich hatte inzwischen wieder Hunger, also aß ich seine Hotdogs.

Den Rest des Tages verbrachte ich damit, um den Campingplatz herumzustöbern, Holz für unser abendliches Lagerfeuer zu sammeln und Stöcke mit dem Taschenmesser anzuspitzen. Ich versuchte, ein Surfboard zu schnitzen, aber es sah eher aus wie eine Banane, die unters Auto gekommen war. Als schließlich langsam die Sterne am dämmrigen Himmel aufstrahlten, machte ich mit den Holzspänen und der überfahrenen Banane ein Feuer an, öffnete eine Dose Eintopf und stellte sie auf den fettverkrusteten Gitterrost. Während ich wartete, dass der Eintopf warm wurde, saß ich ganz still, starrte wie hypnotisiert in die Flammen und atmete den bittersüßen Duft der Bergkräuter.

Ich hatte nicht mehr gezeltet, seit ich vor drei Jahren mit meiner Familie in Yellowstone war. Wir hatten gesehen, wie Old Faithful zuverlässig seinen Strahl ausstieß, und waren auf Holzstegen über eine Mondlandschaft aus zischenden, gurgelnden Geysiren gewandert, aber das Aufregendste an der ganzen Reise blieb für mich immer der Bär, der um unser Zelt geschlichen war. Als der Bär so auf dem Campingplatz herumstrich, hatte ich ein bisschen Angst gehabt, war aber vor allem neugierig, was wohl als Nächstes passieren würde. Es war nur ein Bär. Nicht Bigfoot oder so. Das wäre etwas anderes gewesen. *Diese* Viecher waren die Schwergewichtler des Tierreichs, die stinknormale Bären einfach in den Schwitzkasten nahmen und ihnen einen Knöchel-Autsch verpassten.

Jim und ich hatten einmal darüber diskutiert, was schlimmer sei: Haie oder Bären. Er fand Bären furchterregender und meinte zur Begründung, dass, wenn man einen Hai sähe, es sowieso schon zu spät wäre und man sich deshalb genauso gut einfach locker machen könne. Ich konnte seiner Logik nicht ganz folgen und führte meine Yellowstone-Erfahrung als Gegenbeweis an: Meine leichte Beunruhigung angesichts eines echten, nur einen einzigen nylonzerfetzenden Tatzenhieb von mir entfernten Bären war nichts im Vergleich zu der hellen Panik, die mich allein beim *Gedanken* an einen angriffslustigen Hai in meiner Nähe packte. Solche Gedanken beschäftigten mich normalerweise an trüben Morgen, wenn ich allein an der offenen Küste surfte, das Wasser wie ein blinder Spiegel war, diese seltsame Stille die Luft beherrschte und ich plötzlich das Gefühl hatte: *Unter meinem Board ist etwas.* Einmal in Rincon hatte ich einen grauen Schatten wie ein Torpedo neben meinem Board schwimmen sehen. Ich holte das letzte Quäntchen Power aus der schnellen Brechungslinie Inside und stieg dann sofort aus dem Wasser; ich kletterte so behände, wie ich konnte, über die Felsen, und meine Beine kribbelten in der Erwartung irgendeines vorsintflutlichen Wesens, das von hinten heranschnellen, große Stücke aus meinem zitternden Fleisch reißen und dann mein Board als Zahnstocher benutzen würde. Ich war todsicher, dass ich einen Hai gesehen hatte. Es stimmte zwar, dass viele Leute Delfine mit Haien verwechselten, aber Delfine schwammen immer in Schwärmen, sodass dieser Schatten – sofern es sich nicht um ein aus seiner Clique verstoßenes Exemplar handelte – kein Delfin sein konnte. Jim war in Rincon noch draußen, als ich an Land flüchtete, aber ich warnte ihn nicht. Er kannte meine Haiphobie und zog mich oft damit auf, also ging ich zum

Schutz unserer Freundschaft lieber das Risiko ein, dass er bei lebendigem Leibe gefressen wurde.

Ich hörte jemanden kommen. Oder *etwas*. Gab es auf Catalina Bären? Vielleicht Grizzlys. Irgendwo hatte ich gehört, dass man einen Grizzly mit lautem Gebrüll vertreiben konnte.

Ich versuchte es.

Jim schlenderte auf unseren Zeltplatz, sein Board unterm Arm, den Wetsuit über das Board gehängt.

»Was ist los mit dir?«, wollte er wissen.

»Ich dachte, du bist vielleicht Bigfoot.«

»Nee, nur das Ding aus dem Sumpf.«

»Ein Glück.«

Er legte sein Zeug ab.

»Und, wo warst du?«, fragte ich ihn.

»Als ich aufgewacht bin, warst du weg.«

»Ich war in Avalon. Hab dir Hotdogs gekauft.«

»Hotdogs?«

»Die sind gut gegen Seekrankheit.«

Er sah mich an. »Ach ja? Aber Mann, du hast echt was verpasst. Ich war auf der Südseite, und es war klasse. Ein Riffbreak. Lockere vier bis fünf.«

»Vier bis fünf was – Inches?«

»Fuß.«

»Erzähl keinen Scheiß.«

»Hey, was dachtest du denn, wo der ganze Seegang auf der Fähre herkommt?«

Dann erzählte er mir seine Geschichte. Aus dem Koma erwacht, war er in die Stadt gegangen, hatte sich am Anleger ein Taxi genommen und dem Fahrer gesagt, dass er an die Südküste fahren solle. An der ersten Stelle mit guten Wellen hatten sie angehalten, Jim hatte den Fahrer bezahlt, seine irre Surf-Session durchgezogen und war dann zu Fuß zum Zeltplatz zurückgekommen, den er mithilfe einer Autoclub-Karte mit eingezeichneten Wanderwegen wiedergefunden hatte. Das war seine Story. Es fiel mir schwer, sie zu glauben. Ich schlug vor, seinen Spot nach dem Lauf am nächsten Tag auszuchecken.

»Mmh, Steve, ich sag's nicht gern«, sagte Jim, »aber ich musste 'n bisschen umdisponieren. Ich kann auf keinen Fall noch mal auf dieses Schiff gehen. Da würde ich sterben. Als ich in der Stadt war, hab ich deshalb zwei Plätze in einem Hubschrauber gebucht.«

»Du hast *was* gemacht?«

»Ich geh ein auf diesem Schiff, Mann. Ich pack das nicht noch mal. Es gibt Hubschrauber nach Long Beach. Es waren nur noch für einen Flug Plätze frei, und der geht um zwei. Wir können den Lauf noch mitnehmen. Ich hätte dich ja gefragt, aber du warst nicht da. Kostet nur fünfzig Kröten. Die kannst du mir irgendwann zurückgeben.«

»Fünfzig Dollar!«

»Gib's mir einfach, wenn du's hast. Und ich geb dir die Kohle für dein Fährticket wieder.«

»Vergiss es. Und dein Geld kriegst du gleich morgen früh, weil ich dieses Flugticket nämlich wieder zurückgebe.«

Jim erklärte mir, dass man die Tickets nicht zurückgeben konnte. Ich schlug vor, umzubuchen und erst am Montag zu fliegen, aber er musste am Montagmorgen bei Trader Joe's arbeiten. Darauf sagte ich, er solle sich krankmelden, was er auch nicht wollte, da er das Geld brauchte. Jetzt erst recht.

»Das hast du dir ja alles ganz fein ausgedacht, was?«

»Wenn ich noch mal auf diese Fähre muss, krepier ich.«

Was mich aber wirklich wurmte, war die Tatsache, dass ich die Geschichten von der wellenlosen Wunderinsel Catalina unbesehen geglaubt hatte, während Jim einfach hinter meinem Rücken gesurft war und nun die Solo-Lorbeeren einstrich. Von Rechts wegen hätte ich dabei sein müssen, da die ganze Reise eigentlich meine Idee gewesen war. Okay, dann würde ich eben *vor* dem Lauf surfen. Als ich Jim fragte, ob er am nächsten Morgen mitgehen würde, antwortete er mir, dass er von den diversen Abenteuern des Tages zu geschlaucht sei und sich lieber für den Zehn-Kilometer-Lauf ausruhen wolle. Toll. Jetzt wollte er sich ausruhen. Dennoch ließ ich mir von ihm auf der Karte zeigen, wie man zu seinem mysteriösen Break gelangte. Ich wollte genau demselben Wanderweg folgen, den er für seinen Rückweg zum Camp entdeckt hatte. Natürlich hätte ich mir auch ein Taxi nehmen können, aber Jim hatte recht – dieser kleine Ausflug war schon teuer genug geworden.

Um sieben Uhr am nächsten Morgen weckte mich mein Reisewecker mit fröhlichem Piepen. Ich würgte ihn schnell ab, damit Jim nicht aufwachte, was aber sowieso eher unwahrscheinlich war. Er hatte den tiefsten Schlaf, den es geben konnte. Und den längsten. Er schlief nicht weniger als neun Stunden pro Nacht und ein bis zwei weitere am Nachmittag – um auf ein normales, durchschnittliches Lebensalter im Wachzustand zu kommen, musste er mindestens hundert Jahre alt werden. Ich rieb mir den Schlaf aus den Augen, kroch aus dem Zelt, zog meine Jeans an, stopfte eine Flasche Gatorade, ein Handtuch und das Surfwachs in meinen Rucksack und marschierte dann auf dem gelobten Weg los, während die Morgendämmerung den Himmel langsam aufhellte.

Als ich endlich auf der Südseite ankam, sah ich mir zuerst die Küste an. Jim hatte mir einige markante Punkte genannt, und so fand ich schnell eine Stelle, die sein Riffbreak gewesen sein konnte. Allerdings war ich mir nicht sicher, da es keine Wellen gab – nur diese kleinen Knöchellecker, von denen man kaum nass wurde. Sollte Jim wirklich fünf Fuß hohe Wellen erwischt haben, war die Dünung schneller weggeschmolzen als ein Wassereis in der Julisonne. Vielleicht hatte er sich die ganze Geschichte auch nur zusammengesponnen. Warum hätte er sonst nicht wieder herkommen wollen? *So* wichtig war ihm der Lauf nämlich nicht. Er hatte vermutlich eher Angst davor, fertiggemacht zu werden. Schließlich konnte er sich die Sache nicht nur ausgedacht haben, um als findiger Surfer dazustehen, sondern auch, damit ich hierherwanderte und meine Beine müde wurden.

Mit diesen Gedanken im Kopf stapfte ich den Trampelpfad zurück, den waffelgemusterten Fußabdrücken entgegen, die meine Nikes auf dem Hinweg hinterlassen hatten, bog um eine scharfe Kurve und erstarrte. Da, direkt vor mir, stand eine Kreatur mit zotteligem Bart, einem kräftigen Oberkörper, schmalen Hüften und dürren Beinen … und ein Surfhippie war es nicht.

Es war ein Büffel.

Er stand mitten auf dem Weg, keine zwanzig Meter entfernt, so nah, dass ich seinen Büffelgeruch riechen konnte. Er hob seinen massigen Kopf und starrte mich mit seinen schwarzen Knopfaugen an. Er bewegte sich nicht auf mich zu, aber darauf wartete ich auch nicht – ich ging rückwärts wieder um die Ecke, schaltete dann in meinen hüftkreisenden Schnellgeh-Gang und marschierte, auf das dumpfe Geräusch von Hufgetrappel auf festem Boden lauschend, instinktiv zurück zum Strand; falls er vorhatte, mich anzugreifen, konnte ich mich direkt ins Wasser stürzen.

Als ich Sand unter den Füßen hatte, setzte ich mich hin. Was war da gerade passiert? Was machte ein Büffel auf einer Insel vor der kalifornischen Küste? Hatte es hier schon immer welche gegeben? Wie es Schildkröten auf Galápagos gab? Oder waren sie vom alles zerstörenden weißen Mann in diese letzte Ecke Amerikas vertrieben worden? Mir rasten noch weitere schwachsinnige Gedanken durch den Kopf, bevor ich den Trampelpfad wieder in Angriff nahm. Der Büffel stand immer noch genau da, wo ich ihn zuletzt gesehen hatte, wie ein ausgestopftes Exemplar im Naturkundemuseum. Eigentlich sah er ziemlich unecht aus. Der braune Pelz auf seinen Schultern wirkte irgendwie mitgenommen und mottenzerfressen. Möglicherweise war dies ein ausgeklügelter Streich, eine Riesenverarschung, und gleich würde Jim aus dem Unterholz springen, begleitet von Alan Funt, der auf die getarnte Kamera im Baumstumpf mit dem auffälligen Astloch zeigen und *Bitte lächeln! Dies ist die Versteckte Kamera!* rufen würde. Dann würde sich der Büffel vor meinen Augen teilen, Soupy Sales und Fanny Flagg unter dem Büffelfell auftauchen, und alle würden wir herzlich lachen.

Ich ging wieder zu Jims Spot, um ein bisschen Zeit zu schinden.

Als ich mich genauer umschaute, fiel mir auf, dass ich genau diesen Strandstreifen schon mal gesehen hatte. In einem

Piratenfilm mit Errol Flynn. Das Piratenschiff hatte eine Viertelmeile weit draußen vor Anker gelegen, und die Freibeuter banden ihre Gefangenen am Strand barfuß an Pfähle, damit die Krebse ihre Zehen anknabbern konnten, wenn die Flut kam.

Auch in dem Film hatte es hier keine Wellen gegeben.

Und auch keine Büffel.

Ich versuchte nochmals den Weg Richtung Campingplatz, und der standhafte Büffel war immer noch auf seinem Posten. Es ging auf elf Uhr zu. Den Lauf konnte ich abschreiben, ganz zu schweigen vom T-Shirt, das jeder Teilnehmer kriegte.

Ich drehte mich ein letztes Mal um und nahm die Küstenstraße.

Ich war ungefähr eine halbe Stunde gegangen, als ein Golfbuggy neben mir abbremste. In dem Wagen saßen zwei blonde Mädchen mit wunderbar honigfarben gebräunter Haut. Beide trugen weiße Tennisshorts und rückenfreie Tops.

»Hallo!«, rief das Mädchen auf dem Beifahrersitz. »Bist du ein verirrter Surfer?«

»Ja, so was in der Richtung.«

»Welche Richtung denn?«

Sie sprach mit Akzent.

»Hey, ihr seid nicht von hier, oder?«

Die Fahrerin schob ihren Kopf nach vorne.

»Wir sind aus China!«, antwortete sie in chinesisch klingendem Singsang. Sie war nicht ganz so hübsch wie ihre Freundin, wobei die Freundin wirklich außerordentlich hübsch war, was sie unterm Strich immer noch ziemlich gut aussehen ließ.

»Ja, wir sind aus Schanghai!«, rief ihre Beifahrerin mit derselben gekünstelten Chinesinnenstimme.

»Das ist super«, sagte ich. »Dann könnt ihr mich zurück nach Avalon schanghaien. Ich brauch mal 'n Moment Leerlauf.«

Die Beifahrerin zog die Stirn kraus und drehte sich zur Fahrerin um. »Dieser Junge spricht sonderbar. Was glaubst du, wo er herkommt? Bist du aus Schweden?«, fragte sie mich. »Sprichst du deshalb so sonderbar?«

»Was ist nun, kann ich mitfahren?«

Sie ließen mich hinten aufsitzen. Meine Füße baumelten über der Straße; mein Board und den Wetsuit hatte ich auf dem Schoß.

»Und was machst du so in Schweden?«, fragte die Beifahrerin. »Soll ja ein sonderbares Land sein – viele sonderbare, schöne Mädchen.«

»Na ja, ehrlich gesagt«, antwortete ich, »die meisten wirklich sonderbaren sind nach Schanghai umgezogen.«

Sie platzte mit einem hohen, kreischenden Lachen heraus, fast wie Tarzans Jodelschrei.

»Du bist sonderbar, aber amüsant«, sagte sie. »Und was machst du so in Kalifornien?«

»Ferien«, sagte ich. »Und ihr?«

»Wir leben hier«, sagte die Fahrerin.

»Wo?«

»Chinatown!«

Explosionsartiges Gekicher. Wir fuhren die Straße lang. Sie hießen Gunilla und Christina und waren Au-pairs aus Schweden. Ich mochte sie. Sie waren anders als alle Mädchen, die ich bisher kannte – mit ihrem ununterbrochenen Herumalbern und ihren Witzen wirkten sie eher wie Jungs. Ich wollte ihnen meine Büffelgeschichte erzählen, aber sie dachten, das sei bloß ein weiterer Witz, und erzählten mir von den fliegenden Untertassen, die sie in der Nacht zuvor gesehen hatten. Als wir in Avalon ankamen, meinten sie, dass sie am Nachmittag eine Glasbodenbootsfahrt machen wollten und Jim und ich mitkommen sollten – vielleicht würden wir ja ein paar Meerjungfrauen sehen. Ich erklärte ihnen unsere Situation und schlug vor, dass sie mir doch ihre Telefonnummer in L. A. geben sollten, damit wir uns später alle irgendwo treffen könnten, falls Jim und ich es nicht zur vorgeschlagenen Bootsfahrt schafften.

Ich sprach mit Gunilla, der Hübscheren.

»Ich hab kein Telefon«, sagte sie.

»Doch, hast du«, sagte Christina und rasselte dann die Nummer runter, aber ich hatte nichts zum Schreiben. Christina wiederholte die Nummer.

»Komm einfach heute Nachmittag mit deinem hawaiianischen Freund zum Boot«, sagte Gunilla.

Auf dem Weg zurück nach Hermit Gulch betete ich mir die Nummer immer wieder vor. Ich wollte auch ihren Namen behalten, also baute ich ihn in einen alten Cartoon-Jingle ein – *Gunilla, Gorilla, zu verkaufen!* Aber dieser Ohrwurm brachte die Telefonnummer durcheinander, und schon bald hatte ich sie komplett vergessen.

»Jim, warum bist du nicht beim Lauf?«, fragte ich, als ich mich auf den Zeltplatz schleppte. Er hatte unsere gesamten Sachen zusammengepackt, saß auf einem Baumstamm und fräste sich durch eine Rolle Pringles-Chips.

»Ich hab auf dich gewartet«, antwortete er.

»Das musstest du nicht.«

»Hey, wofür hat man Freunde?«

»Das hab ich mich allerdings auch lange und eingehend gefragt«, murmelte ich.

»Was?«

»Nichts.«

Er blickte mich kurz prüfend an. »Ich dachte schon, ich muss die Küstenwache rufen oder so was. War es wirklich so gut?«

Ich erzählte ihm, wie gut es war. Er fragte, ob ich tatsächlich an der richtigen Stelle gewesen sei. Ich beschrieb ihm den Spot, und er sagte, das sei genau der, den er meinte, aber er könne nicht verstehen, warum ich keine Wellen hatte. Und wenn ich keine Wellen hatte, warum war ich dann so lange weg?

»Du wirst es nicht glauben, aber da war dieser Büffel.«

»Büffel?«

»Ja.«

»Die sind ausgestorben.«

»Kann sein, aber dieser stand mitten auf dem Weg.«

»Warum bist du dann nicht drum rumgegangen?«

»Das war ein Büffel, Mann.«

»Und das soll ich dir glauben.«

»Nein – genauso wenig, wie ich dir glauben sollte, dass es in Catalina Wellen gibt.«

»Gibt es aber.«

»Okay, dann sind wir quitt, es gibt nämlich auch Büffel. Und schwedische Au-pairs. Pass auf, ich hab da diese wirklich süßen Mädchen getroffen, die sind echt sehr lustig, und sie wollen sich heute Nachmittag mit uns treffen …«

Er glaubte mir nicht. Wahrscheinlich dachte er, dass ich mich für seine erstunkene und erlogene Surfgeschichte rächen wollte. Ich hätte den Büffel weglassen und ihm nur von den Schwedinnen erzählen sollen. Mit dem Büffel war ich vielleicht ein bisschen zu weit gegangen. Das Ganze war die Art Geschichte, die man entweder komplett glaubte oder eben gar nicht.

NFC

Jim und ich nannten sie das Malibu-Babe. Sie fuhr einen orangefarbenen VW-Käfer, auf dem ein Sticker mit dem Spruch *Here Today, Gone to Maui* klebte, war Linksfüßlerin und ritt ein weißes Jacobs-Surfboard mit einer Doppelhelix auf der Oberseite. Sie hatte blondes Haar, glatte, bronzefarbene Haut, hohe Wangenknochen, eine zierliche Stupsnase, einen angeschlagenen Schneidezahn und eine umwerfende Figur, die in ihrem leuchtend blauen Speedo-Schwimmanzug bestens zur Geltung kam. Das mit dem Blond riss mich nicht vom Hocker – ich war selbst blond, hatte eine blonde Schwester und blonde Cousinen, aber egal: Sie war eine Surferin und noch dazu unbestreitbar ein Prachtexemplar von Mädchen, was damals eine Seltenheit war, da die meisten weiblichen Wesen im Lineup eine sehr männliche Ausstrahlung hatten. Die gut aussehenden Mädchen blieben normalerweise am Strand und passten auf die Autoschlüssel ihrer Freunde auf. Jim war ebenfalls schwer verliebt.

»Kannst du dir das vorstellen – jeden Tag surfen gehen, mit der Frau deines Lebens?«

»Der totale Wahnsinn.«

»Und sie würde auch nicht sauer werden, wenn du an ihrem Geburtstag surfen willst oder an eurem Hochzeitstag oder so – sie würde einfach mitgehen.«

»Man würde nie Schluss machen.«

»Es wäre die große Liebe.«

Doch leider war das Malibu-Babe mit Johnny Pyro zusammen, einem waschechten Malibu-Local und ziemlichen Großkotz. Sein pinkfarbenes Board zierten so gelbe Flammen entlang der Rails wie die Kotflügel einer frisierten Prollschleuder, und dieser Flammenrand war bezeichnend: für seinen Namen und seinen Wasser verdampfenden Surfstil, ganz zu schweigen von seinem leicht entzündbaren Temperament. Er regte sich schnell auf und hatte keine Probleme damit, seinen Launen Taten folgen zu lassen. Pyro konnte nicht nur surfen, er konnte auch gut zuschlagen, und bevor er zu den Wellen rausging, erhöhte er den Einschüchterungsfaktor gerne noch, indem er am Strand ein Kampfkunst-Kata vorführte. Ich träumte davon, ihn herauszufordern. Nein, nicht zum Kampf – zu einem Surfduell. Ich hatte nicht nur meine Heldenfantasie, in der ich das Malibu-Babe vor dem sicheren Ertrinken rettete, mit anschließender Herzmassage und Mund-zu-Mund-Beatmung, ich hatte auch meine Surfduell-gegen-Pyro-Fantasie, in der ich dem elenden Angeber den Fehdehandschuh hinwarf.

Pyro, ich lass dich alt aussehen! Du bist ein Surfnazi? Dann bin ich der Führer! Hiermit fordere ich dich zum Surfduell!

Nein, Johnny!, würde das Malibu-Babe rufen, verblüfft und beeindruckt von solch kühnem Schneid. *Tu's nicht! Du musst dir nichts beweisen.*

Ich nicht, aber er. Der kleine Schwuli wird schnell zu seinem Hula-Reifen zurückflitzen, wenn ich mit ihm fertig bin.

Das wird sich zeigen, Pyro. Wähl deine Waffe.

Squashtail-Doppelfinne. Im Morgengrauen. Und keine Leinen. Leinen sind was für Hunde.

Und dann würde ich gegen den Halbaffen surfen, und das Malibu-Babe würde zusehen, und ich würde die Sache früh klarmachen, meine Manöver mit kraftvoller Eleganz hinlegen und wie ein slawischer Zirkusakrobat jedes Kunststück mit einem *Hey* krönen: Lip Bounce – *Hey*! Radical Reentry – *Hey*! Der Strand würde kochen, und das Malibu-Babe würde mir elf von zehn Punkten geben, mich zum Sieger erklären und sich unsterblich in mich verlieben. (Oder vielleicht war sie schon die ganze Zeit heimlich in mich verliebt – ich konnte mich nicht entscheiden.) Dann würde ich mit ihr nach Maui abdüsen, ins Inselparadies ihrer Träume. Wir würden uns einen kleinen, goldenen Sandstrand suchen, mit üppig bewachsenen Hügeln und glucksenden Bächen im Hintergrund, und wir würden uns eine Grashütte bauen, mit einem Blechdach, auf das die Kokosnüsse aus den Palmen rundherum fröhlich hinabpoltern würden. Wir würden in herrlicher Abgeschiedenheit leben, nur umgeben von Wind und Meer und den Gezeiten, nackt wie die ersten Ureinwohner, rein und glücklich in unserer eigenen, zeitlosen Welt, und mit unseren selbst gebauten Boards aus Wili-Wili-Holz würden wir an einem einsamen Riffbreak surfen. Und nicht nur surfen. Nicht lange, und im Wasser würde es von unseren Kindern nur so wimmeln. Spätestens dann, wenn sie wieder auf den Knien rauspaddelte, würde klar sein, dass abermals ein neues Leben unterwegs war.

Noch 'n kleiner Gremmie, der das Lineup verstopft?

Gehören immer zwei dazu, Big Kahuna.

Wir würden die Kinder so früh wie möglich aufs Board stellen.

Guck mal, Steven junior kommt ganz nach dir, Linksfüßler und alles.

Aber er hat deinen Cutback.

Aber deinen Backside Pullout.

Aber guck mal, wie cool und lässig er sich nach 'ner schwierigen Section das Wasser von der Nase schnippt – genau dein Nose Tweak, fast schon unheimlich, so was hab ich noch nie gesehen.

Ja, meine Tagträume waren sehr seltsam. Aber ich ging auf eine reine Jungenschule und war es gewohnt, Mädchen nur aus der Ferne zu bestaunen und in meinen farbenprächtigen Fantasien zu schwelgen. Sie boten mir Ersatz für mein nicht vorhandenes Liebesleben. Coach Moore salbaderte immer von der Bildung des ganzen Menschen, aber es war etwas schwierig, sich als ganzer Mensch zu fühlen, wenn in der Schule nur die Hälfte der menschlichen Rasse vertreten war. Ich lebte wie ein Fidschi-Krieger ohne Kontakt zum anderen Geschlecht, außer bei den regelmäßigen Balzritualen. In unserem Fall waren das die Tanzveranstaltungen, bei denen ich mit anderen Stammesangehörigen herumstand und Blödsinn redete oder vor der Bühne abhing, meine Hände impotent in den Taschen vergraben, meinen Kopf zu primitiven Rhythmen wippend, während die Witzfiguren an den Instrumenten ihre grausame Verhunzung von Led Zeppelin darboten. Stets versuchte ich genug Mumm zusammenzukratzen, um zu tanzen, und starrte neiderfüllt auf die Typen, die immer gut ankamen, diese ganzen »gesellschaftlichen« Veranstaltungen liebten, problemlos ein Date für die Schulbälle hatten und auf jeden Fall unser Zehnjahrestreffen organisieren würden – und ich wusste jetzt schon, dass ich dann leider, leider, wirklich zu schade, einfach keine Zeit haben würde. Forderte ich doch mal ein Mädchen auf – was selten genug vorkam – und sie ließ sich sogar auf einen Tanz ein, fiel mir danach nichts ein, worüber ich mit ihr reden könnte. Manche waren nett und versuchten, ein Gespräch in Gang zu bringen, aber es war immer irgendwie verkrampft, und überhaupt war die Musik viel zu laut. Ich dachte oft, dass es sicher angenehm wäre, die eine oder andere von ihnen zu küssen und vielleicht auch mehr, aber das Reden schreckte mich ab. Es gab einfach keine Gemeinsamkeiten. Zumindest befürchtete ich das. Wie gesagt, ich hab nie lange genug mit einer geredet, um sicher sein zu können.

In jenem vorletzten Highschool-Jahr machten unsere Jesuiten-Obermeister dann widerwillig ein weiteres Zugeständnis an unsere überaktiven Hormondrüsen: Wir bekamen Unterricht in Sexualkunde. Natürlich *nannten* sie es nicht Sexualkunde. Im schönsten Einklang mit der katholischen Glaubenslehre befreiten sie die Stunden durch den keuschen Decknamen »Ehevorbereitung« von jeglicher Sündhaftigkeit. Das dazugehörige Lehrbuch hieß *Das Wunder der Geburt* (und war damit ein Wunder weiter als das, welches mich wirklich interessierte), und unsere Lehrerin war Miss Ferguson: unverheiratet und hart auf die vierzig zugehend. Sie hatte dünnes, karottenrotes Haar, einen fahlen Teint, eine spitze Nase und blassgrüne Augen mit dunklen Ringen – Lady Macbeth mit einem üblen Kater. Sie hatte gelitten in ihrem Leben, das stand ihr ins Gesicht geschrieben. Wahrscheinlich vor allem unter Vernachlässigung.

»Lust«, erklärte Miss Ferguson, »lässt sich als das ungeordnete oder zügellose Streben nach genitalem Vergnügen definieren. Der katholischen Lehre zufolge ist Lust sündig –

nicht, weil sie mit Sexualität verbunden ist oder Vergnügen schafft, sondern weil sie eben ungeordnet und irrational ist. Sie ist ein niederer, animalischer Instinkt, der sich gegen die Ordnung der Vernunft und Gnade stellt, wie sie Thomas von Aquin beschreibt.«

In Sachen Liebe sollte ich also einem mittelalterlichen Mönch vertrauen? Aber eigentlich war es mir egal, denn in den drei Jahren, die ich nun schon in dieser ausschließlich männlichen Polonaise mitlief, hatte ich nicht ein einziges Mädchen kennengelernt. Noch nicht mal einen von diesen »Hermaphroditen«, die kurz in einer sehr kryptischen Fußnote in *Das Wunder der Geburt* erwähnt wurden. Noch nicht mal ein Halbmädchen. Aber die Mühlen der ausgleichenden Gerechtigkeit hatten schon zu mahlen begonnen, und ich sollte noch mehr als angemessen für die Entbehrungen entschädigt werden.

Im Juli fuhren meine Eltern in den Osten, um Verwandte in Chicago zu besuchen, und meine ältere Schwester Brenda und ich beschlossen, während ihrer Abwesenheit eine Party zu feiern. Sie war Sprecherin ihrer Abschlussklasse gewesen und kannte daher einen Haufen Leute, was gut war, weil ich fast niemanden kannte. Noch nicht mal Jim Kalahani konnte kommen. Er war auch gerade mit der Schule fertig, und seine Tante hatte ihn zur Belohnung eingeladen, sechs Wochen bei ihr in Honolulu zu verbringen. Er brauchte nichts anderes zu tun, als sich tagein, tagaus zusammen mit den einheimischen Südküstenjungs bei Kaiser's und Ala Moana um den Verstand zu surfen und dabei vermutlich verdammt gut zu werden. Ich war verdammt neidisch. Aber Jack konnte kommen. Er erzählte sogar seinen Freunden vom North

Hollywood Val Surf von der Party, und bis Mitternacht war unsere kleine Bring-dein-eigenes-Bier-mit-Fete zu einem außer Kontrolle geratenen Surfergelage mutiert.

Einzelheiten gefällig?

Okay: Da war dieses Pärchen, das sich fast die gesamte Nacht in meinem Zimmer einschloss; oder ein Spitfight, eine südkalifornische Art des Zweikampfes, bei dem als einzige Waffe Spucke erlaubt war und der sich minutenlang hinziehen konnte, bis ein vernichtender Treffer über den Sieg entschied (am Strand hatte ich schon spektakuläre Duelle bewundert – aber noch nie im Wohnzimmer meiner Eltern); oder der Typ, der eine Riesenfontäne in den Wäschepuff kotzte; oder mehrere Handlungen, die heutzutage vermutlich rechtlich belangbare Fälle sexueller Nötigung und Belästigung darstellen würden; oder diverse entblößte Körperteile, die in variantenreicher Kombination aufblitzten, darunter ein Zwischenfall, bei dem jemandem die Hose runtergezogen wurde, sowie ein dreifacher Nacktarsch-Drive-by (Mädchen!), und als Krönung des Bacchanals stieg einer von Jacks Freunden, ein untersetzter Rothaariger namens Duane, auf den Couchtisch, seine Surfshorts auf halbmast, und führte dabei eine Performance namens »Der doppelfäustige Twirler« vor. Hierzu hielt dieser Duane sein bestes Stück in einer Art Würgegriff, wobei er die Kuppe seines Schwanzes in der einen Faust hielt, seine andere Faust als optische Penisverlängerung oben draufsetzte und sein Ding dann kurbelte, als ob er eine Jalousie aufmachen wollte. Dazu schrie die Surfer-Bande immerfort »TWO-FISTED TWIRLER! TWO-FISTED TWIRLER!« – und eine passendere Bezeichnung wäre mir auch kaum eingefallen.

Als ich am nächsten Tag aufwachte, hatte ich den leicht ranzigen Geruch abgestandenen Biers in der Nase, und mich ereilte ein plötzlicher Panikanfall. Was, wenn irgendwas kaputtgegangen oder gestohlen worden war? Aber abgesehen vom Wäschepuff war die Mauer um unseren hinteren Garten das einzige Opfer des Abends. Jemand hatte die obersten Steine herausgebrochen, die nun zertrümmert auf dem Gehweg lagen. Ich fegte den Schaden zusammen und war gerade damit beschäftigt, an die tausend Bierdosen in Müllsäcke zu stopfen, als das Telefon klingelte. Es war Jack. Ich fragte ihn, ob ihm die Party gefallen habe.

»Vergiss die Party«, sagte er. »Ich bin in deine Schwester verknallt.«

»Brenda?«

»Warum hast du mir nie gesagt, wie wunderschön sie ist?«

»Sie ist nicht wunderschön.«

»Sie ist uunglauuublich! Deine Schwester ist so heiß, da braucht man Grillhandschuhe!«

»Okay, sie ist heiß. Sie ist wunderschön. Was soll ich jetzt machen?«

»Ich hab nur eine Frage: Wie kommt's, dass sie *deine* Schwester ist?«

»Sie wurde in einem Körbchen vor unserer Haustür abgestellt.«

»Hat sie 'n Freund?«

»Das sind schon zwei Fragen. Und die Antwort ist Nein.«

»Mann, Alter, ich muss mit ihr ausgehen! Gib mir ihre Nummer!«

»Die hast du grad gewählt.«

»Oh, ja – Wahnsinn, du wohnst mit ihr unter einem Dach! Das ist uunglauuublich! Willst du sie nicht ständig vögeln?«

»Geht's noch? Sie ist meine Schwester!«

»Sorry, Steve, tut mir wirklich leid. Ich kann nicht mehr klar denken. Ich würde mir den rechten Arm abhacken, um mit ihr ausgehen zu können.«

»Okay, her mit dem Arm, dann seh ich, was ich machen kann.«

»Echt?«

»Echt. Nur leider steht sie nicht auf Einarmige.«

Ich fragte ihn, ob er am Nachmittag ein paar Wellen abgreifen wolle, und er antwortete, dass er eine gute Surf-Session gebrauchen könne, um Brenda aus seinem liebesweichen Hirn zu spülen. Dann fragte ich ihn, ob er eine Ahnung habe, wer oder was die Steine aus unserer Gartenmauer gehauen hatte.

»Oh Mann«, stöhnte er auf, »das tut mir total leid. So 'n paar andere Typen und ich haben an diesem Seil geschaukelt, das da bei euch im Baum hängt, und wir haben so geschaukelt und uns an der Mauer abgestoßen, und das eine Mal dann sind ein paar Steine rausgepurzelt. Sag deinen Eltern einfach, das war 'n Erdbeben. Und erzähl's nicht deiner Schwester, okay?«

»Ich komm in 'ner Stunde vorbei.«

Der Grund, weshalb Jack Brenda noch nie gesehen hatte, war der: Wir besuchten einander nicht zu Hause. So merkwürdig das klingt. Wir holten uns immer nur gegenseitig ab: vorfahren, hupen, Boards aufladen, ab zum Strand. Allerdings war ich auch gar nicht scharf darauf, dass Jack Brenda kennenlernte. Jack arbeitete im Val Surf und traf dort haufenweise Mädchen; er gab immer ziemlich mit seinen Eroberungen an und erzählte die wildesten Geschichten mit allen haarsträubenden Einzelheiten. Ganz sicher wollte ich nicht, dass er ein Mitglied meines engsten Familienkreises auf seine Abschussliste setzte.

Aber er hörte nicht auf, mich zu nerven. Er nervte mich so lange, bis ich beschloss, dass ein einziges Date niemandem wehtun würde. Ich hätte endlich meine Ruhe, und wie ich Brenda kannte, würde daraus keine Fortsetzungsgeschichte werden.

Als sie eines Tages von ihrem Hilfskrankenschwesterjob im Valley Presbyterian Hospital heimkam, schnitt ich ihr daher den Weg ab, bevor sie mir entwischen und den zahlreichen anderen Vergnügungen nachgehen konnte, mit denen sie das Loch stopfte, das all die Schülervereine und Schülerratstreffen und Schul-AGs in ihrem Leben hinterlassen hatten.

»Nur ein einziges Date«, drängte ich. »Jack ist wirklich ein erstklassiger Surfer.«

»Ich steh nicht so auf Surfen«, antwortete sie unbeeindruckt. »Das Einzige, was ich mit Jack gemeinsam hab, bist du. Keine besonders vielversprechende Grundlage.«

»Hey, du sollst den Typen ja nicht heiraten«, sagte ich, die Beleidigung weise überhörend.

»Ich soll hier schließlich Zeit investieren«, gab sie zurück. »Keine Ahnung, wie das bei dir ist, aber *meine* Zeit ist sehr kostbar. Wo will er denn mit mir hingehen? In einen Surferfilm? Auf eine Surferparty? Und wird dann dieser Duane-Typ wieder so einen« – sie stockte vor Abscheu – »*Tanz* aufführen, wie neulich auf unserem Couchtisch?«

»Ach was, Jack ist nicht Duane«, beteuerte ich. »Und er wird mir so lange auf den Geist gehen, bis ich ein Date klarmache, also tu mir bitte ein einziges Mal einen Gefallen, und ich löchere dich nie wieder wegen irgendwas.«

»Na toll, wie oft hab ich *das* wohl schon von dir gehört.«

»Und du wirst es nie wieder hören.«

»Das hast du letztes Mal auch gesagt, als ich dir bei der Trigonometrieklausur geholfen hab.«

»Hey, die hab ich ja auch nur *ganz* knapp bestanden.«

So ging es noch eine Weile hin und her, und ich hatte schließlich das Gefühl, dass ich vielleicht vorankam, als sie plötzlich verschlagen guckte.

»Okay, pass auf«, sagte sie. »Ich treff mich mit ihm, wenn wir ein Doppel-Date draus machen.«

Hier wurde ich hellhörig. Auf der Party hatte ich mit einer sehr attraktiven Freundin von Brenda geflirtet, die extrem tief sitzende Hüfthosen aus goldfarbenem Lycra trug. Konnte es sein, dass sich die beiden unterhalten hatten und das Mädchen sich für mich interessierte? Ich hatte mit ihr zu *Rock Lobster* von den B-52s getanzt, und wir hatten gegroovt und geshakt und uns immer tiefer sinken lassen, und als der Sänger schließlich DOWN, DOWN jaulte und alle auf der Tanzfläche zu Boden gingen, landeten wir mitten im Körpergewirr nebeneinander, und sie warf für einen Moment versehentlich ihren Arm über meine Brust – der erotischste Moment, den ich je mit dem anderen Geschlecht erlebt hatte.

»An wen hattest du denn gedacht?«, fragte ich betont desinteressiert.

»Roni.«

Kurzform von Veronica. Ein Mädchen, das die erwähnten goldenen Stretch-Hüfthosen locker gesprengt hätte.

»Moment mal«, protestierte ich. »Dazu kriegst du mich nicht, auf gar keinen Fall.«

»Warum nicht?«, fragte Brenda. »Sie fand dich schon immer süß.«

»Hey Bren, tut mir leid, das sagen zu müssen, aber Roni ist für sich schon ein Doppel-Date.«

»Das ist nur ein bisschen übrig gebliebener Babyspeck.«

»Babyspeck? Die sieht aus, als ob sie gleich ein Baby *kriegt*.«

»Stell dich bloß nicht so an, du Penner. Sie hat ein hübsches Gesicht. Und sie ist ziemlich intelligent. Sie hat bei Model United Nations mitgemacht und war Mitglied in der National Honor Society. Außerdem ist sie eine wunderbare Köchin.«

»Kann ich mir lebhaft vorstellen.«

»Na ja, du hast die Wahl«, sagte sie kaltschnäuzig. »Wenn du nicht mit Roni ausgehst, geh ich nicht mit Jack aus. Deine Entscheidung.«

»Komm schon, Bren, mach mich nicht fertig.«

»Selber komm schon«, kam ihre unerbittliche Antwort. »Du gehst *nie* mit Mädchen aus. Tut mir leid, aber so 'ne reine Jungenschule ist nicht gerade das Umfeld für 'ne gesunde Sozialisation. Roni ist genau richtig für dich. Schluss. Aus. Punkt. Und jetzt muss ich *General Hospital* sehen, falls du nichts dagegen hast.«

Diese beknackte Soap – eine sehr sinnvolle Zeitinvestition. Aber ich ergab mich meinem Schicksal und rief Jack an, um ihm die freudige Botschaft zu überbringen. Außerdem wollte ich ihm ein paar Tipps geben, wie er mit meiner Schwester umgehen musste. Hey, der Junge hatte keine Chance, aber ich war schließlich ein guter Kumpel.

»Zuerst«, riet ich ihm, »redest du übers Surfen.«

»Meinst du wirklich?«, fragte Jack. »Dafür scheint sie gar nicht der Typ zu sein. Das find ich ja gerade gut an ihr, sie ist … anders als die andern Mädchen. Nicht so ein oberflächliches Spatzenhirn.«

»Okay, dann glaubst du mir eben nicht. Worüber willst du denn bitte sonst mit ihr reden? Über Uni-Zulassungsnoten?«

»Ihre sind wahrscheinlich ziemlich gut, was?«

»Sie ist in Princeton und Harvard angenommen. Aber das ist ihr ziemlich peinlich. Sie sieht sich nicht gerne als Intelligenzbestie.«

»Bist du sicher?«

»Außerdem, wenn du anfängst, sie nach ihren Noten zu fragen, fragt sie dich nach deinen.«

»Okay, keine gute Idee«, stimmte er zu. »Aber vielleicht sollte ich die philosophische Schiene fahren. Über Surrealismus reden oder französische Filme oder so.«

»Surrealismus? Was weißt du denn über den Surrealismus?«

»Na, diese Künstlermädels«, sagte er. »Dolly und Margaritte.«

»Nee, Jack, halt dich lieber ans Surfen. Sie ist ganz verrückt nach dem ganzen Surfer-Slang, Cowabunga Lingo oder Hawaii-Speak, Wellen-Gurus, Wipeouts, Haie, du weißt schon: das volle Programm. Lass es richtig fett krachen.«

Am großen Abend tauchte Roni in einem weiten, schwarzen Hosenanzug auf, der ihre Körperfülle etwas versteckte, und um sie herum wogte eine Wolke aus Parfüm, das wahrscheinlich genauso klebrig süßlich hieß, wie es roch – »Kleopatras Geheimnis« oder etwas in der Art. Kurz darauf fuhr Jack in einem Toyota-Pick-up mit Hardtop vor. Er hatte sich lieber den Wagen eines Freundes ausgeliehen, als seinen eigenen aufzuräumen. Oder er hatte ihn wegen des Hardtops gewollt. Ich fragte mich, was für schräge Tricks er im Sinn hatte. Meine düsteren Vorahnungen hellten sich durch den Aufkleber am Heck des Pick-ups nicht gerade auf. Ursprünglich warb dieser für die Drive-Thru-Burgerkette In 'n' Out Burger, aber irgendjemand hatte den ersten und letzten Buchstaben von »Burger« sorgfältig weggekratzt – »In 'n' Out _urge_«: Rein-Raus-Drang.

Wir stiegen ein, und Brenda saß vorne neben Jack, während Roni und ich hinten auf der Ladefläche mehr lagen als saßen, unter uns eine vollgepinkelte Matratze. Unser Ziel war das Tonga Lei. Jack wollte das Strandthema voll ausreizen und hoffte außerdem auf freie Drinks, falls Mr. Kalahani an der Bar arbeitete. Ich sagte ihm, dass wir keine Drinks schnorren würden und basta, außerdem, dass ich nicht mal wusste, ob Mr. Kalahani an dem Abend überhaupt arbeitete, was aber, wie sich herausstellte, der Fall war.

»Und, wie geht's Jim in Honolulu?«, fragte ich ihn. »Der Sack hat mir noch nicht mal 'ne Postkarte geschickt.«

»Er schreibt nicht mal sein Vadda«, beschwerte sich auch Mr. Kalahani. »Wirklich fauler Sack! Ich sprech mit seine Tante, und sie sagt, er tut den ganzen Tag nur surfen und schlafen, und vielleicht ein Mal kriegt er hoch sein Okole und bringt raus Müll.«

»Okay, falls Sie mal mit ihm sprechen, sagen Sie ihm, er soll 'ne Welle für mich mitreiten.«

»Ich sag dem Jungen. Und ich schick ihm ein Bleistift, damit er Bruhdah Steve Karte schreibt!«

Mr. Kalahani sagte der Kellnerin, sie solle uns einen Tisch mit Meeresblick geben. Der silbrige Mond schien am Nachthimmel, und die drei Laternen am Ende des Malibu-Piers warfen weiß schimmernde Schnörkel aufs dunkle Wasser. Über unserem Tisch hing ein ausgestopfter blau-gelber Papagei in einem goldenen Ring.

»Das ist ja so romantisch«, hauchte Roni begeistert. »Ist

das da nicht Malibu Beach auf der anderen Seite von der Pier? Da surft ihr, oder?«

»Jeden Tag«, sagte Jack, der in Wahrheit *nie* nach Malibu fuhr, aber Ronis Fragen als Startschuss für seine Surferwissensshow verstand. Er riss die Unterhaltung an sich. Brenda saß mit einem eingefrorenen Lächeln daneben. Zwischendurch blickte sie immer wieder Hilfe suchend zu Roni und mir, damit wir sie von Jacks Tiraden erlösten, aber ich grinste nur sadistisch und stachelte Jack noch an, während Roni in ihrem Salat herumstocherte.

So verlief das gesamte Abendessen.

Anschließend schlug Jack einen Strandspaziergang vor. Wir gingen die Stufen vom Parkplatz hinunter zu den Pfählen, auf denen das Restaurant stand. Hier zogen wir die Schuhe aus, krempelten die Hosenbeine hoch und wanderten Richtung Pier. Das kühle Wasser schwappte uns bis zu den Knöcheln. Die Nacht war mild, und es wehte eine sanfte Brise. Als wir die Pier erreichten, gingen wir drunter durch und atmeten die nach verfaultem Fisch stinkende Luft. Als wir auf der anderen Seite rauskamen, waren wir am Malibu Beach, wo Brenda und Jack auf dem trockenen Sand weitergingen.

»Hey!«, schrie ich panisch. »Wo wollt ihr hin?«

»Ich zeig deiner Schwester die Strandmauer von Malibu«, rief Jack mir über die Schulter zu. »Geht ihr schon weiter.«

Brenda drehte sich um und winkte uns mit den Fingern einen Abschiedsgruß zu, als wollte sie sagen, *ihr beide beschnuppert euch jetzt mal ein bisschen, ja?*

Roni und ich gingen also weiter. Ich troff vor Selbstmitleid. Die Brandung zischte leise.

»Ich finde, es gibt wirklich nichts Schöneres als das Meer

in der Nacht«, versuchte sie eine Unterhaltung in Gang zu bringen. »Was meinst du?«

Was für eine völlig schwachmatische Aussage. Ich antwortete irgendetwas Nichtssagendes. Ich für meinen Teil hatte den Ozean immer unheimlich gefunden, diese nihilistische, unermessliche Weite, die einen einfach verschlingen konnte, ohne auch nur eine Luftblase zu hinterlassen. Ich konnte nicht verstehen, warum Leute den Ozean schön fanden. Ich fand die Küste schön, aber draußen im Meer lauerte die Gefahr. Ganz besonders nachts. Allerdings hatte Jack mir auch ein ziemliches Trauma verpasst, damals in Leo Carrillo. Und jetzt brachte er mein Leben schon wieder durcheinander. Meine Freundschaft mit diesem Typen wurde langsam zu einer Belastung, einer Bürde für meine Psyche. Ich sah mich schon Jahre später auf der Couch eines Psychoanalytikers liegen und hörte ihn sagen: *Mir scheint, dass die Ursache all Ihrer unverarbeiteten Wut und latenten Ängste in Ihrer Beziehung zu diesem Burschen liegt, den Sie »Radical Jack« nennen. Lassen Sie uns diese Beziehung noch einmal genauer betrachten …*

»Wollen wir uns irgendwo hinsetzen?«, fragte Roni.

»Warum nicht.«

Wir gingen ein Stück den Strand hoch. Der Sand war warm; er speicherte noch die Hitze des Tages. Ich hielt auf die herausragende Spitze des alten Adamson-Anwesens zu, dann ging ich am ausgeleierten Maschendrahtzaun entlang und setzte mich. Roni ließ sich neben mich plumpsen. Ich griff mir eine Handvoll Sand und ließ ihn dann langsam durch meine Faust rieseln, wieder und wieder.

»Was denkst du gerade?«, fragte Roni.

»Nichts.«

»Sicher?«

»Ja.«

»Es ist schon okay. Ich weiß, was du denkst. Und du hast recht: Ich bin fett.«

»Was?« Ich dachte, ich hätte mich verhört.

»Ich bin fett«, erklärte sie schlicht. »Ich meine, das ist ja ziemlich offensichtlich, oder? Da gibt's nichts zu beschönigen.«

»Du bist nicht fett.«

»Ich bitte dich.«

»Du hast große Knochen.«

»Ich bin fett.«

»Vollschlank.«

»Fett!«

»Mollig.«

»Fe-hett!!!«, lachte sie. Ich lachte mit ihr. Ich mochte sie plötzlich.

»Du bist hübsch.«

»Und fett«, beharrte sie.

»Besser fett und hübsch als dünn und hässlich.«

»Du bist süß.«

»Sauer.«

»Süü-hüß!«

Wir kicherten noch etwas weiter. Sie rückte ein bisschen näher.

»Willst du ein Geheimnis wissen?«

»Wenn du's mir erzählst, ist es ja kein Geheimnis mehr.«

»Ist mir egal. Ich schäme mich nicht mehr. Aber *du* darfst es niemandem weitererzählen.«

Fat Chance – keine Chance lag mir auf der Zunge, aber als ich ihren ernsthaften Gesichtsausdruck sah, riss ich mich zusammen.

»Versprochen.«

»Okay«, sagte sie. »Es ist ein bisschen peinlich, aber … ich bin Mitglied bei den BBW.«

»Den was?«

»Big Beautiful Women. Ja, ich weiß, das klingt albern, aber das ist 'ne wirklich ernst zu nehmende Organisation. Wir alle brauchen Leute, die uns emotional unterstützen, erst recht, wenn wir von der sozial akzeptierten Norm abweichen. Und darum geht es bei Big Beautiful Women – es ist ein Netzwerk für üppige Mädchen. Unsere Philosophie ist, dass wir genauso sind wie alle anderen, nur eben kräftiger. Wir wollen den eigenen Körper in seiner ganzen Fülle schätzen lernen.«

»Akzeptier dich so, wie du bist«, sagte ich als Versuch, unterstützend zu sein.

»Genau. Abnehmen ist nicht die Lösung, es ist das Problem. Das ist, als würde man einem kleinen Menschen sagen, er solle wachsen. Funktioniert nicht. Und es zerstört das Selbstbewusstsein. Der Trick ist, das Selbstbewusstsein zu stärken, und das geht nur, wenn man versteht, dass es ›übergroß‹ nicht gibt. Dass es ein Konstrukt unserer fettfeindlichen Gesellschaft ist. Es ist alles eine Frage der Mode. Heutzutage mögen die Leute Models mit XXS-Maßen, aber damals, zu Rubens' Zeit, war die ideale Frau üppig.«

»Ist sie immer noch«, sagte ich.

Sie strahlte mich an. »Findest du?«

»Na ja«, versuchte ich hastig zurückzurudern, »üppig ist immer gut, oder? Ich meine, es ist das Gegenteil von dürr, und wer will schon dürr? Ich jedenfalls finde diese ganzen ausgemergelten Gestelle, die überall am Strand rumhängen, nicht so attraktiv. Die sehen aus wie Hungeropfer aus der Dritten Welt.«

Das war nicht nur maßlos übertrieben, sondern auch eine glatte Lüge. Insgeheim verzehrte ich mich nach diesen Hungeropfern, auch bekannt als strahlende kalifornische Strandschönheiten. Aber ich konnte vom Malibu-Babe träumen, soviel ich wollte, an der harten Realität änderte das nichts: Ich war nur ein armseliger Val mit einem BBW-Mädchen, und wir waren »genau richtig« füreinander. Warum konnte ich nicht ein Val mit einem BMW sein? Ich und mein BMW und das Malibu-Babe auf dem Beifahrersitz. *Das* war schon eher genau richtig für mich, eben perfekt. Aber ich lebte nun einmal nicht in einer perfekten Welt, so sah's aus. Das musste ich akzeptieren. Die Welt, wie sie war, und mich selbst akzeptieren – okay, doch wo blieb dann bitte schön mein Unterstützungsnetzwerk?

»Du dagegen bist *sehr* attraktiv«, sagte sie. »Du hast blonde Haare und blaue Augen – und du surfst! Oh, ich fand Surfen schon immer faszinierend! Es ist so aufregend! Und ihr Surfer seid alle so verdammt schnuckelig.«

»Sind wir das?«

»Und sexy. Ihr seid süß und habt Muskeln, und ihr zeigt so viel Leidenschaft fürs Surfen.« Sie senkte ihre Stimme: »Eine unwiderstehliche Mischung.« Sie rückte noch ein bisschen näher und lehnte sich zu mir rüber, so nah, dass ihre Brüste praktisch unter meinem Kinn klemmten. Sie selbst hatte auch einen hübschen Satz Muskeln. Diese BBWs gingen ganz schön ran. Wahrscheinlich lernten sie das in der Grundausbildung: Mach die Sache klar, bevor der Typ wieder in die fettfeindliche Gesellschaft zurückgesogen und neu indoktriniert wird.

»Wir sind leidenschaftlich, das stimmt«, sagte ich und presste mich ganz platt gegen den Zaun. »Aber das heißt auch, dass die Mädchen immer erst an zweiter Stelle kommen. Sind die Wellen gut, sind wir draußen. Wir denken an nichts anderes. Und wir lesen auch nie irgendwelche Bücher. Nur Surfzeitschriften. Wir sind praktisch Analphabeten.«

Sie lächelte milde und sah hinauf zum Himmel. »Der Mond ist heute Nacht wunderschön, Steven. An was denkst du, wenn so ein wundervoller Mond für uns scheint?«

»Nichts.«

»Gar nichts?«

»Na ja, vielleicht an diese eine Sache.«

»Und die wäre?«, horchte sie auf.

»Na ja, ich weiß nicht, ob dir das klar ist, aber Malibu ist eine alte Begräbnisstätte der Chumash-Indianer. Ihre Geister bewachen das Wasser. Kann sein, dass wir hier gerade auf dem Grab von irgendeinem Häuptling sitzen und die heilige Stätte entweihen. Große Gefahr, wenn Geist des roten Mannes wütend. Fluch der Chumash. Also, um ganz ehrlich zu sein, ich glaube, wir sollten besser zurückgehen.«

»Ach, komm, sei kein Angsthase.«

»Ich bin einfach abergläubisch. Man kann nie wissen.«

»Ich hatte ja keine Ahnung, dass du abergläubisch bist.« Ihre Augen funkelten amüsiert. »Und auch nicht, dass du so schüchtern bist.«

»Ich bin nicht schüchtern.«

»Mit Mädchen schon.« Sie strich mit einem Finger meine Wange entlang. »Aber ich find's sexy.«

Ging das schon wieder los. Ich stand auf.

»Wohin gehst du?«

»Ruf der Natur.«

»Okay, aber beeil dich«, sagte sie kess. »Die ruft hier nämlich auch.«

Ich setzte mich Richtung Klo in Bewegung, aber ein Teil von mir wollte bleiben. Ein Teil von mir wollte da am Zaun sein, sich das übergroße Mädchen einfach schnappen und meinen viel zu lange unterdrückten, übergroßen Trieben freien Lauf lassen – ihr den Hosenanzug runterreißen und Sachen machen, die nicht jugendfrei waren. Kein Problem. Dem stand nichts im Wege. Außer vielleicht, was Jack sagen würde. Schließlich sollte ich nur für ihn in die Bresche springen, damit er Zeit mit Brenda allein hatte. Und ich konnte nicht erst mit Roni rummachen und sie dann auf der Rückfahrt ignorieren. Es würde danach mindestens ein bisschen Händchenhalten geben müssen. Und Jack würde wissen, was los war. Das war der Hauptgrund, der mich abhielt. Es war auch wirklich gut, dass er heute Abend nicht mit seinem eigenen Auto gekommen war, denn dessen Rückscheibe zierte ein Aufkleber mit einem Schweinchen im Bikini in einem roten Kreis und einem diagonalen roten Strich drüber, und drunter stand NFC – *No Fat Chicks*. Keine fetten Mädels. Eine Menge Surfer hatten diesen Sticker auf ihren Karren. Das war ein echtes Surferding.

Als ich zum Betonbau kam, in dem sich die Toiletten befanden, sah ich Jack auf der Duschplattform sitzen. Er starrte verloren in die Dunkelheit, wie ein tragischer Dichter. Brenda war nirgends zu sehen. Er blickte hoch.

»Hey Mann, bist du sicher, dass deine Schwester nicht so 'ne abgedrehte Lesbe ist?«

»Sie ist keine Lesbe.«

»Tja, dann hat sie vielleicht ihre Tage.«

So viel zum tragischen Dichter.

»Kann ich nicht sagen.«

»Ich wollte sie küssen, und sie hat mich voll abgeblockt!«

»Sei froh, Mann, sie hätte dich auch richtig flach machen können. Sie ist 'n Ass in Jiu-Jitsu, brauner Gürtel und alles.«

»Das hätte sie mal tun sollen«, sagte er und betastete vorsichtig seine Lippe.

»Und, wo ist sie jetzt?«

»Sie ist zum Wagen zurück«, sagte Jack. »Und eins ist sicher: Sie steht *nicht* auf Surfer.«

»Nur weil sie nicht auf dich steht? Sei bloß nicht so egozentrisch. Aber wer wirklich voll auf Surfer steht, ist Roni. Und spitz ist sie auch. Ich musste mich regelrecht in Sicherheit bringen.«

»Warum?«

»NFC, Mann.«

»'ne schöne Polsterung macht die Sache doch weicher«, sagte er und zuckte nur mit den Achseln. »Ich mein, ich würde mich nicht mit ihr in der Öffentlichkeit zeigen, aber sie hat 'nen wirklich anständigen Vorbau.«

Ich spürte einen heißen Stich der Reue.

»Ja, kann sein«, sagte ich, »aber sie ist außerdem ein BBW. Hat mir alles über deren Philosophie und so erzählt. Ich hab zu allem fleißig genickt.«

»Ein BBW? Was ist das denn?«

»Ach … du weißt schon« – mein Versprechen fiel mir wieder ein –, »BBW wie Big Beached Whale – fetter, gestrandeter Wal.«

»Mensch, du scheinst das Mädchen wirklich nicht zu mögen«, sagte Jack. »Was hast du gegen Fette? Auch ein BBW braucht mal 'n bisschen Liebe und Zuneigung. Und eigentlich sieht sie gar nicht so schlecht aus.«

»Sie ist okay.«

»Und du sagst, sie steht auf Surfer?«

»Ja.«

Jack schwieg einen Moment und sagte dann: »Hey Steve, sie ist zwar mit dir hier und so, aber wenn du sie nicht willst, kann ich sie dir ja abnehmen.«

Zum heißen Reuestich gesellte sich nun noch die frostige Kälte des Verrats. Ungläubig und angewidert starrte ich ihn an.

»Hey Mann, du bist mit meiner Schwester hier.«

»Das war ich, bis sie mir eine verpasst hat«, sagte Jack. »Damit war unser Date offiziell beendet. Du musst das mal so sehen, Steve, Mädchen sind wie Wellen. Du schnappst dir die, die du kriegen kannst, und reitest sie, bis sie keinen Saft mehr haben oder bis zum Wipeout. Und dann nimmst du einfach dein Brett und paddelst zur nächsten. Irgendwo am Horizont gibt es immer eine nächste.«

»Und was ist mit Roni?«, gab ich zurück. »Die drückt dich runter wie ein Riesenset in Lunada Bay.«

»Ich lass sie einfach über mich rüberrollen.«

»Viel Glück.«

»Also, wo, hattest du gesagt, ist sie jetzt?«

»Ich hab gar nichts gesagt.«

»Aber wo ist sie?«

Ich erzählte es ihm. Obwohl ich nicht wollte. Er stand auf.

»Und was wirst du ihr sagen, wo ich bin?«

»Dass du deine Schwester suchen gegangen bist.«

»Weil ich ja so ein guter Bruder bin.«

»Genau.« Er packte meinen Bizeps und knuffte mir auf die Schulter. »Du weißt ja, Qualle, entweder nett und fett oder flach wie 'n Brett. Kannste dir aussuchen.«

Wo hatte er bloß diese Schwachsinnsweisheiten her? Brenda war nicht flach. Er ging los. Ich schlüpfte in meine

Schuhe und schlurfte zu den Toiletten. Sie boten das typische Bild der Verwüstung, das man in öffentlichen Strandklos erwarten durfte. Eins der Pinkelbecken war aus seiner Verankerung gerissen worden, eine Toilette war übergelaufen und hatte den Betonboden geflutet, die Zwischenwände hatte jemand mit Klopapier drapiert, und die Spiegel waren über und über mit Krakeleien aus Surfwachs beschmiert, mit perfekten Tube-Wellen und dick angeschwollenen Schwänzen, aus denen reihenweise Striche spritzten – das jedenfalls waren die zentralen Motive, die Entsprechung zu Hirsch und Büffel in den Höhlen von Lascaux.

Kakala

Als Jim aus Hawaii wiederkam, war er irgendwie verändert. Das Hawaiihemd, das er mir mitbrachte, hätte mich schon nachdenklich stimmen sollen. Das Muster zeigte weiße Touristen, die sich ihre Sonnenbrände mit After-Sun-Balsam einrieben, während hawaiianische Mädchen in Baströcken mit den Fingern auf sie zeigten und kicherten. Jim erklärte mir, dass die Knöpfe aus echter Kokosnussschale gearbeitet waren und das Hemd selbst ein Klassiker sei. Ich betrachtete das Geschenk als nette und gleichzeitig ironische Geste. Ein paar Tage später allerdings sagte er am Ende eines Telefongesprächs:

»Übrigens, ich will nicht mehr, dass du mich Jim nennst. Das ist ein Name, der von den Missionaren kommt. Ab sofort bin ich Kakala. Das heißt mächtige, todbringende Welle.«

»So wie die Welle von Hawaii Fünf-Null?«

»Nein«, erklärte er todernst. »Wie Kakala.«

»Kakala Kalahani.«

»Einfach nur Kakala.«

»Oh, dann hast du jetzt nur noch einen Namen? Wie Cher oder Liberace?«

Bevor er auflegte, ereiferte er sich noch, dass sein Name nichts mit diesem ganzen amerikanischen Popkultur-Mist zu tun habe, so als hätte ich versucht, ihn zu veralbern. Dabei wollte ich das Ganze nur irgendwie verstehen. Okay, er war gerade erst aus der Heimat seiner Vorfahren zurückgekommen, aber woher kam dieser plötzliche Anfall ausgeprägten Stammesbewusstseins? In unserem kleinen Surf-Dauerwettstreit trumpfte Jim seit jeher gerne mit seiner hawaiianischen Herkunft auf, aber in all den Jahren, die ich ihn kannte, war er diesbezüglich nie sonderlich empfindlich gewesen, und ich konnte mich auch ganz sicher nicht erinnern, dass ihn jemals irgendwer diskriminiert oder benachteiligt hatte, nur weil er Hawaiianer war. Der Einzige, der sich jemals über seine Herkunft lustig machte, war er selbst gewesen. Als ich zwei Tage später bei ihm vorbeiging, schnitt er draußen im Garten die Hecke. Auf dem Kopf trug er einen sonderbaren Hut aus Palmblättern – wahrscheinlich genau die Art Hut, die auch die Sonnenschirmaufsteller und Nachwuchsgigolos am Strand von Hawaii trugen.

»Hey, Kumbaya!«

»Kakala!«

»Schicker Hut, wo hast du den her?«

»Das 'n Kona-Hut.«

»Kann ich den mal aufsetzen?«

»Nich für Haole.«

Haole war die abfällige hawaiianische Bezeichnung für Weiße. Ich hatte damit kein Problem. Waren wir nicht alle Haole? Und es machte mir auch nichts aus, dass Jim mir seinen albernen Hut nicht geben wollte. Was mich jedoch nervte, war, dass er neuerdings *The Queen's English* sprach – allerdings das Englisch der Queen Liliokalani. Seine Eltern sprachen Pidgin, und er konnte es schon immer gut nachahmen, aber das war bisher nur zum Spaß gewesen. Jetzt war seine Sprache mit Insel-Slang durchsetzt. Mal mehr, mal weniger, je nachdem, wie hawaiianisch er sich gerade fühlte. Es kam vor, dass er sich vollkommen flüssig im besten Amerikanisch unterhielt und dann plötzlich irgendetwas seinen Ooga-Shaka-Sprech in Gang setzte. Zum Beispiel ein hübsches Mädchen, das die Straße langging.

»Das 'ne richtige Wahine, Bruhdah.«

»Du meinst, sie ist nicht schlecht.«

»Huuh, Bruhdah, die's richtig!«

»Hey Mann, warum machst du hier den Hawaiianer?«

»Ich bin Hawaiianer, Bruhdah.«

»Ja, schon klar, aber warum auf einmal so extrem? Bist du jetzt Profi, oder was?«

»Macht dir was?«

»Es macht mir was, dass ich es nicht verstehe. Warum also?«

»Ich find mein Manao.«

»Was ist das?«

»Die Seele von echtem Hawaiianer.«

»Und wo hast du die gefunden?«

»In der Ohana.«

»Was heißt Ohana, Bruhdah?«

»Familie.«

Ich nahm an, dass er seine Verwandten auf Oahu meinte, denn seine engste Familie war mir nie als besonders traditionsbewusst aufgefallen. Klar, bei den Garten-Luaus der Kalahanis gab es immer Tiki-Fackeln und Kokoscreme-Pudding und im Erdloch gebackenes Kalua-Schwein, und die Hochzeiten der beiden älteren Töchter – sie hatten Haoles geheiratet – waren auf hawaiianische Art gefeiert worden, mit dem *Hawaiian Wedding Song* als Hochzeitsmarsch, aber das war es auch schon. Absurderweise nannte Jims hawaiianische Familie ihn weiterhin bei seinem »Missionarsnamen«, während seine Haole-Freunde den selbst erfundenen hawaiianischen Namen benutzen mussten. Ich selbst umschiffte das Problem, indem ich ihn gar nicht direkt ansprach. Er merkte es und hörte ebenfalls auf, mich bei irgendeinem Namen zu nennen. Von da an waren wir einfach nur »du«.

Außerdem hatte er sich zu einem absoluten Besserwisser in Sachen Surfen entwickelt. Noch schlimmer, als er es vorher schon war. Zu einem ständigen Streitthema zwischen uns wurden die Wellenhöhen. Ich war der Ansicht, dass ich als Stabhochspringer ziemlich gut darin sei, Höhen einzuschätzen, aber laut Jim überschätzte ich die Wellen immer. Eines Tages gerieten wir richtig aneinander.

»Wenn ein sechs Fuß großer Typ am Fuß einer Welle reitet und der Kamm so hoch ist wie sein Scheitel«, erklärte ich, wie ich fand, sehr logisch, »dann ist das eine sechs Fuß hohe Welle.«

»Was du da beschreibst, ist eine Vier-Fuß-Welle.«

»Was bitte ist denn daran vier Fuß?«

»Die Rückseite ist vier Fuß hoch.«

»Und wann hast du das letzte Mal die Rückseite der Welle gesurft?«, fragte ich ihn. »Ich surfe nämlich im Allgemeinen nicht die Rückseite, ich surf vorne.«

»So misst man das auf den Inseln, Mann.«

Er hatte recht, und ich hätte einfach antworten sollen, dass sein Messstandard nur für Hawaii galt und man in Kalifornien die Vorderseite der Welle misst, weil sich die Wellen hier nicht buckelartig überrollten, aber in dem Moment war mir das selbst nicht klar, und so konnte ich den Herrn Surfexperten nicht erleuchten.

Und es gab noch etwas, das mich nervte. Bisher hatte Jim »Hawaii« ausgesprochen wie jeder normale kalifornische Surfer: Ha-uai. So wie *Schon von Ricky gehört? Er lebt jetzt in einer von diesen Wellblechbaracken auf Ha-uai.* Die ganz normale Aussprache. Nun aber, mit seiner neuen Traditionsverbundenheit, sprach er statt des *w* eine Art weiches *v* und schob noch ein paar gutturale Pausen ein, sodass er sich anhörte, als hätte er einen schweren tropischen Schluckauf. Mit jedem neuen Tag drehte er ein bisschen mehr durch. Er ließ seinen Dauerfavoriten Bruce Springsteen fallen und hörte nun am liebsten ein hawaiianisches – Verzeihung: ha'vai'ianisches – Duo namens Cecilio & Kapono, und seinen Bierkonsum beschränkte er auf die Inselmarke Primo. Doch nicht nur die Trinkgewohnheiten waren betroffen. Früher gingen wir nach dem Surfen immer zu McDonald's oder Jack-in-the-Box und schaufelten blindwütig alles in uns rein, bis uns die Schweißperlen auf der Stirn standen, aber jetzt war Jims Körper offensichtlich zu einer Art polynesischem Tempel geworden, und der konnte keine Pfannkuchen essen, weil es keinen Kokossirup dazu gab. Okay, Jim bestand eben auf seinem speziellen Sirup, was ich verstehen konnte. Wir haben alle unsere Vorlieben. Aber leider blieb es nicht allein beim Sirup. Als wir einmal im Lineup waren, fing er tatsächlich an, *Seetang* zu essen. Er behauptete, dass die alten Hawaiianer den Tang wegen der Mineralien und Spurenelemente gegessen hatten. Und Jim verehrte nun also jedes Mal, wenn wir zum Lineup rauspaddelten, seine neuen Ahnen und mampfte einen Strang Seetang. Die Gesichter der anderen waren ein Bild für die Götter. Aber niemand lachte. Und niemand zeigte mit dem Finger auf ihn. Er war ganz eindeutig zu allem fähig – besser, man ließ ihn in Ruhe.

Mein Vater war als Teenager während des Zweiten Weltkriegs für die zivile Luftpatrouille Piper-Cub-Maschinen geflogen und drauf und dran gewesen, seine Flugkünste im bewaffneten Kampf beweisen zu müssen, aber gerade als er sein letztes Jahr auf der Highschool absolvierte, kam ihm das Kriegsende in die Quere. Fünf Jahre später, als der Konflikt in Korea ausbrach, wurde er eingezogen, vom Schicksal aber nach Deutschland verschlagen. Dort standen dreihundert sowjetische Divisionen auf der anderen Seite des Eisernen Vorhangs bereit, und die Zweite Panzerdivision meines Vaters wäre bei einem russischen Einmarsch nach Westeuropa die erste Verteidigungslinie gewesen – aber bekanntlich marschierten sie nie ein. Mein Vater hatte die Kriege seines Lebens immer knapp verpasst, was vielleicht sein leidenschaftliches Interesse am Militarismus erklärte. Im großen Wohnzimmerregal befand sich seine Bibliothek, die fast ausschließlich Kriegsthemen gewidmet war, und selbst die Bücher ohne direkten Bezug zu Schlachten, Strategien und Soldatenleben hatten für meinen Vater irgendeine spezielle militärische Bedeutung. Jemand, der ihn nicht kannte, hätte sich vielleicht gefragt, was James Micheners *Hawaii* in dieser soldatischen Büchersammlung machte, aber die Verbindung wurde schnell klar, wenn man erfuhr, dass sein eigener Vater in den Schofield-Baracken auf Oahu stationiert war.

Hawaii war ein dicker Schinken mit regenbogenfarbenem Schriftzug auf dem weißen Leinenrücken. Das Buch war mir in der Vergangenheit nie besonders aufgefallen. Es gehörte einfach zur Einrichtung, genau wie die beiden Bücher daneben – *Pearl Harbor. Der Tag der Schande* mit weißer und gelber Schrift auf dem blauen Buchrücken und *Verdammt in alle Ewigkeit* mit Goldprägeschrift auf schwarzem Untergrund –, aber jetzt nahm ich *Hawaii* aus dem Regal, fing an zu lesen und konnte nicht mehr aufhören. Die Geschichte begann mit den Vulkanen, die am Meeresgrund ausbrachen und die Inseln entstehen ließen, dann kamen die Bora-Boraner, die in ihren Doppelkanus über den Pazifik kreuzten, dann Kamehameha und dann die christlichen Missionare, und nach einer Weile vergaß ich, dass ich eigentlich nur las, um Jims krankhafte Fixierung besser zu verstehen, und ließ mich einfach von der Story mitreißen. Innerhalb kürzester Zeit hatte ich den gesamten Wälzer verschlungen. Ich war begeistert und bot Jim an, ihm das Buch auszuleihen, aber er lehnte das Angebot strikt ab. Man brauche kein Tausend-Seiten-Buch zu lesen, um die Geschichte Hawaiis zu verstehen!

»Als die Missionare kamen, besaßen sie lauter Bibeln und wir das ganze Land«, gab er seine eigene, verkürzte Version zum Besten. »Heute besitzen die Hawaiianer einen Haufen Bibeln und die Missionare das ganze Land.«

»Das klingt etwas sehr vereinfacht«, antwortete ich. »Soweit ich es verstanden habe, haben die Missionare den Hawaiianern auch viel Gutes gebracht.«

»Du hast doch keine Ahnung, Mann.«

»So, hab ich nicht?«

»Nein.«

Ich war mehr als bereit gewesen, die Sache fair und kompromissbereit auszudiskutieren, aber er tat schon wieder so, als wisse er alles allein aus Prinzip und wegen der Gnade seiner Geburt besser, und das machte mich fuchsig. Natürlich glaubte ich nicht wirklich, dass die Missionare eine Bereicherung für die hawaiianische Kultur gewesen waren, aber ich hatte auch keine Lust, mit irgendwelchen Wahrheiten zwangsgefüttert zu werden.

»Na ja, nur mal als Beispiel«, sagte ich, eine etwas einseitige Auswahl meiner Beweise auftischend. »Bevor die Missionare kamen, habt ihr noch Menschenopfer dargebracht. Wenn die Ohana ein bisschen zu groß wurde, habt ihr einfach die überschüssigen Kleinen geopfert. Und weißt du auch, wie? Ihr habt sie lebendig begraben. Zeigt sich so etwa Manao, der Geist und die Seele des wahren Hawaiianers?«

»Stimmt«, sagte er. »Wir hätten die Missionare einbuddeln sollen.«

»Ihr hättet sie als Boten der Zivilisation willkommen heißen sollen«, gab ich zurück. »Bevor sie kamen, wart ihr doch nur ein Haufen gottloser Kannibalen. Ihr Wilden habt Kapitän Cook aufgefressen!«

»Wir waren nicht gottlos – wir hatten sogar 'ne ganze Menge Götter. Und darum haben wir auch Cook umgebracht. Er ist mitten ins Makahiki geplatzt und hat so getan, als sei er Lono, unser Fruchtbarkeitsgott.«

»Er hat nicht so *getan*, ihr *dachtet*, er sei Lono«, stellte ich richtig. »Und wenn jemand schon so blöd ist, was spricht dann dagegen, einfach mitzuspielen? Wer würde schon Nein dazu sagen, ein Gott zu sein? Kamehameha bestimmt nicht. Und der war ja wohl der totale Despot. Jeder war sein Sklave. Wenn ihm einer aus Versehen in die Quere kam, hat er ihn gleich am Spieß gebraten.«

»Pass auf, was du sagst!« Jim wurde langsam wütend. »Kammie war ein großer Mann. Er hat die Inseln und das hawaiianische Volk vereint.«

Ich gab ihm recht.

»Und gut, dass du das erwähnst«, fügte ich hinzu. »Denn ist dir klar, wie er das geschafft hat? Er hat es den Europäern nachgemacht. Er hat genau beobachtet, was Cook so anstellt, hat von ihm gelernt und dann seine Waffen und seine Technik benutzt, um die ganzen hinterwäldlerischen Stammeshäuptlinge zu besiegen. Willst du die Wahrheit wissen? Cook und die Missionare waren das Beste, was den Hawaiianern je passiert ist.«

Er starrte mich finster an.

»Willst du damit etwa sagen, dass die Hawaiianer *dankbar* sein sollten? Nach Cook kamen die Missionare und brachten die Hawaiianer mit ihren westlichen Krankheiten reihenweise um. Das war Völkermord! Die Europäer konnten es nicht ertragen, dass wir strahlend weiße Zähne und makellose Haut hatten und uns darin auch noch wohlfühlten. Sie waren rasend vor Neid! Das war unser Untergang – wir waren zu rein und unberührt. Wir waren keine Bastarde wie ihr Europäer und hatten deshalb auch keine Abwehrkräfte gegen die Infektionskrankheiten.«

»Deine Vorfahren haben überlebt.«

»Einige haben überlebt«, brummte er mürrisch. »Und das ist ein Glück für die Welt, denn sonst wüssten wir nichts übers Surfen. Die Missionare wollten es verbieten. Sie dachten, es ist Sünde.«

»Klingt nach meiner Mutter.«

»Aber die Hawaiianer machten immer weiter. Nur sie allein haben das Surfen am Leben erhalten.«

»Die Hawaiianer haben das Surfen am Leben erhalten«, gab ich zu, »aber vergiss nicht, dass es ein Haufen kalifornischer Haoles war, die die North Shore geknackt haben.«

Damit war ich zu weit gegangen. Ich wusste es in dem Moment, in dem ich es sagte. Ich hatte mich immer gewundert, wie wenig Jim Ken Bradshaw mochte, den Obermufti von Sunset Beach, aber jetzt wurde mir schlagartig klar, woher sein Hass rührte: Ken war ein *weißer* Hawaiianer. Ein weißer Hawaiianer, der den alten König Eddie Aikau abgelöst hatte, den großartigen Riesenwellensurfer, der vor Kurzem in einem heldenhaften Einsatz auf dem Meer gestorben war. Jim musste Eddies Fahne hochhalten.

»Die alten Ha'vai'ianer lebten zusammen anner North Shore, Bruhdah! Pau Malu! Da wo die Riesenbrandung is'! Und wo Kammie tot war, komm' die Missionare, un' die Ha'vai'ianer gehn ma uka wegen Arbeit. Gehn rein ins Land, weil sonst keine Jobs!«

»Jobs, die die amerikanischen Plantagenbesitzer geschaffen haben«, antwortete ich kühl. »Die Nachkommen der Missionare. Und vergiss nicht, dass die Missionare es waren, die deinen Leuten Englisch beigebracht haben. Die Sprache Shakespeares, wohlgemerkt. Ich hab mal gelesen, dass es im Hawaiianischen nur zwölf Buchstaben gibt. Und so was nennst du 'ne Sprache? Das reicht noch nicht mal für Buchstabensuppe!«

Vermutlich war das ein Schlag unter die Gürtellinie, aber ich hatte inzwischen nicht nur genug von seinem Johnny-Aloha-Gehabe, sondern auch von dem ganzen Medienhype um Hawaii. Als ob Hawaii eine Art ultimatives Heiligtum wäre, das Maß aller Dinge in der Welt des Surfens. Die professionelle Wettkampftour feierte mit Events wie dem Duke Classic und den Pipeline Masters ihre alljährliche Krönung auf Hawaii, in jedem Surferfilm spielte der dramaturgische Höhepunkt an der North Shore, und selbst der Song

Surfin' U.S.A. von den Beach Boys kehrte – nachdem er alle kalifornischen Surfspots abgehakt hatte – dem Festland den Rücken und vergötterte die »Wuai-a-mie-a Ba-haay«. Als Kalifornier musste man permanent gegen einen latenten Minderwertigkeitskomplex ankämpfen. Und deshalb war ich, wie gesagt, nicht bereit, mir dieses immergleiche hawaiianische Lied widerspruchslos anzuhören.

Apropos Lieder. Ein andermal fuhren Jim und ich in meinem VW-Variant, und ich hatte einen lokalen Jazzsender eingestellt. Ich war beileibe kein leidenschaftlicher Jazzfan, aber manchmal machte ich das Radio an, und der Sender war verstellt, und mir gefiel, was ich hörte, und ich ließ es an. An diesem Tag spielten sie gerade einen Bluessong, und plötzlich fing Jim an, mir zu erzählen, dass der Blues Schmerz und Leid ausdrückte und Weiße nicht wirklich den authentischen Blues singen konnten. Ein paar Augenblicke später hatte er seine Aussage aufs Surfen übertragen. Klar, Haoles konnten ruhig surfen, es war ja schließlich ein freies Land und so, aber wusste ich eigentlich, dass ich meine eigenen Wurzeln verleugnete? Meine Wurzeln waren europäisch. Ich sollte lieber Fußball spielen oder Eishockey.

»Und warum surfen dann weder dein Bruder noch dein Vater?«, zweifelte ich seine These an. »Verleugnen die auch ihre Wurzeln?«

»Die müssen Geld verdienen. Überhaupt ist das der Grund, warum die Hawaiianer aufgehört haben zu surfen. Als die Missionare kamen, wurde ihre angestammte Lebensweise zerstört, und sie mussten auf den Zuckerrohrfeldern arbeiten, um ihre Familien zu ernähren.«

»Und warum haben sie nicht einfach gefischt oder die Früchte geerntet, die auf den Bäumen wuchsen?«, fragte ich.

»Wie sie es immer getan hatten? Die Missionare haben die Bäume doch stehen lassen, oder?«

»Du kapierst das einfach nicht, Mann«, sagte er resignierend und der Diskussion überdrüssig. »Die Haoles haben ihr Paradies zerstört.«

Vor uns auf dem Armaturenbrett lag die neueste Ausgabe von *Surfing*. Ich lenkte mit einer Hand weiter, schnappte mir das Heft, blätterte zu einer Reportage über die Inseln und fand das Bild, das ich gesucht hatte: ein hawaiianischer Surfer, der eine wunderschöne, tiefblaue Welle surfte, aus dem Meer hinter ihm stieg ein Regenbogen empor, der sich über den gesamten Himmel und über das Bild hinaus erstreckte, und das Ganze wurde eingerahmt von Palmen und einem blendend weißen Sandstrand.

»Für mich sieht das noch ziemlich nach 'nem Paradies aus«, sagte ich und reichte ihm lässig die Zeitschrift rüber. »Und auch Louie Ferreira scheint sich ganz gut zu amüsieren.«

»Das ist Vince Klyne«, nannte Jim einen anderen hawaiianischen Profisurfer.

Ich nahm ihm das Heft wieder weg.

»Tatsache, du hast recht«, sagte ich. »Die beiden bring ich immer durcheinander.«

»Was, glaubs' du, alle Ha'vai'ianer sehn gleich aus?«

Oh Mann, tut mir leid, dass ich atme. Diesem Typen konnte man es wirklich nicht recht machen. Um die Wahrheit zu sagen: Er konnte mich langsam mal am Okole lecken.

Am langen Labor-Day-Wochenende hörte ich den Surfreport auf KMET und erfuhr, dass Natural Progression Malibu kolossale vier bis sechs Fuß durchsagte. Ich rechnete das schnell mit der bewährten Formel um und rief dann Jim an.

»Neun Fuß?«, fragte er zweifelnd. »Die Welle oder die Wand?«

»Ist doch egal, Mann, sie sind hoch!«

»Los, Bruhdah, wir fahr'n!«

Als ich vorbeikam, wartete Jim mit seinem Board schon draußen. Er sprang ins Auto, und wir bretterten zum Ventura Freeway, vorbei an den Uhren der Banken mit Lufttemperaturanzeige, die alle fünf Minuten ein Grad nach oben sprang. Auf dem Freeway trat ich das Gaspedal voll durch und heizte die ganze Strecke wie angestochen, während der heiße Wind wie ein Flammenwerfer in den Wagen blies. Schon bald hatten wir die Ausfahrt Las Virgenes erreicht und durchquerten den Malibu Canyon, bis die Hügel verschwanden und wir zur Anhöhe kamen, von der aus wir unten eine ganze Armee glitzernder Dünungslinien auf den Point zumarschieren sahen. Wir rasten runter auf den Pacific Coast Highway, der links und rechts von Wagen gesäumt war, fuhren über die Lagune von Malibu, deren riesige Schilfrohrkolben über die Betongeländer der Brücke ragten, und dann weiter zur Südseite der Pier auf den Parkplatz des Tonga Lei.

Eigentlich gab es das Tonga Lei gar nicht mehr. Es war von der Restaurantkette Don the Beachcomber geschluckt worden. Da sie aber bis auf den Namen nichts verändert hatten, war es für mich immer noch das Tonga Lei. Und auf dem Parkplatz hielt immer noch Carlos, der mexikanische Parkwächter, die Stellung und winkte uns grinsend durch.

Wir parkten und stiegen aus.

Es war ein fantastischer Tag und mindestens fünf Grad

kühler als im Valley. Über unseren Köpfen schrieb ein Flugzeug mit trägen Schleifen *Bullfrog* in den chlorwasserblauen Himmel – Werbung für die wasserfeste Sonnencreme gleichen Namens. Auf der Straße war ein Polizist damit beschäftigt, Reifen zu markieren. Ich stieg auf die hintere Stoßstange meines VW, um hinter die Pier blicken zu können.

»Oh nein, da draußen geht's ab wie in China«, stöhnte ich, das Fernglas vor den Augen. »Mindestens sechzig Leute. Die sollten langsam Eintritt nehmen. Ich würde sagen, wir vergessen's und fahren weiter nach County Line.«

»Ich hasse County Schleim«, sagte Jim.

»Besser als Malizoo.«

Ich gab ihm das Fernglas.

»Du solltest mal die Massen in Ala Mo sehen«, sagte Jim, während er das Objektiv scharf stellte. »Dagegen ist das hier halb so schlimm. Man muss nur aggromäßig vorgehen.«

»Oh, klasse, sehr spaßig. Wie die *Schlacht* von Alamo. Weißt du noch, der Wahnsinnstag? So was kriegen wir nie wieder. Du und ich und die Wellen. Keine Leute. Unberührte Einsamkeit. Wie am Tag, als Tom Blake den Ort hier entdeckte.«

Jim ließ das Fernglas sinken. »Duke Kahanamoku hat Malibu als Erster gesurft.«

»Nee, Blake.«

»Duke.«

»Ich hab gehört, Blake war der Erste.«

»Glaub's du die Haole-Propaganda?«

»Ja, genau. Haben mir die Missionare aus Neuengland höchstpersönlich erzählt. Ich sag dir, Mann: Blake ist hier als Erster gesurft. Ich *weiß*, dass er der Erste war.«

»Duke.«

Ich sagte nichts mehr. Wir zogen unsere Neoprenanzüge an, trabten die Holztreppe runter, gingen, tiefe Löcher hinterlassend, durch den nassen, weichen Sand zur Pier und kamen auf der anderen Seite am »Surfrider Beach« raus, so der offizielle, profane Name für dieses Kronjuwel der kalifornischen Surflandschaft. Meine Berechnungen erwiesen sich als richtig. Die Wellen waren locker acht Fuß hoch, und es gab einige noch größere Sets, die First und Second Point miteinander verbanden. Groß und unermüdlich. Aber zu bewältigen. Egal welches Format, die Wellen in Malibu waren nie unangenehm. Wir stellten unser Zeug in der Nähe einer blauen Mülltonne ab, warteten auf eine Wellenflaute, kletterten dann über die glitschigen Felsen durch die zischend aufwallende Gischt, und Jim paddelte raus zum Second Point, während ich meine übliche Position am Inside First ansteuerte, wo sich schon sechs oder sieben Typen versammelt hatten.

Alle großen Stars waren im Wasser. Sie kamen Set für Set reingeritten, und es schien wie ein Morgenappell der Malibu-Elite: Johnny Fain, Dave White, Jay Riddle, Glen Kennedy, Ronnie Jay, Allen Sarlo und dann noch die Menschenmenge in einer Person: Johnny Pyro. Meine kleine Gruppe paddelte über die Sets und hoffte auf ein paar Wellenüberreste, aber die großen Jungs am First Point hielten mit ihren Shortboards und frisierten Tankern die gesamte Line besetzt; sie ritten die Wellenwand rauf und runter, nahmen so volle Fahrt auf und hauten dann Off-the-Lips raus, dass die Gischt wie eine kräftige Dusche über den Wellenrücken spritzte. Die Tide und die Ausrichtung der Dünung trugen sie den ganzen Weg von der Lagune bis zu den Häusern an der Pier. In der gesamten Bucht brachen sich die Wellen wie fein säuberlich aufgebaute Dominosteine, und in über einer Stunde erwischte ich nichts außer ein paar scharfe Heckwellen aus Salzwasser, die mir brennend ins Gesicht zischten, als ich mich abkämpfte, paddelnd die Schulter der reinrollenden Wellen zu erreichen. Es war zwecklos. Selbst dann, wenn ich eine Welle ergatterte, konnte ich nicht sicher sein, sie auch zu behalten. Der kleinste Formfehler oder das geringste Anzeichen dafür, dass man die Welle nicht perfekt meistern würde, löste sofort eine Kettenreaktion von Drop-ins aus: Zuerst versuchte einer, sich vor dem Opfer in die Welle zu drängeln, dann der Nächste, dann noch einer, und mit jeder gelungenen Attacke wuchs der Blutdurst der Meute. Um eine Welle zu behalten, musste man seine Aggressionsbereitschaft dadurch unter Beweis stellen, dass man sie buchstäblich massakrierte. Man musste die Rails in die Wand hacken, als wollte man die Welle zerstückeln, man musste im Stakkato eines Maschinengewehrs die Manöver rausfeuern und brutale Eruptionen produzieren, die ein zerfurchtes Schlachtfeld von Weißwasser hinterließen. Auch ein total angepisster Gesichtsausdruck half. Wild herumdreschende Fäuste noch mehr. Man stand mit der Welle auf Kriegsfuß. Und das stand wiederum auf Kriegsfuß mit meiner ursprünglichen, naiven Vorstellung vom Surfen: dem Einswerden mit dem Ozean.

Jeden Sommer war man sich sicher, dass es mit den Menschenmassen nicht noch schlimmer werden konnte, und jedes Jahr wurde es schlimmer. Alle redeten immer darüber, wie hart es sei, im Profi-Circuit zu surfen, wie anstrengend und nervenaufreibend die Kopf-an-Kopf-Rennen mit erfahrenen Kontrahenten waren. Also bitte: Zwei Typen ganz allein in der menschenleeren Brandung? Eine ganze Legion von Surffußvolk, die sich auf ein Sechser-Wellen-Set stürzte – *das* war anstrengend. Nach Hilfe suchend guckte ich gen Himmel und streckte flehend meine Arme empor. Die Flugzeugschrift war spurlos verflogen, und über mir erstreckte sich die ungebrochene Weite des blauen Firmaments. Vielleicht sollte ich lieber auf Fallschirmspringen umsatteln, denn der Himmel schien noch relativ frei. Und meines Wissens gab es dort zumindest keine Locals.

Am Horizont erhoben sich dunkle Linien.

Ich warf mich auf mein Board und machte mich auf.

Schon immer war ich ein guter Paddler gewesen und konnte so meine Gruppe schnell abhängen. Als der erste Brecher angerollt kam, lagen die anderen noch zu weit drinnen und schafften es nur noch, ihre Boards wegzuschubsen und abzutauchen. Ich schaffte einen Duck Dive, drückte also auf meinem Board kniend die Nose in dem Moment unter Wasser, in dem sich die Welle genau vor mir brach, kickte den Tail runter, während die Wolke aus Weißwasser über mich hinwegrauschte, und ploppte dann auf der anderen Seite der Welle wieder an die Oberfläche. Dann kämpfte ich mich über die zweite Welle. Und über die dritte und vierte. Bei der fünften schaffte ich es nur knapp; ich wurde von der Wellenwand hochgesogen, brach durch die aufgefächerte Lippe und flog kurz durch die Luft, bevor mein Board auf dem Wellenrücken aufschlug.

Dann sah ich die sechste Welle. Sie brach sich auf doppelter Mannshöhe, ein Surfer hatte sie sich erobert und raste gerade, volle Fahrt aufnehmend, die gesamte Line runter, wobei er eine weiße Zickzackspur in der zusammenfallenden blauen Wand hinterließ. Einen Augenblick lang sah ich ihm zu, dann riss ich den Tail meines Boards rum und paddelte, was das Zeug hielt. Fast alle anderen hatten entweder ihre Wellen reingeritten oder waren innen stecken geblieben. Ich war der Hauptanwärter. Falls der Typ mit seinem Rail in der Wand hängen blieb, wäre mein Moment gekommen. Aus den Augenwinkeln sah ich jedoch, dass er die Wellenwand immer noch gleichmäßig auf und ab fuhr wie eine Achterbahn. Die Welle rollte perfekt in einer langen Linie dahin, nicht zerhackt in einzelne Sections, und ich wollte gerade aufgeben, mich auf mein Board setzen und die Beine ins Wasser hängen lassen, als ich etwas hörte, das wie ein keckernder Affe klang.

»Wuiee-wuiee-wuiee!«

Es war Jim. Das Affengekreische hatte er sich auf den Inseln angewöhnt, wo man sich damit mögliche Rivalen von den Wellen fernhielt.

Scheiß drauf.

Ich schaltete einen Gang hoch und ging zum Angriff auf die Welle über. Meine Handflächen durchschnitten das Wasser, und mein Oberkörper wand sich hin und her wie der Leib einer rennenden Echse. Ich fühlte den Sog der Schwerkraft, stützte mich auf meinem Brett hoch, nahm den Drop im schrägen Winkel und rutschte so in die zwölf Fuß hohe Wellenwand. Ich gewann wieder ein bisschen an Höhe und fuhr die Wand noch einmal runter; dieses Mal klatschte ich mit einem harten Bottom Turn aus dem senkrechten Fall, schoss sie wieder hoch und stieß mich mit einem eleganten Cutback-Schlenker vom Wellenkamm ab; mein Pintail schnitt durch die Wasseroberfläche, und ich ließ mich etwas Richtung Brechungsrand zurückfallen – als plötzlich Jim auf dem oberen Teil der Welle angesaust kam. Sofort drückte ich mein inneres Rail in die Wand und kam noch mal sauber von unten, schnellte quer über die Wand hoch, genau in dem Moment, als Jim mit seinem eigenen Cutback von oben runterkam, um an mir vorbeizugleiten. JIIIEEE-HAAA! Wellenreiter-Ringelpiez mit Anfassen! Und Malibu hatte doch Zwei-Mann-Wellen! Immer gehabt. JUUU-HUUUU! Ich setzte gerade zur nächsten Acht an, kurbelte hoch zum Roundhouse Rebound und fuhr dabei hart gegen die Strömung, als mir etwas Scharfes in die Rippen krachte. Ich verlor das Gleichgewicht und sah im Fallen, wie Jims Board an seiner Leash zurückschnappte und er im Wellental einen Abgang machte.

Während ich unter Wasser in der Suppe hin und her geschleudert wurde, beschlich mich ein übler Verdacht.

Jim war nicht einfach so vom Brett gefallen. Nicht, nachdem er die Welle so lange und so gut geritten war. Und dass er die Nose seines Boards so zielsicher auf mich zukatapultiert hatte, konnte ebenfalls kein Unfall gewesen sein.

In einem Knäuel aus Leashes und unter gegenseitigen Beschimpfungen kamen wir gleichzeitig an die Oberfläche.

»Snake!«

»Wellenschnorrer!«

»Kook!«

»Du bist hier der Kook!«

»Haole-Kook!«

»Mangohirn!«

Während dieses Wortgefechts schafften wir es irgendwie, unsere Leashes zu entheddern.

»Wir sehn uns am Strand!«

»Ich warte auf dich!«

Ich paddelte rein und kletterte über die Felsen, zitternd vor Wut, aber auch leicht beklommen. Ich musste daran denken, dass Jim, dieser kleine Granitklotz, mich bei unseren jugendlichen Gartenboxkämpfchen immer besiegt hatte. Das war natürlich schon eine Weile her. Seitdem hatte ich ziemlich zugelegt. Es würde wahrscheinlich ein ganz guter Kampf werden, ein unterhaltsamer Zeitvertreib für die Strandbesucher, eine kleine Ablenkung von ihren Backgammon-Partien und Joseph-Wambaugh-Krimis.

Als ich an der blauen Mülltonne ankam, sah ich mich um, aber Jim war nicht hinter mir. Ich suchte das Lineup ab. Er saß am Inside First, die Arme vor der Brust verschränkt wie ein Indianerhäuptling, und starrte raus aufs Meer. Also hatte auch er keine Lust auf eine Prügelei. Oder er wollte einfach weitersurfen. Ich nicht. Ich packte meine Sachen und trippelte mit meinen zarten Haole-Füßchen schnell über den Sand, der inzwischen Temperaturen erreicht hatte, die selbst einen javanischen Feuerläufer vor Schmerzen in den Wahnsinn getrieben hätten.

Aus der flirrenden Nachmittagshitze trat ich ein ins Tonga Lei. Drinnen war es kühl wie in einer Felshöhle, so kühl, dass ich eine Gänsehaut bekam. Als ich zur Lounge durchging, schlugen mir schon die altvertrauten Töne der hawaiianischen Steel Guitar wie lieblicher Gesang über einem verzauberten Meer entgegen. Und da, hinter der Bar, stand dann auch Mr. Kalahani, in einem jadegrünen Hemd mit braunen Vulkanen, die hinter weißen Touristenhotelburgen rosa Lava spien. Mr. Kalahani war immer noch der einzige Mann, den ich kannte, der ein kreischend buntes Hawaiihemd tragen konnte, ohne auch nur im Geringsten albern oder etwa unangemessen gekleidet zu wirken.

»Steve!«, grüßte er mich. »Was geht ab?«

»Och, nicht viel.«

»Wars' du surfen?«

»Ja, in Malibu.«

»Gut?«

»Pilau.«

»Pilau?« Er riss überrascht die Augen auf. »Redes' du jetzt Hawaiianisch?«

»Jim hat mir 'n paar Wörter beigebracht.«

»Dann hat der Junge dir falsch beigebracht! Pilau heiß' *schlecht*. Das is' mir das Richtige«, sagte er und sah aus dem Fenster, wo sich das tiefblaue Meer mit der Dünung hob und senkte. »Ich bring dir 'n hawaiianisches Wort bei – pupule! Weil du irre bis', Junge! Die Wellen da komm' direkt von den Inseln!«

»Ja, ich schätze, das tun sie. Jim ist mit mir hergekommen, aber er wollte noch ein paar erwischen. Ich muss jetzt los, also muss er mit Ihnen nach Hause fahren.«

»Wo muss' du hin?«, fragte mich Mr. Kalahani mit einem schelmischen Blinzeln. »Has' du jetzt 'ne Freundin? Die momona Wahine, mit der du letzte Mal hier wars'?«

»Nee, das war nur 'ne Freundin von meiner Schwester.«

»Nich deine Freundin?«

»Nein.«

»Bruhdah Steve, wann suchs' du dir endlich 'ne Freundin?«, neckte er mich. »Als ich so alt war, hab ich mir 'n Mädchen gesucht, mit viel gutem Aloha! Du weiß' ja, Junge, der Ule is' nich nur zum Pinkeln da!«

»Ich arbeite dran.«

»Hauptsache, kühler Kopf und aufs Ganze gehn.«

Er lächelte mich an, um mir zu zeigen, dass es so oder so in Ordnung war.

»Und, has' du Hunger?«, fragte er. »Wills' du was essen?«

»Nein, danke. Ich wollte nur Bescheid sagen wegen Jim. Und mal reingucken.«

Ungläubig blickte er die Kunden am Tresen an, um seine Fassungslosigkeit zu demonstrieren.

»Der Junge will nix essen. Sooo 'n lieber Junge. Kommt nur, Mistah Kalahani Hallo zu sagen. Warum sagt ihr nie Hallo, wenn ihr in die Küche zu Muhdah kommt, Jim un' du? Da sagt ihr nur, wann gib's Essen und was gib's zu essen und warum nich sofort!«

Ich ging vom Tonga Lei zu meinem Auto und fuhr nach Hause und surfte nie wieder mit Jim. Warum versuchte ich nicht irgendwann, mich mit ihm auszusöhnen – aus Stolz oder Verletztheit? Jedenfalls tat ich es nicht. Und er auch nicht. Wir saßen das Problem aus, bis es keins mehr war, sondern einfach eine Tatsache, und dann ließ es sich nicht mehr ändern.

Surf Punks

In jenem Winter saß ich eines Abends zu Hause und hatte gerade ein mexikanisches »Hungry Hombre«-Fertiggericht verschlungen, als mir plötzlich ein stechender Schmerz in die Seite fuhr, als bohrte sich ein Bajonett wieder und wieder in mich hinein, eine lange Stahlklinge, die mein Fleisch zerfetzte und lebenswichtige Organe aufspießte. Ich schrie in Todesqualen und versuchte gleichzeitig meine Mutter abzuwehren, die mich ins Auto verfrachten und ins Krankenhaus fahren wollte – ich hatte diese Art Schmerzen schon früher gehabt, und normalerweise klangen sie immer ungefähr innerhalb einer Stunde ab –, aber schließlich schaffte sie es doch, meine Finger vom Bettgestell zu lösen und mich in die Notaufnahme zu bringen. Im Krankenhaus führten sie ein paar Tests durch und stellten fest, dass mich eine erblich bedingte Harnleiterverengung plagte. Ich bekam einen OP-Termin, sie machten einen Schnitt oberhalb der rechten Hüfte, behoben das Problem und hinterließen eine fast dreißig Zentimeter lange Narbe, die so gruselig aussah, dass sie richtig hollywoodmäßig unecht wirkte. Das war allerdings der einfache Teil des Ganzen. Hinterher musste ich im Krankenhaus zwei Wochen lang still liegen, und als ich endlich entlassen wurde, hatte ich in der Schule alle Hände voll zu tun, um wieder mitzukommen, aber das war immer noch der einfachere Teil. Der schwierigere Teil bestand darin, dass ich für die nächsten drei Monate mit dem Stabhochsprung pausieren musste und meine letzte Wettkampfsaison auf der Highschool somit vergessen konnte. Und natürlich durfte ich nicht surfen. Ärztliche Anweisung.

Nicht dass ich seit dem Ende meiner Freundschaft mit Jim viel gesurft wäre. Ich hatte mir keine Surffilme mehr angeschaut, hatte mein *Surfing*-Abo nicht erneuert und hatte mich von Malibu völlig ferngehalten. Einerseits lag es daran, dass ich Jim nicht über den Weg laufen wollte. Es wäre besser gewesen, wenn er gestorben wäre. Ein hawaiianisches Bestattungsritual, seine Asche über den blütenbedeckten Ozean verstreut und damit Sayonara. Ich hätte getrauert und dann weitergelebt. Aber es gab auch noch einen anderen Grund: das College. Der Highschool-Abschluss rückte näher, und ich befand mich im Endspurt vor den letzten Prüfungen. Dementsprechend viel Zeit verbrachte ich im Herbst damit, mich auf die zweite Runde SATs, die standardisierten College-Tests, vorzubereiten, um meinen Notendurchschnitt noch um ein paar entscheidende Kommastellen höherzuschrauben; im Winter war ich dann damit beschäftigt, meine Bewerbungen an verschiedene Unis rauszuschicken, und im Frühjahr trudelten die Antwortschreiben ein. Unter anderem war ich von der University of California in San Diego und der Loyola University in Chicago angenommen worden. Beide standen auf meiner Liste ganz oben. Offensichtlich hatte Loyola irgendwelche geheimen jesuitischen Schmiergeldkassen angezapft, denn sie boten mir neben einem Teilstipendium auch eine

Regelung an, nach der ich meinen Lebensunterhalt über einen Kredit und das studentische Jobprogramm der Uni bestreiten konnte. Und auch San Diegos Angebot war ganz gut, denn erstens unterstützten sie mich ebenfalls bei der Finanzierung, und zweitens befand sich der Campus in La Jolla, der Heimat von Black's Beach und Windansea, Wiege der kalifornischen Surfkultur und ein Fleckchen Erde mit herrlich mildem Wetter und durchgängig erstklassigen Wellen … und ich wäre ein Local! Endlich, endlich würde meine lang gehegte Sehnsucht Wirklichkeit werden. Ich könnte surfen, wann immer ich wollte, würde in der Abenddämmerung zum Strand schlendern, um zu sehen, wie die Dünung war, und am nächsten Morgen brauchte ich nur aus dem Fenster meines Wohnheimzimmers zu sehen, um an den Palmen abzulesen, ob der Wind gut stand, und selbst wenn die Konditionen perfekt wären, könnte ich mich trotzdem noch mal umdrehen und eine Runde weiterschlafen, denn hey, ich lebte schließlich am Strand und konnte rausgehen, wann immer ich Lust dazu hatte. Ich *musste* nicht surfen.

Irgendwann während meines Aufenthalts im Trockendock erzählte mir Jack von einer neuen Band, die sich Surf Punks nannte und bei mir um die Ecke im »Country Club« von Reseda spielen würde. Wenn ich schon nicht surfen durfte, konnte ich doch wenigstens zu einem Konzert mit Surf*musik* gehen. Das war sein Plan, und der war toll; ich brachte lediglich den kleinen Einwand vor, dass Punk keine Surfmusik war.

»Die sind total authentisch, Mann«, entgegnete Radical Jack. »Da geht's ums reale Surfen, so wie es ist, nicht diese schwule Beach-Boys-Scheiße.«

So was in der Art hatte ich schon oft gehört. Die Beach Boys surften nicht, also war ihre Musik offensichtlicher Mist, verlogen, eine Ausbeutung der wahren Subkultur und eine Bedrohung für die Wellenquote der echten Surfer, weil das Lineup wegen der Beach Boys noch voller war als sowieso schon und weil ihre Songs die Möchtegern- und Sonntagssurfer rauslockten. Lange plagte mich ein schlechtes Gewissen, weil ich die Beach Boys mochte. Kein Surfer, der was auf sich hielt, mochte die Beach Boys. Man stand auf Bob Marley oder Steely Dan oder Jackson Browne (ein Surfer) oder Eric Clapton oder die Cars oder andere von den tonangebenden Cliquen offiziell zugelassene Bands. Ich passte mich dem Mehrheitsgeschmack an, hörte alles, was gerade in war, und griff damit nach dem Feigenblatt, das meine eigentliche musikalische Scham verhüllen sollte – denn ich fand nicht nur die Beach Boys gut, sondern auch Doo Wop und Motown und andere Sachen, die völlig jenseits des Erlaubten lagen.

Und dann gab es die Musik, die man allgemein am Strand hörte. Meistens fuhren die Typen, die so großzügig ihre ganze Umgebung beschallten, ihre fett aufgemotzten Pickups mit Allradantrieb und Riesenbereifung direkt auf den Sand und ließen dann Journey oder Cheap Trick oder so was in der Art aus ihren zweitausend Dollar teuren Superbass-Subwoofern dröhnen. Das war die akustische Umweltverschmutzung tagsüber. Zusätzlich gab es noch Strandcampingplätze wie El Capitan oder McGrath. Auf diesen konnte man abends zum Strand runterschlendern, und vielleicht war da ein großes Lagerfeuer im Gange, umringt von Mädchen, die auf auseinandergebogenen Drahtkleiderbügeln Marshmallows rösteten, und Surfern mit Bierflaschen in der Hand, die vom Schein des Feuers bernsteinfarben glühten, und vielleicht war jemand dabei, den man tagsüber im Wasser gesehen hatte, und der lud einen dann ein, mit am Feuer abzuhängen. Man nahm das angebotene Bier, hockte sich hin, sah zu, wie der Mond aufging, atmete den süßen, verheißungsvollen Duft des Meeres, hörte das Knistern des Feuers und das Rauschen der Wellen, und genau in dem Moment, in dem einem auffiel, wie idyllisch diese ganze Szenerie war und wie sehr Kalifornien doch manchmal seinem eigenen Ideal entsprach – und als alle allmählich so blau wurden, dass es ihnen egal war, womit sie ihre Gehörgänge zuschleimten –, in genau diesem Moment hatte der gemeine moderne Troubadour seinen großen Auftritt. Dabei handelte es sich ausnahmslos um irgendeinen beflissenen Kiffer, der nicht nur aussah wie Neil Young, sondern auch ein glühender Verehrer seines Œuvres war. *Oh, to live on Su-gar Mountain, with the bar-kers and the colored ba-lloons. You can't be twen-ty on Su-gar Mountain* … Regelmäßig traf der Strandbarde mit seiner Darbietung ziemlich exakt den Ton des Originals, inklusive der kratzigen, leicht eierigen Tenorstimme, und ging von *Sugar Mountain* nahtlos über zu *Cowgirl in the Sand* und dann zu *Heart of Gold*, und beim Refrain zu *Heart of Gold* sangen alle mit, und man bekam plötzlich das dringende Bedürfnis, sich von irgendwoher ein Feuerzeug auszuleihen, die Flamme hoch über den Kopf zu halten und hin und her zu schwingen, als wäre das Leben ein einziges, ewiges Woodstock.

Oder auch nicht.

Zum Glück erschöpfte sich mit den drei Songs normalerweise das gesamte Repertoire des Neil-Young-Adepten. Meistens ging es also schnell vorbei.

Am Abend des Surf-Punks-Konzerts holte Jack mich ab, und wir fuhren die paar Blocks zum Country Club am Sherman Way. Die Schlange vor der Kasse reichte bis um die Ecke und weiter zum Parkplatz, wo eine ganze Reihe Vespas und restaurierte Benzinschleudern mit Haifischflossen aus den Fünfzigern standen. Jack und ich hatten schon Tickets. Am Eingang wurden wir gefilzt.

»Soso«, feixte der Türsteher, als er Jacks Hosenbeine anhob und aus jeder seiner Socken eine Dose Bier fischte. »Was haben wir denn hier?«

»Die muss mir jemand untergejubelt haben«, sagte Jack.

Der Türsteher ließ uns durch, und wir gingen rein.

Der Country Club erinnerte an einen Nachtclub aus den Vierzigerjahren. Es gab mehrere stufenartige Ebenen mit Tischreihen, die durch dicke Messinggeländer voneinander abgetrennt waren. Von unserem Tisch aus hatten wir beste Sicht auf die noch leere Tanzfläche. Wir setzten uns, und sofort nahte eine blond gefärbte Kellnerin.

»Was wünschen die Herren?«

»Vielleicht 'ne Fußmassage?«, schlug Jack vor.

»Zu trinken«, sagte sie ohne den Anflug eines Lächelns.

»Zwei Cola«, bestellte Jack.

Sie ging zur Bar und Jack zum Klo.

Der Laden wurde schnell voller und voller. Für den Abend war auch ein Bikini-Schönheitswettbewerb geplant, und Teilnehmerinnen hatten freien Eintritt. Einige der Mädchen trugen daher Badeanzüge – zumeist Einteiler mit hohem Beinausschnitt, die jede Menge Schenkel und Po zeigten. Die restlichen Gäste trugen Bootsschuhe und karierte Shorts und bunte Hemden mit Krokodil auf der linken Brust und hochgestelltem Kragen wie bei einem Vampirumhang. Es war offensichtlich, dass nicht mehr die Surfer stilbestimmend waren, sondern *GQ* und MTV. Was die Frisuren anging, waren die langen, gestuften Mähnen der Siebziger durch Retro-Rockabilly-Stylings und stromlinienförmige Schnitte abgelöst worden, die so vollendet mit Gel und Schaum und sonstigem Klebezeugs in Form gehalten wurden, dass sie aussahen wie aufwendige Hüte. Während der sechs Monate, die ich von der Bildfläche verschwunden war, hatte ein Paradigmenwechsel stattgefunden: weg vom zotteligen Schlabber-Look, hin zu scharfen Kanten und schmalen Silhouetten, von Erdtönen zu Neonfarben, von Muschelketten zu Designer-Sonnenbrillen, die an einer Schnur um den Hals getragen wurden.

In meinem mexikanischen Hochzeitshemd und den Tunnelzughosen fühlte ich mich nun wie Methusalem.

Irgendwie hatte ich all diese Veränderungen schon das ganze Jahr über wahrgenommen, aber ihnen nie so richtig Beachtung geschenkt. Aber selbst wenn ich in den vergangenen Monaten öfter hätte surfen können: Am Strand präsentierte sich niemand in seinem besten Surfer-Sonntagsoutfit. Man trug einfach nur Jeans und alte Sweatshirts und ging häufig barfuß. Und da meine Schule eine reine Jungenschule war, an der es weit und breit keine Mädchen gab, die wir mit gutem Styling hätten beeindrucken können, war keiner von uns sonderlich modebewusst. Niemand legte gesteigerten Wert auf Klamotten oder zog sich irgendwas Besonderes an, am allerwenigsten die Surfer, von denen es sowieso nicht viele gab. Die Surfer an meiner Schule hinkten dem aktuellen Trend so ungefähr zwei Jahre hinterher. Zumindest kam es mir so vor, als ich jetzt die versammelte Surfmoden-Crème-de-la-Crème des Valleys sah, die ihre erlesensten Outfits vorführte.

Die Kellnerin kam zurück und brachte unsere Cola. Jack tauchte ebenfalls wieder auf, setzte sich und zeigte mir unterm Tisch heimlich eine Flasche Sea-&-Ski-Sonnenmilch.

»Die ist randvoll mit Bacardi«, flüsterte er. »Ich hab sie in meiner Unterwäsche reingeschmuggelt. Die Biere waren nur zur Ablenkung.«

Er goss jedem von uns unter dem Tisch eine anständige Ladung ins Glas, reichte mir meins, und ich nahm einen großen Schluck. Fast wäre er mir wieder hochgekommen.

»Das schmeckt voll nach Sea & Ski!«

»Wie schmeckt Sea & Ski denn?«

»Total scheiße! Hast du das Ding nicht ausgewaschen?«

»Klar hab ich das ausgewaschen«, sagte Jack.

Er nippte vorsichtig an seinem Glas.

»Oh Mann, du hast recht. Mist, ich hab die Flasche mindestens zwanzigmal ausgespült, echt.« Er hielt inne und dachte nach. »Hey, gib mir mal 'n paar Haare von dir.«

»Warum?«

»Mach einfach.«

Ich rupfte mir ein paar blonde Haare aus. Jack ließ eins davon in sein Glas fallen und eins in meins und rief die Kellnerin.

»Hey, da sind Haare in unserer Cola!«

Während sie unterwegs war, um uns neue Drinks zu holen, konzentrierte ich mich auf die Leinwand hinter der Bühne, auf der aktuelle Filmausschnitte mit Surfszenen liefen. Auch das Surfen selbst hatte sich in der letzten Zeit verändert. Die Typen standen jetzt ganz weit hinten auf ihren Boards, den Fuß genau über der Finne, ganz ähnlich den Skateboardfahrern, die an der hinteren Kante standen. Dadurch konnten sie volle 360-Grad-Carving-Turns hinlegen, von denen in den Siebzigern alle immer nur geträumt hatten, und inzwischen war sogar schon die Rede von Überrollmanövern in der Tube. Die Boards selbst waren auch weiterentwickelt worden. In der Länge um einen halben Fuß gestutzt und mit »Tail Patches« und Deckoberflächen aus Polymer, die das ganze umständliche Wachsen überflüssig machen sollten, und statt der organisch anmutenden Airbrush-Designs gab es nun geometrische, abstrakte Formen, die in Hightech-Boardtaschen vor Kratzern geschützt werden mussten. Das gehörte alles zu dem smarteren Image, das sich die Surfer zugelegt hatten und der Welt präsentieren wollten. Ich hatte sogar gehört, dass es Bestrebungen gab, eine nationale Surforganisation zu gründen, die dann Lobbyarbeit leisten sollte, um Surfen als olympische Disziplin einzuführen. Warum nur? Um in einer Liga mit Badminton und Zweierbob zu spielen? Und dann? Was kam dann? Ein Surfermuseum mit Ruhmeshalle? Obwohl ich selbst fast einmal bei einem Surfwettkampf mitgemacht hätte, war das, was ich am Surfen eigentlich mochte, gerade das Nichtvorhandensein jeglicher Form von Organisation. Kein Trainer, kein Training. Freestyle pur. Jetzt verkehrte es sich langsam ins Gegenteil: Einige der Stars trainierten ihre Kondition, hörten sich Motivationskassetten für Sportler an und achteten sogar darauf, was sie aßen. *Gesunde Ernährung.* Es war nicht lange her, da war das einzige Grünzeug, das man einen Surfer essen sah, das Salatblatt in seinem Jumbo-Jack-Burger.

Die ganze Zeit über, die ich die Surffilme verfolgte, beäugte Jack eine der Teilnehmerinnen am Bikiniwettbewerb auf der anderen Seite des Messinggeländers. Sie hatte ihre Haare zu eng am Kopf anliegenden Zopfreihen geflochten, was gerade groß in Mode war, und trug den winzigsten Bikini, den ich je gesehen hatte – ihre Brustwarzen wurden nur ganz knapp von zwei kleinen gestrickten Dreiecken bedeckt, von denen je drei Schnüre ausgingen, die wiederum mit einer langen Schnur verbunden waren, die sich über ihre Brüste spannte und das Ganze irgendwie zusammenhielt. Das Mädchen war nicht hübsch, aber ihr Bikini kaum vorhanden, und das genügte Jack.

»Hast du die gesehen?«, flüsterte er mir zu. »Die sieht aus wie Bo Derek.«

»Wohl eher Bo Diddley.«

»Du hast doch keine Ahnung. Ich schmeiß mich ran.«

Er sprach sie an und bot ihr nach kurzem Geplänkel einen Platz an unserem Tisch an. Sie duckte sich unter dem Messinggeländer durch und setzte sich neben ihn. Wir stellten uns vor. Sie hieß Yerdua.

»Meine Mutter heißt Audrey«, erklärte sie. »Und Audrey rückwärts ergibt Yerdua.«

Die Surf Punks kamen auf die Bühne. Sie waren sehr braun gebrannt, hatten lange blonde, von der Sonne gebleichte Locken, trugen Hawaiihemden mit Blumenmuster und haufenweise Blütenketten aus Plastik um den Hals. Waren sie deshalb Surfer? Machte sie das authentisch? Ihre Songs waren kreischend laut und frenetisch, ohne erkennbare Melodie, aber mit einem rasenden Beat und zynischen Texten, in denen sie ihre Auffassung über das reale Surfen verkündeten, so, wie es war. Allein die Titel bildeten einen kritischen Kommentar zur Welt des modernen Surfsports: *Beer Can Beach, Locals Only, Punch Out at Malibu* und *Kanan's Doomed* – Kanan ist verdammt –, in dem ein Local aus Zuma alle drei Tunnelröhren der Kanan-Dume-Verbindungsstraße in die Luft jagen will, um den endlosen Zustrom von Valleysurfern zu stoppen. Yerdua hing die ganze Zeit über dem Messinggeländer und vollführte einen Sitztanz, während Jack die Gelegenheit nutzte, ihr eine satte Dosis Sea-&-Ski-Bacardi ins Bier zu kippen. Es dauerte nicht lange, bis die Tanzenden von einer Handvoll Rowdys vom Parkett gefegt wurden, die zum schnellen, lärmenden Rhythmus Pogo tanzten und wild gegeneinanderprallten. Mir leuchtete immer noch nicht ein, was Punk mit Surfen zu tun haben sollte. Punks waren mürrische, verbitterte Losertypen aus London, die ihre Hörnerven mit Schrottmusik quälten, sich Sicherheitsnadeln durch die Nase bohrten und allesamt aussahen wie die freakigen Stammgäste der *Star Wars*-Cantina. Was hatten die schon zu bieten? Warum waren die so cool? Zum Abschluss des ersten Sets spielten die Surf Punks den Song *Big Top*, und sozusagen als Verbildlichung des Textes trippelte ein Mädchen mit gigantischen Brüsten auf die Bühne. Einen Moment lang machte ich mir Sorgen um ihren aufrechten Gang. Dann kam von der Seite ein Junge auf die Bühne geskatet, stürzte sich auf sie, warf sie zu Boden und begrub sein Gesicht in ihrem Busen, während sie versuchte, ihn abzuwehren. Die Menge jubelte. Es sah nicht einstudiert aus. Danach folgte die Pause, und ich stand auf.

»Du kannst jetzt nicht gehen, Steve!«, protestierte Jack.

»Nur die Beine vertreten.«

»Jetzt kommen gleich die Bikinis!«

Yerdua hatte sich erhoben und zupfte an den Schnüren ihrer Bikinihose, rückte sie zurecht und setzte ihr Schönheitswettbewerbsgesicht auf.

»Vielleicht gewinnt Yerdua 'n Modelvertrag«, erklärte Jack.

»Ich geh nur kurz an die frische Luft«, sagte ich. »Yerdua – negüngrev nie rim raw.«

»Waaaas?«

»*Viel Glück* auf Altisländisch.«

Ich bahnte mir einen Weg durch die Menschenmenge, die die Teilnehmerinnen des Bikiniwettbewerbs mit schrillen, an Silvesterheuler erinnernden Pfiffen auf der Bühne begrüßte, ging nach draußen und dann einfach immer weiter.

Als ich zu Hause ankam, waren alle schon ins Bett gegangen. Ich holte mir zwei Pop Tarts mit Himbeere und einen Liter Milch aus der Küche und ging dann rüber ins Wohnzimmer, wo die Stereoanlage stand. Ich nahm eine Platte aus dem Regal, setzte mir Kopfhörer auf, damit niemand wach wurde, drehte die Lautstärke hoch und ließ die Nadel sinken.

Die typische Leadstimme von Mike Love ertönte, untermalt von scharf näselnden Gitarren und einem üppig-harmonischen Stimmpolster, das ab und an von einem hoch aufjaulenden Falsett durchbrochen wurde. Die Musik verbreitete ein Gefühl von Schwerelosigkeit und pulsierender, mitreißender Begeisterung – genau dasselbe Gefühl, das man hatte, wenn man auf der Welle war. Die Texte handelten davon, wie es war, jung zu sein, ein Kid in Südkalifornien; sie waren einfach und ehrlich und ein bisschen albern. Ich streckte mich auf dem Sofa aus. Okay, vielleicht war das hier nicht authentisch, aber es war ganz sicher Surfmusik. Warum? Weil es Lust aufs Surfen machte, darum.

Killers

Der Highschool-Abschluss rückte heran und ging vorbei, und kurz darauf rief mich Radical Jack an. Er sprühte förmlich vor Begeisterung, denn er hatte in einem Surfmagazin über einen Surfspot gelesen, der sich auf der Insel El Martillo vor der Küste von Baja California befand. Es gab dort einen Break namens Killers, und auf den Bildern konnte man sehen, dass die Wellen da riesig waren. Kein Kontinentalabsatz bremste die herannahenden Wellen, die sich groß und saftig direkt aus den Tiefen des Ozeans erhoben. Bei guter Dünung hieß es aufpassen. Jack hatte ein Reiseunternehmen aufgetan, das Vier-Tage-Gruppenreisen für eintausendfünfhundert Dollar anbot, und suchte nun Teilnehmer für eine spätsommerliche Vergnügungstour.

»Da gibt's giftige Seeschlangen«, schwärmte er. »Wenn dich eine von denen beißt, bist du in zwei Minuten tot. Da hilft kein bekanntes Gegengift!«

»Na ja, ich schätze, das ist angenehmer, als von 'nem Hai zerfetzt zu werden.«

»Die gibt's da auch! Makos und Tigerhaie!«

Jacks andere Rekruten waren Matt, ein drahtiger Typ mit

blonden Rastalocken, der in der Nähe von Zuma in einem Trailer wohnte und sein Geld als Samen- und Blutspender verdiente, wenn er nicht gerade als Aushilfsdrummer für eine der ortsansässigen Proberaumbands arbeitete, Billy, ein Wettkampfsurfer, der in einem der angesagten South-Bay-Teams surfte, Boards baute und ganz vom Surfen lebte, und Duane, Party-Urgestein und Darbieter des legendären Two-Fisted Twirler.

Wir trafen uns am Donnerstagmorgen auf dem Parkplatz der Restaurantkette Denny's in Oceanside. Zusammen brachten wir es auf fünfzehn Boards, von untersetzten, kleinen Doppelfinnen bis hin zu schlanken und schnittigen Pintails, aber ich hatte außer meinem normalen Board nur einen alten, acht Fuß zehn langen Yater Spoon dabei. Den hatte ich vor zwei Jahren mal aus dem Müll gefischt, weil ich dachte, ich könnte ihn für einen Zehner verkaufen. Konnte ich aber nicht. Nicht mal für zehn Cent. Er war hässlich und grobschlächtig, die gelbe Oberfläche wies braune Flecken auf, weil Wasser eingedrungen war, und das Vorderteil hatte eine so tiefe Einbuchtung, dass man darin Salsa-Dip hätte machen können. Aber ich brauchte was Langes, für den Fall, dass die Wellen richtig groß wurden.

»Hey Steve, willst du mit dem komischen Teil etwa surfen?«, fragte mich Duane. »Kann man damit überhaupt paddeln, oder säuft man dabei ab?«

»Keine Ahnung«, gab ich zu. »Hab's noch nicht ausprobiert.«

Nach einer Weile tauchten die Typen von der Reisefirma auf. Larry war der Chef. Er hatte sein spärliches Haar über seine Glatze gekämmt, trug Jerseyhosen mit verstellbarem Bündchen und dem Geruch nach zu urteilen eine ganze

Industriepalette Old Spice. Unser Reiseleiter hieß Gus, ein bärenhafter Typ um die vierzig, ein Surfveteran der Longboard-Ära, wie sich später herausstellte, der jetzt aber außer Dienst war und sein blondes Haar in einem Crewcut trug, den er besser zusammen mit seinem Noserider eingemottet hätte.

Wir parkten unsere Autos in einer Seitenstraße, luden unseren ganzen Kram in Larrys Dodge-Kleinbus und fuhren dann auf den Highway. Sobald das Meer in Sicht war, drehten wir unsere Köpfe permanent nach rechts, um die Wellenlage zu checken. Die Brandung war vier Fuß hoch, und Gus sagte, dass am Festland nur die Hälfte von dem ankam, was El Martillo bot. Die Wellen blieben hoch, als wir die kleinen Küstenorte des nördlichen San Diego County passierten, dann durch San Diego selbst fuhren und schließlich nach San Ysidro kamen, wo Gus sich zu uns umdrehte.

»Okay, Jungs, ihr habt uns diesen Wisch unterschrieben, dass ihr keine Drogen mit über die Grenze nehmt, aber weil man auf euch Typen ja ständig aufpassen muss wie im Kindergarten, frag ich lieber noch mal. Kein Dope oder sonst was dabei?«

Wir blickten alle zu Matt rüber. Jack hatte mir erzählt, dass er morgens nie ohne einen ordentlichen Zug aus seiner Bong aus dem Bett kam.

»Falls bei den Federales auch nur der Verdacht aufkommt, ihr könntet Drogen dabeihaben«, fuhr Gus fort, »lochen die euch ein, und die Wärter wechseln sich bei den Schäferstündchen mit euch ab.«

»Oh, ja, stimmt«, reagierte Matt endlich. »Ich hab vielleicht ’ne kleine Tüte Gras dabei. Nichts Großes, nur ’ne Unze oder zwei.«

»Gib her«, sagte Gus. »Und zwar schnell.«

Wir hielten bei einem McDonald's, und Gus nahm Matts Grasvorräte und ging damit aufs Klo, so als hätte er das schon oft gemacht und fände nichts Besonderes dabei. Vielleicht aber war dieser Vorfall auch der Auslöser für die schlechte Laune, die sich während der gesamten Reise schleichend bei ihm ausbreitete.

Als er zurückkam, fuhren wir weiter, passierten schon bald die Grenze und waren eine Stunde später in Ensenada. Dort erstanden wir einen großen Leinensack voller frischer Brötchen für einen Cent pro Stück und dazu zahlreiche Kisten Pacifico und Corona und andere lebensnotwendige Dinge, ließen das Wechselgeld in die leere Yuban-Kaffeedose eines einbeinigen Bettlers fallen, der auf dem Fußweg Posten bezogen hatte, luden unsere Einkäufe in den Transporter und kämpften uns dann durch den frühmorgendlichen Verkehr von Ensenada in Richtung Hafen durch. An der Hafeneinfahrt stoppten uns zwei pummelige Federales mit Lugers, deren Läufe unten aus den Pistolenhalftern herausragten. Larry stieg aus dem Wagen und verschwand mit ihnen in einem Zöllnerhäuschen, dessen obere Hälfte aus verspiegeltem Glas bestand.

»Was passiert jetzt?«, fragte Jack.

»Was meinst du, wofür ihr so viel Geld bezahlt habt?«, gab Gus zurück. »Die Insel ist für die Öffentlichkeit gesperrt. Larry weiß, wie man so was regelt. Das ist alles mit den Oberbonzen hier arrangiert, aber man muss alle Stufen der Leiter hoch und runter schmieren, damit es was wird.«

Ein paar Minuten später traten die drei wieder aus dem Zöllnerhäuschen, die Federales jetzt mit ihrem freundlichsten Zahnpastalächeln auf den Gesichtern. Larry setzte sich wieder hinters Steuer, fuhr in den Hafen und hielt an einem langen Steg, an dessen Ende ein heruntergekommenes Fischerboot lag. Durch die abblätternde weiße Farbe schimmerte das Holz des Rumpfs, und von den Nieten rannen rostige Streifen wie Blut herunter. Die Crew bestand aus drei verwitterten Mexikanern, die unser Gepäck in einer Art Eimerkette in den Bug des Bootes schafften, und dann tuckerten wir los, ließen zuerst den Hafen hinter uns und nach weiteren fünfhundert Metern auch endlich Larrys Old-Spice-Dunstglocke. Gus machte die ersten Biere auf. Schon bald waren wir auf See, und unser Boot hob und senkte sich mit der Dünung.

»Ich hoffe, ihr seid bereit für 'n paar hammerharte Brecher«, sagte Gus.

Duane stieß ein schrilles Gejohle aus und scheuchte damit die Möwen auf, die auf dem Poopdeck nisteten. Ich lehnte an der Reling und fühlte meinen Magen jedes Mal absacken, wenn das Boot in ein Wellental glitt. Wie oft war ich in den letzten Monaten gesurft? Nicht oft. Und nicht ein einziges Mal bei hohem Wellengang. Wir näherten uns El Martillo. Die Insel erhob sich als flacher brauner Tafelberg aus dem Meer; an einem Ende ragte ein schwarz-weiß gestreifter Leuchtturm auf, der aussah wie einer dieser rotierenden Stäbe vor Herrenfriseursalons, nur eben schwarz-weiß. Gus sagte:

»Der Leuchtturmwärter ist der einzige Bewohner der Insel. Er und ein Burro. Der Burro heißt Pepe. Versucht nicht, auf ihm zu reiten, der lässt sich bloß fallen und rollt auf euch drauf.«

Wir gingen auf der Festlandseite der Insel vor Anker, aber das Boot schaukelte immer noch heftig hin und her, als wir unsere Ausrüstung in das Beiboot runterließen. Bis zur Insel waren es hundert Meter zu rudern, und der Strand bestand aus kanonenkugelgroßen Steinen, die mit jeder auslaufenden Welle gegeneinanderkrachten. Wir mussten zweimal fahren, um alles zur Insel zu bringen, dann ruderte einer der Bootsmänner allein zurück, und der Kutter fuhr wieder in Richtung Festland.

Ein steiler Pfad ging diagonal die Klippenwand hoch, und wir verbrachten die nächste Stunde damit, rauf- und runterzumarschieren, um unsere Sachen nach oben zu schaffen und vor einer Wellblechhütte aufzustapeln. El Martillo war eigentlich eine Doppelinsel: Ein schmaler Streifen Meer trennte die beiden Hälften. Unser Lagerplatz befand sich auf dem größeren Landstück, das aber auch nur eine halbe Meile lang und eine Viertelmeile breit war, wenn überhaupt. Der Leuchtturm stand auf der nördlichen, gegenüberliegenden Spitze, und es gab hier ein paar mehr Bewohner, als Gus uns weismachen wollte, denn die Insel war von Seevögeln übervölkert. Wohin man auch blickte, sah man riesige Seevögel auf ihren Nestern sitzen, und die Felsen waren über und über mit weißem Zeug bekleckert, das wie Tünche aussah. Ein durchdringender, fauliger Gestank hing in der Luft, und ich sehnte schon Larrys Old Spice zurück.

»Okay, Jungs«, sagte Gus, nachdem wir den letzten Rest unserer Sachen rangeschleppt hatten. »Zieht los! Geht surfen!«

»Killers!«, brüllte Duane.

»Killers braucht 'ne stärkere Dünung«, dämpfte uns Gus. »Aber Urchins hat sicher 'ne Brandung. Das liegt gleich neben Killers. Zieht euch eure Wetsuits und Turnschuhe an, das Riff ist voll mit Seeigeln. Wenn man auf die drauftritt, brechen die Stacheln unter der Haut ab, und wir müssen sie mit 'nem Messer rausholen.«

Wir zogen hastig unsere Wetsuits an, schlüpften in unsere Turnschuhe und machten uns dann auf zur anderen Seite der Insel. Wir folgten einem schmalen Trampelpfad in Richtung Leuchtturm und erreichten Killers eine Viertelstunde später. Gus hatte recht gehabt. Es gab bei Killers überhaupt keine Brandung, die Wogen hoben und senkten sich nur wie der Brustkorb eines schlafenden Riesen. Aber gleich um die Ecke lag Urchins, der Riffbreak mit Linksbrechern, und hier hatten die Wellen solide fünf Fuß. Wir preschten die Klippe runter, immer noch auf dem Trampelpfad, und kletterten, sicher in unseren Turnschuhen, über die Felsen zum Lineup. Die Wellen waren hohl und das Wasser so klar, dass man die Boards durch die Rückseite der Wellenwand sehen konnte; auch die fiesen Seeigel sah man unter der Wasseroberfläche lauern und die Schwärme kleiner, leuchtender Fische, die zwischen ihnen umherflitzten. Am Anfang war es wegen des klaren Wassers schwer zu erkennen, bis wohin das Wellental reichte, außerdem war ich eingerostet, und so flog ich ein paar Male vom Brett, aber jede fünfte Welle war meine, und bald hatte ich den Dreh wieder raus. Ich surfte zwar nicht herausragend, blieb aber doch immerhin auf meinem Board und wurde nicht zu einem menschlichen Nadelkissen.

Wir surften bis zur Dämmerung. Dann kamen wir, einer nach dem anderen, aus dem Wasser und trotteten wieder hoch auf die Klippe, wo wir uns hinsetzten und der Sonne dabei zusahen, wie sie sich weit draußen hinter den Dünungslinien ins Meer sinken ließ und dabei einen sensationell knalligen, rosa-orangen Sonnenuntergang hinlegte, von der Sorte, die ich nur durch die romantischen Airbrush-Versionen auf polierten Surferbussen kannte.

»Und, habt ihr euch Killers mal angesehen?«, fragte Gus, als wir abends ums Lagerfeuer saßen und unsere Biervorräte weiter dezimierten.

»Ja«, sagte Billy, »sah ziemlich spooky aus.«

»Der Scheißer hat meine Kameraausrüstung gefressen«, verkündete Gus. »Als es das letzte Mal Brecher gab, war ich draußen und hab ’n paar von den Typen fotografiert, und dann hat so ein Überraschungsset mein Schlauchboot samt meinem ganzen Equipment versenkt. Kam einfach so aus dem Nichts. Killers ist da echt supergefährlich. Kannste überhaupt nicht einschätzen.«

»Und was ist deine Vorhersage für jetzt?«, fragte ich ihn. »Wird es Brecher geben, solange wir hier sind?«

»Wenn die Dünung zunimmt«, antwortete Gus.

»Aaahuuuu!«, heulte Duane. »Ich mach sie fertig!«

»Jaawolll!«, stimmte Matt ein.

»Regt euch ab«, sagte Jack. »Fünfzehn-Füßer macht ihr nicht fertig, die überlebt ihr höchstens.« Und dann, zu unserem Anführer gewandt: »Hast du jemals die Riesenbiester gesurft, Gus?«

»In Makaha«, sagte Gus.

»Wie groß?«

»Furchterregend groß.«

»Wie ist das?«

Gus nahm ein knorriges Stück Treibholz und warf es ins Feuer. »Berge aus Wasser donnern rein, und der ganze Ozean hebt sich vor dir in die Höhe«, sagte er, als ein kleiner Funkenregen hochstob und dann in der Dunkelheit verschwand. »Es ist apokalyptisch. Einmal hätt’s mich fast erwischt. Ich weiß nicht, wie viel Fuß die Wellen an dem Tag hatten, aber locker vierfache Mannshöhe, und die Typen schlugen ein Rad nach dem anderen von den Enden ihrer Boards. Mein Fehler war, dass ich gezögert hab. Das ist das Schlimmste, was man machen kann. Ich bin auf diese eine Welle zugepaddelt, und sie wurde immer höher, und im letzten Moment hab ich einen Rückzieher gemacht. Bin an der Lippe hängen geblieben und runter ins Weißwasser mitgerissen worden. Wumm! Totaler Salzwassereinlauf. Dann wurde ich wieder hochgesogen und rumgewirbelt, und das Ding ist runtergeknallt wie 'n Sargdeckel. Ich wär fast ohnmächtig geworden. Ich dachte echt, das war's. Als ich endlich wieder an die Oberfläche kam, war der Schaum so dick, dass ich mir 'n Luftloch schaufeln musste. Und damit nicht genug. Genau in dem Moment kam die nächste Welle direkt über mir runter. Dann die nächste und die nächste und die nächste, eine größer als die andere. Ich musste jedes Mal wieder runtertauchen und meine Ohren ploppen, als die Wellen über mich rüberrollten, damit's mir nicht mein Trommelfell wegfetzt. Außerdem musste ich mit dem Felsenkliff aufpassen und mich die ganze Zeit mit der Strömung abquälen – wenn du auf die Felsen prallst, ist alles aus. Nachdem ich mich eine Weile durchgekämpft hatte, hab ich's dann schließlich doch irgendwie zum Strand geschafft, aber nur ganz knapp. Ich dachte echt, das war's. Hab Glück, dass ich heute hier bin.«

Wir saßen einen Augenblick schweigend da und hörten der Brandung zu, während der Schein des Leuchtturms über unser Lagerfeuer schweifte. Donnerwetter. Ein erprobter Krieger in unserer Mitte, gezeichnet mit den Narben des echten Kampfes. Duane brach mit einem nebelhornartig dröhnenden Rülpser das Schweigen.

»Sorry, Gus«, erklärte er. »Ich musste das machen, sonst wär mir mein Trommelfell weggefetzt.«

Unterdrücktes Lachen.

»Was willste damit sagen, Blödarsch?«, knurrte Gus.

»Nichts.«

»Glaubst du mir nicht?«

»Doch, klar, ich glaub dir.«

»Du wirst dich noch umgucken, Kleiner, wenn du das erste Mal mit solchen Riesendingern zu tun hast. Und wenn ich's mir recht überlege, solltest du vielleicht 'ne Adresse hierlassen, an die wir deine Leiche schicken können.«

»Die braucht ihr nirgends hinzuschicken«, gab Duane zurück. »Ich wollte schon immer 'ne Seebestattung.«

»Und genau die wirst du auch kriegen«, sagte Gus.

Schließlich legten wir uns schlafen. Jack und Duane teilten sich ein Zelt und Billy und Matt ebenso, sodass ich mit meinen Gedanken allein war. Die heftigsten Wellen, die ich je gesurft hatte, waren die bei Cotton's in San Clemente gewesen, eine Serie von linksbrechenden Bowls, die überhaupt erst ab sechs Fuß zustande kamen, weil das Riff fast eine halbe Meile vor der Küste lag. Und an jenem Tag waren sie weitaus höher gewesen als sechs Fuß. Riesige, schwere, saugende Felsvorsprünge von Wellen mit schlieriger Wand, die Schlieren vom Rücksog zu Wellenlinien gezogen und mit fetten Gischtklumpen zugeklatscht, und das ganze Ungetüm stürzte in einer Lawine aus Schaum in sich zusammen. Ich paddelte über endlose Sets, meine Arme steif von der Milchsäure in meinen Muskeln und gleichzeitig wabbelig wie Gummi vor Überanstrengung. Ich zählte im Kopf die Armstöße, um meinen Geist bei der Stange zu halten und mich auf irgendetwas zu konzentrieren, und hoffte nur, nicht sterben zu müssen. Die Wellen wurden immer größer und größer, näherten sich langsam dem Closeout und brachen sich in immer kürzeren Abständen, und ich paddelte weiter und weiter raus, bis der Strand von einer dünnen Linie salzigen Nebels verhüllt war, der aus der Brandung aufstieg und über der Küste hing, als würde das Festland selbst zu Staub zerschmettert und dann ins Nichts geschleudert von der unerbittlichen Kraft der Wellen, von denen ich schließlich eine erwischte, woraufhin ich mich platt auf mein Board legte und mich so an den Strand treiben ließ, was ich sonst nie tat, weil der Surferstolz vorschrieb, dass man eine Welle aufrecht bis zum Strand ritt, aber in diesem Moment wollte mein Stolz nur an *Land*.

Als ich am nächsten Morgen aufwachte, brauchte ich ein paar Augenblicke, um mich zu erinnern, wo ich war … In einem Zelt. Auf einer Insel. Vor der Küste von Baja. Dann lag ich ganz still und lauschte, wie sich die Wellen mit einem tiefen Grollen brachen. Einundzwanzig, zweiundzwanzig, dreiundzwanzig … Sie kamen in Abständen von vierzehn Sekunden. Alles über zwölf Sekunden verhieß eine ernst zu nehmende Dünung und nicht nur irgendeinen schnell vorübergehenden Küstensturm. Diese Schätzchen würden so bald nicht abflauen. Jedenfalls nicht heute, wahrscheinlich nicht morgen und vielleicht auch nicht am Tag danach.

Ich öffnete mein Zelt und guckte raus. Die Sonne stand rot am östlichen Himmel. Außer mir war noch keiner wach. Ich schälte mich aus meinem Schlafsack, zog ein Paar Shorts über und machte mich zur anderen Seite der Insel auf.

Der schmale Pfad wand sich zwischen autoreifengroßen Vogelnestern hindurch, die aus Seetang, Dornengestrüpp und Fischskeletten aufgehäuft waren. Ich zog ein Stück Wachs aus meiner Hosentasche und hielt es mir unter die Nase, um mit dem heftigen süß-säuerlichen Aroma den Guanogestank zu überdecken. Vom Ozean hallten kleine Donnerschläge herüber, und in der Luft hing ein feiner Seenebel. Ich tröstete mich mit dem Gedanken, dass es vielleicht auch Vorteile haben konnte, nicht in bester Kondition zu sein. Wenn man sich nicht annähernd in Surfverfassung befand, war es unwahrscheinlich, dass man überhaupt rauskam. Gus hatte die Wellen als Berge bezeichnet, aber Surfen war nicht wie Skifahren, wo man im Lift zum Gipfel fuhr und dann die Schwerkraft das Ihrige tun ließ. Schon eher war es mit dem Skifahren vergangener Tage zu vergleichen, als es noch keine Sessel- oder Schlepplifte gab, als man den Berg hochwandern musste und dabei seine Beine im direkten Verhältnis zur Herausforderung der Abfahrt stärkte. Schaffte man es nicht auf den Berg, hatte man da oben auch nichts zu suchen. Aber natürlich gab es beim Surfen immer diese nervigen Zwischenflauten …

Als die Klippe näher rückte, wurden meine Hände klamm und schwitzig, und als ich endlich die Landspitze erreicht hatte, spürte ich den Schlag meines Herzens unter meiner Zunge. Ich blickte raus aufs Wasser: Rechts wartete Urchins mit einer Brandung auf, die vielleicht noch einen oder zwei Fuß höher ausfiel als am Tag zuvor, während Killers auf der linken Seite immer noch im Tiefschlaf lag.

Wir surften wieder den ganzen Tag lang Urchins. Ich blieb länger draußen als die anderen und setzte alles daran, wieder seefest zu werden. Erst am frühen Nachmittag gönnte ich mir eine Pause und ging zurück zu unserem Lagerplatz, wo ich eine Portion Dosenravioli verspeiste und ein verschwitztes Nickerchen im heißen Inneren des Nylonzelts abhielt. Dann kehrte ich ins Wasser zurück und machte weiter, den ganzen restlichen Nachmittag bis hinein in die Abendstunden. Immer noch surfte ich etwas verhalten, war nicht richtig im Tritt. Ich konnte es nicht mit der spontanen, unbeschwerten Begeisterung der anderen genießen, sondern versuchte mit zusammengebissenen Zähnen und stahlharter Entschlossenheit, meinen Körper wieder in Form zu zwingen, um die neun Monate wettzumachen, in denen ich nur sporadisch gesurft war.

Als wir am Abend ums Lagerfeuer saßen, kamen wir wieder auf die todbringenden Monsterwellen zu sprechen. Jack bombardierte Gus mit einer Reihe von Fragen und lenkte das Gespräch schnell auf die großen Riesenwellen-Surfer. Der Typ legte ein übertriebenes Interesse an den Tag, und ich wünschte mir, er würde sich das ganze Scheißthema endlich sonst wohin stecken.

»Hast du jemals Greg Noll surfen sehen?«, fragte Jack. »Es heißt, er wäre der absolut Beste aller Zeiten.«

»Ja, ich hab Noll gesehen«, sagte Gus. »Und er war richtig gut, das stimmt schon, aber es gibt keinen *Besten aller Zeiten*. Euch Jungs haben sie mit diesem ganzen Wettkampf-Quatsch die Gehirne gewaschen. Beim Surfen trittst du nicht gegen jemand anderen an, sondern gegen die Natur. Du gegen den Ozean. Das ist so, als würde man fragen, wer der beste Maler ist. Wie willst du denn Picasso und Rembrandt vergleichen? Surfen ist 'ne gottverdammte Kunst.«

Gus hatte etliche Biere getankt.

»Aber Surfen ist 'ne Sportart«, widersprach Billy, unser

Mannschaftssurfer. »Und beim Sport geht's nun mal um Wettbewerb.«

»Beim Sport geht's ums *Spiel*«, sagte Gus. »Im Ozean spielt man nicht, man misst sich an ihm. Keiner von den derzeitigen Profisurfern ist ein Fachmann für richtig schwere Brandung. Solange die Wellen höchstens sechs Fuß hoch sind, spielen sie die Superhelden, aber sie sind keine echten Alleskönner, keine Wassermenschen. Was macht ihr denn, wenn die Wellen zu flach sind? Seid ihr jemals von Catalina rübergepaddelt? In rauer See geschwommen? Habt 'nen Ertrinkenden gerettet?«

»Das hat ja auch nichts mit Surfen zu tun«, sagte Matt.

»Das hat was damit zu tun, ein echter *Wassermensch* zu sein«, erwiderte Gus. »Ich rede hier von Ozeanexperten und Wasserweisen. Die gibt's nicht mehr, seit alle an diesen Plastiknabelschnüren hängen, die ihr Jungs Leashes nennt. Wer niemals seinem Board hinterherschwimmen muss, wird nicht für seine Fehler bestraft und lernt auch nichts. Diese blöden Dinger schützen euch vor der harten Wirklichkeit! Die machen den ganzen Sport kaputt!«

»Es ist kein Sport, Gus«, sagte Duane. »Es ist Kunst.«

Wenig später traten wir das Feuer aus und gingen schlafen. Ich lag in meinem Zelt und lauschte dem Ozean, der noch mächtiger klang als am Morgen. Da hatte man einzelne Wellen hören können, aber jetzt nicht mehr, jetzt war es ein durchgehendes Dröhnen, was bedeutete, dass die Dünung immer größer und dichter wurde. Außerdem wehte in dieser Nacht ein ablandiger Wind, sodass Geräusche vom Meer weniger gut herüberdrangen – und dennoch klang es mächtiger als am Morgen. Das gefiel mir gar nicht. Mist, ich war kein echter Wassermensch, ich war nicht einmal ein echter

Surfer, was definitionsgemäß jemand war, der sich mit Leib und Seele nach irgendwelchen scheißfetten Wellen sehnte. Mir genügte eine nette, angemessene Herausforderung vollkommen. Ich konnte für den Rest meines Lebens Vier- bis Sechsfüßer surfen und wäre glücklich und zufrieden. Zur Übung hielt ich die Luft an. Irgendwie gelangte man schließlich immer wieder an die Oberfläche, also konnte man genauso gut versuchen, dabei am Leben zu bleiben. Ruhe bewahren und Atemluft sparen. Ich hielt noch mal die Luft an und zählte. Das machte ich so oft, bis ich leicht benommen war und langsam in den Schlaf sank.

Am nächsten Morgen steckte ich den Kopf aus dem Schlafsack und sah, dass der Reißverschluss von Gus' Zelt immer noch komplett zugezogen war, während die Zeltöffnungen der anderen träge im Morgenwind schlackerten. Alle vier waren schon auf, aßen Cornflakes und Smacks aus kleinen Portionspackungen und diskutierten angeregt, ob Stallone im direkten Faustkampf eine Chance gegen Eastwood hätte. Ich gesellte mich zu ihnen, und nachdem ich mein Surfzeug eingesammelt hatte, zogen wir zusammen los. Im Gänsemarsch folgten wir dem Trampelpfad, die Wetsuits um die Hüften geknotet, jeder bewaffnet mit einem mittellangen Board für Urchins und einem Nashornjäger für Killers. Niemand sagte mehr etwas. Vielleicht war dies unsere Stunde. Unsere Feuerprobe. Duane, der die Stimmung offensichtlich zu gedrückt fand, versuchte, die Seevögel mit heiseren Krächzlauten von ihren Nistplätzen aufzuschrecken. Aber die saßen nur da, ihre Schnäbel in den Wind gereckt wie übergroße Kühlerfiguren. Dann ging Duane auf einen von ihnen los. Als der Vogel mit den Schwingen schlug und sich in die Luft erhob, packte Duane die gefleckten Eier und warf sie über die Klippen. Der Vogel flog ihnen hinterher im Sturzflug den Felsen hinab und drehte dann kurz über dem Boden ab, als er die breiigen Überreste sah. Der Anblick war herzzerreißend.

»Schätze, die mögen kein Rührei«, witzelte Duane.

Endlich erreichten wir den Steilhang.

»Oh nein!«, rief Jack. »Das Tote Meer!«

Killers war ruhig, ganz im Gegensatz zu den Jungs. Ich hielt mich zurück, denn es gab erstklassige Wellen, und das war alles, woran ich im Moment denken wollte. Urchins hatte inzwischen stabile acht Fuß, Tendenz steigend, und die rasch aufgehende Sonne zauberte schillernde Epauletten auf die übermannshohen Schultern der Wellen. Als die Sonne am Nachmittag hoch am Himmel stand, war es so heiß, dass ich beim Paddeln in meinem Wetsuit schwitzte und mich zur Abkühlung ab und an vom Board rollen ließ. Während wir hin und her flitzten, um die Sets abzuernten, verbrachte Gus den Tag damit, bei Killers nach seiner versunkenen Kameraausrüstung zu schnorcheln. Immer wieder sahen wir ihn wie eine Ente abtauchen – Köpfchen unter Wasser, Hintern in die Höh' – und dann seine Schwimmflossen unter der Oberfläche verschwinden. Wahrlich ein echter Wassermensch. Als wir am Abend wieder ums Lagerfeuer saßen, fragte Matt ihn, ob er seine Kamera gefunden habe.

»Nein, hab ich nicht«, muffelte er.

»Na ja, wenn's bei Killers Brecher gibt, werden deine Sachen vielleicht an Land gespült.«

»Wenn's bei Killers Brecher gibt, Kumpel, dann wirst *du* an Land gespült.«

Gus zischte wieder kräftig Biere, und wir zogen mit. Es

war unser letzter Abend auf der Insel, und wir wollten unsere Reserven plattmachen. Dazu kreiste noch eine Flasche Tequila, und bei Gus hing eine zweite fest, deren Wurm am Flaschenboden einem baldigen Ende zwischen Gus' männlichen Kiefern entgegensah.

»Hoffentlich gibt's noch richtig Brandung bei Killers«, sagte Duane. »Ich will unbedingt Steve auf seinem coolen, topmodernen Baumstamm sehen.«

»Ja klar, zieh dir meinen Drop-Knee Bottom Turn rein«, konterte ich.

Gus blickte von seiner Tequilaflasche auf, sein Gesicht von Hohn verzerrt.

»Topmodern? Was zum Teufel soll das heißen, topmodern? Ihr Kids quatscht ständig von irgendwelchem topmodernen Scheiß.«

»Das heißt auf dem neuesten Stand«, beantwortete Jack die Frage ernsthaft.

»Genau«, sagte Duane. »Thruster zum Beispiel sind topmodern, weil man damit geile Extremmanöver hinlegen kann, und Longboards sind kacke, weil das mit denen einfach nicht geht.«

»Longboards sind *kacke*?«, wiederholte Gus.

»Heutzutage schon«, meinte Duane und stürzte sich damit direkt seinen Seevogeleiern hinterher die Klippe runter. »Die sind was für alte Knacker und Ewiggestrige, Typen, die auf Spinners und Coffins und den ganzen Trickmist stehen.«

»Du kleiner Pisser hast echt überhaupt keine Ahnung«, sagte Gus und durchbohrte Duane mit einem vernichtenden Blick. »Longboards sind genau das Richtige für Kalifornien. Damit kannst du Dreckwasser surfen und schwebst nur so über tote Stellen weg. Und wenn du 'n Longboard surfst, gehen dir die Leute aus der Schusslinie.«

Ich interpretierte das als indirekte Warnung.

»Gus hat recht«, brachte Billy sein Fachwissen ein. »Longboards sind vorne nicht spitz, deshalb sehen sie oben auf dem Auto nicht so rasant und cool aus. Tatsache ist aber, dass sie viel schneller sind als Shorties.«

»Amen«, knurrte Gus.

Der Leuchtturm ließ Streifen von Licht über unser Lager wandern, die die Dunkelheit in regelmäßigen Abständen unterbrachen. Wir rückten alle näher an das langsam zusammenschrumpfende Feuer heran und kamen schon bald auf das Thema Mädchen zu sprechen. Meine Mitsurfer tauschten neue, alte und zum Teil ganz sicher frei erfundene Berichte über ihre amourösen Abenteuer aus. Mit einem leicht angeberischen und aufgesetzt lässigen Tonfall versuchten sie jegliche Gefühlsregung zu überspielen, um nicht als Waschlappen dazustehen.

»Da muss man nach der Wahrscheinlichkeitsrechnung rangehen, das ist wie beim Wetten«, erklärte Duane. »Von acht Schnitten, die ich anmache, lassen mich sieben abblitzen, aber die achte, die reißt es voll raus.«

Ich wäre gern wie die Jungs gewesen. Sie erinnerten mich an junge Labradore – übermütige, unverwüstliche Labradore, die allem hinterherjagen, was sich bewegt, zu Lande, zu Wasser und in der Luft, die auf die Straße stürzen und fast angefahren werden und dann, nach einer kurzen Schrecksekunde, weiter dem Ball nachrennen, unberührt von irgendwelchen traurigen Einsichten und mit derselben, durch stupide animalische Energie gespeisten Lebenskraft wie zuvor. Ich sagte nichts, Gus auch nicht. Der stierte die ganze

Zeit in die tanzenden Flammen. Nach einer Weile setzte er dem Geprahle ein jähes Ende:

»Ich bin seit zwanzig Jahren mit derselben Frau verheiratet.«

»Mannomann, Gus«, entfuhr es Matt.

»Und du warst immer treu?«, fragte Billy.

»Ja«, sagte Gus. »Immer.«

»Und das gibst du zu?«, platzte Duane heraus. »Mensch, Gus, ich dachte, du bist ein echter Großwellen-Hengst.«

Gus' Augen blitzten im Licht der Flammen gefährlich.

»Ich schmeiß dich ins Feuer«, erklärte er ruhig.

»Gus«, sagte Radical Jack.

»Ich schwöre beim Grab meiner Mutter, noch ein Wort von diesem Hirnwichser, und ich setz seinen jämmerlichen kleinen Arsch in Brand.«

»Er meinte es nicht so«, versuchte Matt zu beschwichtigen.

»Noch ein Wort«, drohte Gus.

»Gus, Mann«, sagte Duane, »weißt du, es wäre echt viel cooler, wenn du einfach ...«

Gus erhob sich langsam aus seinem Stuhl. Er stand da und starrte Duane an, der jetzt den Mund hielt. Mal was Neues. Gus starrte ihn an, nicht mehr nur warnend – von ihm ging ein fast greifbares Gefühl der Bedrohung aus. Ein Mucks, und Duane wäre Fischfutter. Kein Zweifel.

Dann ließ Gus von ihm ab und stapfte mitsamt seiner Tequilaflasche in die Dunkelheit.

»Wo geht er hin?«, fragte Billy.

»Pinkeln«, sagte Jack. »Der hat ein Bier nach dem anderen gezischt.«

»Nein, Leute, hört zu«, flüsterte Matt eindringlich. »Gus hat 'ne Knarre.«

Alle Augen richteten sich auf unseren Kräuterzigaretten-Freund.

»Woher weißt du das?«, wollte Billy wissen.

»Hat er mir erzählt«, sagte Matt. »Er ist bewaffnet.«

»Gus hat doch keine Knarre«, widersprach Duane.

»Wär auf jeden Fall besser für dich«, entgegnete Matt.

»Warum, meinst du, der knallt mich sonst ab?«, fragte Duane.

»Ich mein ja nur«, sagte Matt.

Es verging etwa eine halbe Stunde, in der die Brandung weiter an die Küste donnerte. Wie Kanonensalven. Vielleicht war morgen *der* Tag. Wir waren gerade so weit, schlafen zu gehen, als wir Schritte hörten, die leise schleichend im Unterholz raschelten und dann dicht außerhalb des Feuerscheins stehen blieben. Alle hielten angespannt inne.

»Hey Gus«, sagte Billy, »wir wissen, dass du das bist, also hör auf mit dem Scheiß.«

Keine Reaktion. Nur das gedämpfte Dröhnen der Brandung vom Fuß der Klippe. Ich sah Gus vor mir, wie er mit seiner Pistole und diesem hasserfüllten Blick in den Augen genau auf Duanes Hinterkopf zielte. Zu Hause würden sie es alle aus der *L. A. Times* erfahren: »Blutbad auf mexikanischer Insel: fünf Jugendliche erschossen«.

Denn die Zeugen müsste er natürlich auch beseitigen.

»Okay, Gus, du hast deinen Spaß gehabt«, rief Jack. »Mach dich locker. Alles ist gut.«

Ich lauschte nach dem leisen Klicken, das für gewöhnlich das Entsichern einer Pistole begleitet. Es kam nicht. Okay, dann hatte er sie also schon entsichert.

»Genau, Gus«, stimmte Matt ein. »Du weißt doch, was dich im mexikanischen Knast erwartet.«

Plötzlich durchschnitt der Lichtkegel vom Leuchtturm die Dunkelheit und mähte einen breiten, hellen Streifen quer durch unser Lager. Vom blendenden Licht in den Bann geschlagen, stand in etwa zwanzig Metern Entfernung Pepe der Esel, ein heruntergekommener Klepper, dessen Strickhalfter auf dem Boden schleifte.

Gus hatte sich längst schlafen gelegt.

In meinen Adern taute das Blut langsam wieder auf, und schon bald trollten sich Billy, Matt und Duane in ihre Schlafsäcke. Jack und ich saßen schweigend da, und ich schloss für einen Moment die Augen, hörte den Wellen zu und malte mir aus, was uns am kommenden Tag bei Killers erwarten würde – gigantische Wassergebirge, die sich aus der Mitte langer, bis zum Horizont gestaffelter Schlangenlinien erhoben. Zwischen dem Zeitpunkt, da kleine fedrige Gischtfetzen aus den Gipfeln dieser Wellenberge aufstoben, und dem explosionsartigen Aufprall, mit dem ihre Lippen schließlich senkrecht ins Tal schossen, schienen Ewigkeiten zu liegen – und dann sah ich, wie eins dieser satten, saftigen Biester eine kleine gelbe Sardine von Surfboard hochhob und wie der Surfer wild mit den Armen ruderte, um das Board in Fahrt zu bringen und sich den Tonnen von Wasser zu widersetzen, die die Wellenwand hochgesogen wurden, und dann plötzlich warf sich die Lippe herum, und der Boden tat sich auf, und Board und Surfer fielen ins Nichts. Direkt hinein ins nasse Grab. Mein gammeliger Yater Spoon und ich. Aber ich hätte auch ein Dick Brewer Sunset Gun haben können, und es hätte mir ungefähr so viel mehr geholfen wie ein Sicherheitsgurt bei einem Flugzeugabsturz …

»Hey Steve.«

»Was?«

»Ich mach's jetzt endlich. Hawaii. Ich zieh da hin.«

Ein Jahr zuvor, als Jim Kalahani mir mitteilte, dass er den Sommer in Hawaii verbringen würde, hatte mich vor Neid ein Adrenalinstoß durchzuckt, das Gefühl, etwas Wichtiges zu verpassen und den Anschluss zu verlieren. Alles, was ich jetzt empfand, war die vage Verwunderung darüber, dass ich nichts fühlte. Überhaupt keinen Neid – sozusagen.

»Wann hast du das denn beschlossen?«

»Ich hab schon 'ne Weile drüber nachgedacht. 'n Bekannter von mir hat einen Rikscha-Taxidienst in Honolulu, und der hat mir angeboten, für ihn zu arbeiten.«

»Klingt anstrengend – lauter fette Touristen durch die Gegend kutschieren.«

»Bringt mich in Form für den Winter an der North Shore.«

»Du willst das echt machen, was?«

»Ich muss. Zeit für den nächsten Schritt. Ich will endlich die dicken Dinger surfen.«

»Das kannst du vielleicht morgen schon.«

»Trotzdem. Kalifornien ist bloß Kreisklasse. Du weißt schon: Pipeline, Sunset – 'ne ganz andere Liga.«

»Na, dann sieh mal zu, dass der Spaß nicht kürzer wird, als dir lieb ist.«

»Kohle ist kein Problem«, sagte er. »Matt kommt auch mit, und wir können an der North Shore in 'nem besetzten Haus wohnen. Er kennt die Typen. Wenn du 'n bisschen sparsam bist, kannste da richtig billig leben. Die Wellen kosten nichts, und mit Lebensmittelkarten kannst du 'n Haufen Dosenfutter kaufen.«

Er hatte mich nicht verstanden.

»Nein«, sagte ich. »Ich meinte, du sollst aufpassen, dass du nicht vorzeitig in den Big Closeout in the Sky kommst.«

»Ich komm schon klar.«

»Und übertreib's nicht mit dem Big Island Bud.«

»Aber mit dem Maui Wowie.«

»Mit keinem von beiden.«

»Okay, Mom.«

»Aber Jack, Mann, das ist doch toll«, versuchte ich, etwas mehr Begeisterung zu zeigen. »Keine Wetsuits mehr, ablandige Winde mit Ananas-Aroma … ich werd nach deinem Foto im *Surfer* Ausschau halten. Wie du den Drop bei Backdoor Pipe nimmst.«

»Oder wie ich bei Off the Wall in der Röhre bin.«

»Aber woran erkenne ich dich?«

»Ich zeig dir 'n Shaka-Zeichen.«

»Genau wie alle anderen.«

»Dann ein Doppel-Shaka.«

»Abgemacht.«

Wir stießen die Hälse unserer Pacificos aneinander.

»Und was ist mit dir?«, fragte er. »Immer noch entschlossen, aufs College zu gehen?«

»Klar.«

»Dago, stimmt's?«

»Ja. Oder vielleicht Chicago.«

»Chicago?«

»Hab ich das nicht erzählt? Muss ich vergessen haben. Loyola in Chicago ist auch noch im Rennen. Ich bin an beiden Unis angenommen, aber ich weiß noch nicht, wo ich hingeh.«

»Chi*ca*go?«, wiederholte er ungläubig, als hätte ich ihm gerade eröffnet, dass ich mich dem Friedenskorps angeschlossen hatte und in den Tschad geschickt werden sollte.

»Ja«, bestätigte ich. »Chi*ca*go. Du weißt doch, Al Capone? Mrs. O'Learys Kuh?«

»Moment«, sagte Jack. »Hab ich was verpasst? Warum zum Geier willst du nach Chicago? Wo liegt das überhaupt? In Illinois oder so?«

Ich sah ihn prüfend an. Es war nicht ganz klar, ob er nur witzig sein wollte oder die genaue geografische Lage von Chicago tatsächlich nicht kannte.

»Ja«, sagte ich. »Da so in der Nähe.«

»Und du würdest nach Chicago statt nach San Diego gehen?«

»Hey, das ist 'ne gute Uni. Und ich hab Verwandte da. Außerdem gibt es noch was anderes als Kalifornien. Man muss auch mal seinen Horizont erweitern.«

»In Chi*ca*go? Ich mein, klar, Mann, erweiter deinen Horizont und alles, aber dafür musst du ja nicht gleich in die Pampa gehen. Was ist los, stehst du nicht mehr aufs Surfen?«

»Ich liebe das Surfen. Aber vielleicht hängt mir diese ganze Szene hier in Kalifornien langsam zum Hals raus. Es kann auf Dauer nerven.«

»Aber doch nicht Chicago«, erklärte Jack entschieden. »Mach keinen Scheiß.«

Ich lehnte mich zurück und ließ meinen Blick in den Himmel schweifen. Die Sterne boten einen spektakulären Anblick. Ich versuchte, den Großen und den Kleinen Wagen zu finden, aber das Firmament war so überladen mit Tausenden einzelner Sterne, dass ich überall Große und Kleine Wagen sah. Vielleicht guckte ich auch nur in die falsche Richtung. Jack setzte sich plötzlich auf.

»Also, warum kommst du nicht mit?«, brüllte er fast. »Wir sind da! Hawaii! Die Inseln gehören uns!«

»Hey, hey, ganz ruhig, Kumpel. Was sagst du da? Ich soll nach Haw*a*ii gehen?«

»Ja, Haw*ai*i. Du weißt schon: Hula-Mädchen, Kokospalmen – *Surfen.*«

»Tja, Jack, das ist 'ne prima Idee, bis auf dieses eine kleine Detail, über das wir gerade geredet haben: Ich geh aufs College.«

»Und was ist mit den Colleges auf Hawaii, Alter? Du kannst die besten Wellen der Welt reiten und gleichzeitig studieren. Und ich kann dir 'nen Job als Rikschafahrer besorgen. Kein Problem. Mein Freund hat erzählt, dass sie 'ne ziemliche Fluktuation haben.«

Das wunderte mich keineswegs. Ich sagte:

»Ich hab gehört, die Hawaiianer mögen keine Blondinen.«

»Keine Sorge, das sind meine Leute, da gibt's keine Probleme.«

»Woher willst du das wissen? Die Hawaiianer können ganz schön hart drauf sein.«

»Weil ich *ausseh* wie 'n Hawaiianer.«

Das tat er.

»Na ja, ich überleg's mir.«

»Was gibt's da zu überlegen?«, sagte er. »Du hast genug von Kalifornien, richtig? Du sagst, du liebst das Surfen, *richtig*? Also: Hawaii! Die perfekte Lösung! Sei doch vernünftig, Qualle!«

Surfen war drei Jahre lang der Katalysator und das Bindemittel unserer Freundschaft gewesen, und jetzt kehrte ich der Surfwelt den Rücken, und Jack konnte es einfach nicht verstehen. Aber wie sollte ich auch sagen, dass es zum großen Teil an *ihm* lag, dass ich genug hatte von Kalifornien und der ganzen Surfszene, dass ich nicht wie er werden wollte, nicht mit anderen bettelarmen Surfern in einer verdreckten Hütte wohnen, mich mit Lebensmittelmarken ernähren und wie ein moderner Kuli Rikscha fahren wollte, um meinen Drogenkonsum und mein Surfwachs zu finanzieren. Dass ich nicht wie sein Junkiefreund Matt enden oder einen »Job« wie Duane haben wollte, der in irgendeinem Lagerhaus Radiowecker in Kisten verpackte, dass ich nicht irgendwann nur noch jeden Tag die Bierwelle surfen und in meiner glorreichen Vergangenheit schwelgen wollte wie Gus. Wie sollte ich Jack sagen, dass die Welt des Surfens für mich langsam, aber stetig ihren Zauber verloren hatte? Nicht die Wellen selbst – die waren unantastbar –, aber der ganze Rest. Die Kommerzialisierung, das Bohei um die Surfstars, die Abzocke, die blindwütigen Menschenmassen, die Locals gegen die Vals, die Hawaiianer gegen die Haoles, die Surf Punks und NFC und die Verödung unseres Vokabulars durch den jahrelangen Gebrauch einsilbiger Surfersprache. Wie sollte ich ihm erklären, wie beschränkt und eindimensional mir das alles inzwischen vorkam? Dass es das Leben ärmer machte und das persönliche Wachstum behinderte und dass ich endlich meinen eigenen tieferen Sinn in Coach Moores Spruch erkannt hatte, dass die Griechen nie gesurft waren.

Tja, selbst wenn ich ihm das alles hätte sagen wollen, ich hätte es nicht gekonnt, denn ich war ziemlich angezählt, und diese Gedanken waren mir damals noch lange nicht so klar. Aber ich *fühlte* sie sehr deutlich. Und noch etwas fühlte ich: Angst. Angst, mir einzugestehen, dass ich nicht das Zeug dazu hatte, die richtig großen Wellen zu reiten, und Angst, zu erkennen, dass diese Beschränkung einzig und allein meine eigene war.

Als wir am nächsten Morgen aufwachten, war aus der Brandung die Luft raus. Urchins, tags zuvor noch mit anschwellenden acht Fuß, war jetzt auf schlappe ein bis drei Fuß abgeflacht. Die kleinen Windbeutelwellen plätscherten in so flachem Wasser dahin, dass wir die erste Welle eines Sets immer unberührt passieren ließen, damit sie ein bisschen mehr Wasser aufs Riff spülen konnte, und selbst dann musste man Bottom Turns vermeiden und vorsichtig wenden, um seinen Tail nicht an den Felsen oder Seeigelstacheln aufzuschrappen. Die perfekten Wellenbedingungen für meinen schrottigen Yater.

Kickout

Im August waren alle Vorbereitungen für meinen Umzug nach Chicago getroffen, und es gab für mich nur noch eins zu tun: Ich wollte mein Board verkaufen. Nicht den Yater, sondern die »Maßanfertigung« von Lloyd Everett. Ich hatte dreihundert Dollar dafür bezahlt und dachte, dass ich die Hälfte davon verlangen könnte. Meine Neoprenanzüge zu verkaufen, kam mir gar nicht in den Sinn, denn ich hatte mittlerweile so oft reingepinkelt, dass sie übel rochen.

Der erste mögliche Käufer, der mir für das Board einfiel, war Randy – der Junge aus der Nachbarschaft, der mich zwei Jahre zuvor gefilmt hatte. Er war gerade sechzehn geworden und surfte jetzt selbst. Er fuhr mit einem giftgrünen Pinto herum – ein klares Zeichen von Wagemut, da die Dinger den gefährlichen Hang hatten, beim kleinsten Auffahrunfall zu explodieren –, auf dem Dach klemmte sein altersschwaches Doppelfinnen-Board, und die Stoßstange schmückte ein Aufkleber mit der Aufforderung *Spendet Blut – Surft The Wedge.* Als er an einem dieser Tage an mir vorbeifuhr, winkte ich ihn heran und fragte ihn, ob er Interesse an meinem Brett hätte.

»Ist es gut in Schuss?«

»Eins-a-Zustand.«

Er wollte in ein paar Stunden vorbeikommen. Ich nahm das Board, schabte das Wachs mit einem Spachtel ab und wienerte das gute Stück mit Fensterputzmittel, um es einigermaßen neu aussehen zu lassen. Kurz bevor Randy kommen wollte, nahm ich es mit nach draußen, legte es vor dem Haus ins Gras und setzte mich auf das halb vergrabene Wagenrad in unserem Vorgarten, so wie früher, wenn ich darauf wartete, dass Jim oder Jack mich zum Surfen abholte. Aber heute befand ich mich nicht auf dem Weg zum Strand, sondern war in die genau entgegengesetzte Richtung unterwegs. Wie nannte Jim das, wenn man ins Landesinnere ging – *ma uka*? Und was machte er wohl gerade? Auf keinen Fall war er *ma uka* gegangen. Wahrscheinlich wirbelte er gerade in Waikiki Tiki-Fackeln bei Touristen-Luaus herum. Aber das war ein anderer, fremder Jim, ein gewisser »Kakala« – nicht der Junge, den ich seit meiner Kindheit kannte. Und als ich so dasaß auf meinem Wagenrad, musste ich an einen anderen Jungen denken, den ich gekannt hatte. Ich erinnerte mich, wie sehnsüchtig er damals vom Surfen geträumt hatte an den Nachmittagen, als *The Endless Summer* auf irgendeinem Lokalsender lief, meistens samstags, und der Junge im Schneidersitz auf dem Teppich im holzgetäfelten Fernsehzimmer saß und völlig in den Film versunken Robert und Mike dabei zusah, wie sie rund um die Welt reisten, von einem Flughafen zum nächsten, in ihren schwarzen Anzügen und mit sauberen Sechzigerjahre-Frisuren, das Longboard unter den Arm geklemmt wie zwei mormonische Missionare, die zwischen den Bekehrungsversuchen kurz ein paar Wellen erwischen wollten – aber Robert und Mike hatten nicht die Absicht, Seelen zu retten, sondern waren auf der Suche nach dem Heiligen Gral: der perfekten Welle. Und Wunder über Wunder, sie fanden sie, an einem geheimen Ort namens Cape St. Francis, einer heiligen Quelle, die es mit Lourdes aufnehmen konnte, aber ewigen Spaß verhieß. Nach dem Abspann schaltete ich unseren alten Magnavox-Fernseher aus, ging nach draußen, sprang auf mein bodengestütztes Skateboard, rollte *klickerdiklacker* die Straße lang und stellte mir vor, dass ich die hohlen, sich überwerfenden Wellen von Cape St. Francis ritt, während alte Damen mit ihren Schoßhunden vom Bürgersteig hechteten, um sich vor dem kleinen Teufelsbraten in Sicherheit zu bringen, der da auf sie zugerauscht kam. Bahn frei! Alle Macht den Surfern! Und vielleicht fuhr ich durch bis zum Supermarkt, wo ich mir ein Eis holte, meine fünf Cent bezahlte und dann zum Zeitschriftenständer rüberging, der mit den neuesten Ausgaben von *Surfer* und *Surfing* bestückt war, mindestens eine von beiden mit einer Mammutwelle auf dem Cover, deren Unheil verkündende Wassermassen über einem wackeren Helden zusammenzubrechen drohten, der über dem aufwogenden Abgrund um sein Leben surfte. Andere Jungs in meinem Alter interessierten sich damals für die Raumfahrt, und ich kann mich erinnern, dass es bei der NASA angeblich mal Überlegungen gab, Höllenwellen-Surfer zu rekrutieren und in den Weltraum zu schießen – wahrscheinlich dachten sie, dass diese Typen so *jenseits* von Gut und Böse waren, dass sie vor nichts zurückschreckten –, aber offensichtlich waren die Surfer viel zu sehr damit beschäftigt, Wellen zu bezwingen, und ich konnte sie verstehen. Nichts schien glorreicher. Noch nicht mal die Aussicht, auf dem Mond zu landen. Aber es war wahrscheinlicher, dass ich auf den Mond fliegen würde (was war schon besonders daran, sich in die Spitze einer dreißig Stockwerke hohen Rakete zu setzen und jemand anders die Zündschnur anmachen zu lassen?), als dass ich ein richtiger Surfer werden würde, eines dieser Wunderwesen, die über Wasser gehen konnten …

Randy fuhr in die Einfahrt und stürzte aus seinem Auto.

»El Pueblo de Nuestra Señora la Reina de los Angeles!«

Ich sah ihn verständnislos an.

»Der vollständige Name von L. A.«, erklärte er. »Also gehört mir jetzt dein Board.«

»Nicht schlecht – aber du hast das ›Porciuncula‹ am Ende vergessen.«

»Und was heißt das?«

»Das hättest du wohl gern.«

Er war noch derselbe eifrige Junge wie damals, als er mit seinen Skateboarder-Freunden auf der Straße herumfuhr. Allerdings war er nicht mehr derselbe kleine Knirps. Er war zu einem schlaksigen Teenager herangewachsen, der mit mir auf einer Augenhöhe war. Genau meine Größe. Perfekt für mein Board. Ich wies ihn darauf hin und sagte, dass das Brett eine Spezialanfertigung für meine Körpermaße sei. Er sah es sich genau an, fragte mich, warum ich es verkaufen wolle, und ich erzählte ihm, dass ich nach Chicago ging, mitten ins Herz des Festlands.

»Auf dem Lake Michigan gibt's Wellen«, behauptete er. »Wenn Sturm ist. Hab ich gehört.«

»Na ja, ich steig vorübergehend aus«, erklärte ich. »Werd wohl die meiste Zeit in Bibliotheken verbringen.«

Er beäugte mich misstrauisch. Warum zum Teufel sollte jemand *das* wollen? Ich zeigte ihm die sauberen Linien des Boards, nannte ihm den Originalpreis, erzählte ihm, was für ein solides Stück Arbeit es war, kippte es ein bisschen, damit er den unversehrten Rocker sah, stellte es dann aufrecht hin und bohrte meine Daumen in die Unterseite, ohne dass etwas geschah. »Fährt super bei jeder Brandung«, sagte ich und reichte ihm das Board. »Leicht, aber zäh. Bleibt schön sicher im Juice, flitzt aber auch ordentlich hin und her, 'n bisschen wie 'ne Doppelfinne, aber ohne so wegzugleiten.«

Er hatte mir nicht zugehört. »Und *warum* willst du aufhören?«, fragte er, offensichtlich besorgt, dass meine Chicago-Geschichte nur eine Masche war, mit der ich ihm ein Board mit versteckten Mängeln andrehen wollte.

»Hab ich dir doch erzählt.«

»Nein, jetzt mal ehrlich.«

»Okay, wenn du die Wahrheit wissen willst«, hörte ich mich plötzlich sagen, »die Wellen sind einfach nicht mehr so gut. Schon seit vorletztem Winter. Da gab es jeden Tag Sturm, die Breaks haben ständig die volle Dröhnung abgekriegt, und das hat die Küste einfach verhunzt. Der Meeresboden war nicht mehr so wie vorher. Malibu ist nicht mehr das, was es mal war.«

»Davon hab ich noch nie was gehört.«

»Ist 'ne allgemein bekannte Tatsache.«

»Es heißt doch immer, dass die Breaks durch die Stürme *besser* werden«, meinte Randy. »Auf den Sandbänken lagert sich mehr Silt ab und …«

»Wer sagt das?«, fiel ich ihm ins Wort, bevor seine Argumentation logisch zu werden drohte. »Der Sturm hat nichts bewirkt, nur den Regen gebracht und die Dürre beseitigt. Klar, manche von den Mündungen waren besser als je zuvor, aber ich rede hier von den L. A. Pointbreaks, und die sind es schließlich, worauf es ankommt.«

Randy hatte seinen Arm um das Board gelegt und hielt es, als wäre es die Schulter eines Mädchens; allerdings schien sie ihm nicht sonderlich ans Herz gewachsen zu sein.

»Hundertfünfzig ist 'n Haufen Kohle«, sagte er mit einem Anflug pubertärer Übellaunigkeit.

»Nun, das ist mein bestes Angebot«, erklärte ich. »Aber die Leash ist mit drin. Und ich sag dir noch was. Da ich ja meinen Springsuit nicht mehr brauchen werde, kriegst du den noch umsonst dazu. Wir sind gleich groß, also wird er dir wie angegossen passen. Na, komm schon, da kannst du nicht Nein sagen.«

Oh doch, er konnte. Ich nehme an, er war von Anfang an nicht richtig interessiert. Oder er hatte vielleicht wirklich gehofft, etwas umsonst abzugreifen.

Nachdem er wieder gefahren war, dachte ich über seine Bemerkung zum Lake Michigan nach. Auch ich hatte gehört, dass die Stürme manchmal reitbare Wellen vor sich hertrieben. Einmal hatte ich sogar Fotos davon gesehen, und es waren nicht nur kleine Sandbomben, die sich am Strand brachen; manche waren ganz vernünftig von ihrer Größe und Form her. *Vernünftig.* Nichts, was ich nicht in den Griff kriegen konnte. Und keine Haie. Auch keine Menschenmassen. Wahrscheinlich gab es nicht besonders viele Surfer da, und die wenigen, die surften, waren allesamt Kooks. Illinois-Landratten. Und ich ein Kind der kalifornischen Wellenkriege. Ich würde kaum Probleme haben. Hey, die Sache sah besser und besser aus. Vielleicht hatte ich das sogar die ganze Zeit unbewusst gewollt. Hundertfünfzig *waren* wirklich viel Geld für ein gebrauchtes Brett. Hatte ich allen Ernstes geglaubt, dass Hirnströme die einzigen Wellen wären, mit denen ich mich in den nächsten Jahren befassen würde?

Eine Woche später war ich abreisefertig. Um Mitternacht wollte ich nach Chicago aufbrechen, um den Staus auf den Freeways zuvorzukommen, hatte bereits alles ins Auto geladen und wollte als Letztes mein Board in seiner neuen Hülle aufs Dach schnallen … als ich innehielt.

Es kam mir vor wie überflüssiger Ballast.

Ich wollte das Ding nicht nach Chicago mitschleppen. Ich wollte damit nicht durch die Maisfelder von Kansas fahren. Was hatte ich mir nur dabei gedacht? Na ja, tatsächlich hatte ich überhaupt nicht gedacht, denn die Vorstellung, auf dem Lake Michigan Wellen zu reiten, war eine letzte Flause meiner jugendlichen Surfträume. Und dieses Elysium existierte nicht mehr. Es hatte nie existiert.

Ich blickte die Straße runter. Im Lichtkegel einer Laterne stand Randys kotzgrüner Pinto.

Ich überlegte noch eine Weile, dann nahm ich das Board von meinem Auto. Ich schob es mir unter den Arm, ging die fünfzig Meter zur Suizidschüssel und spähte durchs Fenster der Fahrertür. Der Innenraum war total zugemüllt, genau wie bei Radical Jacks altem Valiant; Surfer hatten ihr ganzes Leben in ihren Autos. Ich öffnete die Halterungen und schnallte das Brett aufs Dach, Finne nach vorne, transportbereit.

Surf Club

Im darauffolgenden Winter war ich in Chicago mit meinem ersten College-Semester beschäftigt und genoss meine neue Umgebung ebenso wie die ungewohnte Anwesenheit von Mädchen in den Kursen, das abwechslungsreiche Prinzip der *Jahreszeiten* und die Erkenntnis, dass der von Zeit zu Zeit graue Himmel bei Weitem nicht so grau war wie der nervtötend langweilige kalifornische Sonnenschein. Da erreichte mich eines Tages mit der Post mein Highschool-Jahrbuch; meine Mutter hatte es mir nachgeschickt. Ohne Begeisterung blätterte ich ein wenig darin rum. Es kam aus einer Welt, der ich den Rücken gekehrt hatte und an die ich nicht schon nach so kurzer Zeit wieder erinnert werden wollte. In zwanzig Jahren vielleicht. Jetzt gerade war ich dabei, mir einen neuen Weg zu bahnen und meine Zukunft zu gestalten.

Dann stieß ich auf etwas, das ich völlig vergessen hatte. In der letzten Highschool-Woche, als die ganzen Schülerclubs begannen, ihre Gruppenbilder für das Jahrbuch zu schießen, zogen Jack und ich los und trommelten neun weitere Typen zusammen, die auch alle surften und nicht nur so taten, und wir gruppierten uns um Joey Grysons Klapperkiste, ich auf dem Autodach mit Radical Jack und ein paar anderen, und ließen uns fotografieren. Die improvisierte Gründungsurkunde des Clubs – »Fighting for Truth, Justice and the American Wave«, unsere Variante des Superman-Wahlspruchs – hatte unser eiligst rekrutierter Leumund unter den Lehrern, Wendell Hahn, abgesegnet. Hahn war unser schwuler Schulbibliothekar und Wachs in unseren Händen. Er trug einen sehr gepflegten Schnauzbart, lispelte leicht, lief mit einem deutlichen Hüftschwung und leitete die Bibliothek an einer reinen Jungenschule. Wir nahmen alle an, dass er schwul war – falls nicht, konnte irgendetwas nicht mit rechten Dingen zugehen. Wie dem auch sei, durch Hahns offizielle Genehmigung schafften wir es als »The Surf Club« ins Jahrbuch, und alle unsere Namen waren unter dem Foto abgedruckt, nicht in der richtigen Reihenfolge und nicht alle richtig geschrieben, aber sie waren da für die Nachwelt, für andere Leute, die einmal auf diesem Planeten geboren werden, ihre Zeit hier verbringen und dabei vielleicht das Jahrbuch lesen und erfahren, dass wir Surfer gewesen waren.

Und dann gab es da noch die Bildunterschrift unter meinem Schülerfoto. Als ich damals nach einem Motto suchte, hatte ich *Bartletts Zitatensammlung* durchforstet, um einen ebenso passenden wie zeitlosen Spruch zu finden, und entschied mich schließlich für ein Zitat von Ulysses S. Grant: »Ich schlage vor, den Kampf an dieser Linie zu Ende zu bringen, und wenn es den ganzen Sommer dauert.« Es war eine Anspielung darauf, den ganzen Sommer lang County Line zu surfen. Ich bin mir vollkommen sicher, dass das niemand verstanden hat. Auch nicht Radical Jack. Sein Zitat war leichter zu deuten: »Tubey or not tubey – that is the question.«

Glossar

Kleines Einmaleins zur Messung von Wellenhöhen und Surfboardlängen

Wellenhöhen werden in Fuß gemessen, Surfboards in Fuß und Zoll. Ein Fuß entspricht 30,48 Zentimetern, ein Zoll 2,54 Zentimetern. Wie man die Länge eines Surfboards misst, versteht sich von selbst – nämlich von einem Ende zum anderen. Dagegen ist die Sache bei Wellen weniger eindeutig. Beispielsweise reicht einem die obere Kante einer Drei-Fuß-Welle nicht etwa bis zur Hüfte, sondern eher bis zur Schulter, wenn man sich am tiefsten Punkt der Welle – im Wellental – befindet. Und eine Sechs-Fuß-Welle überragt den Kopf eines Surfers, der mit seinem Board im Wellental ist, um gut eine halbe Körperlänge. Warum? Weil Wellen in Kalifornien im Allgemeinen von ihrer tiefsten *surfbaren* Stelle aus gemessen werden; im Wellental kann man eine Welle nicht surfen, sofern man nicht gerade einen Bottom Turn hinlegt. Beim Surfen treibt einen nämlich weniger die Strömung vorwärts, sondern man bewegt sich vielmehr in einer Art ständigem Fall die Welle entlang. Um diesen »Falleffekt« zu erzielen, muss man sich notwendigerweise auf dem steilen Teil der Welle befinden, der natürlich oberhalb des Wellentals liegt. Dieses »oberhalb« reicht von zehn bis fünfzehn Zentimetern über dem Wellental bei kleineren Wellen bis hin zu zehn bis fünfzehn Fuß über dem Wellental an Riesenwellen-Surfspots wie Waimea Bay. Hinzu kommt, dass die meisten Surfer in Bezug auf Wellenhöhen gerne untertreiben, um auf diese Weise zu zeigen, wie abgeklärt sie sind – *Jaja, ganz nett, hab allerdings schon viel größere Dinger gesurft* –, eine Einstellung, die sie dann auch bei kleinen Wellen an den Tag legen und die auch mir noch heute in den Knochen steckt, weshalb ich die Wellenhöhen im Text eher auf Surfer-Art angebe.*

* Andererseits ist oft zu beobachten, dass Wellenhöhen zuzunehmen scheinen, sobald ein Surfer von einer guten Surf-Session erzählt, bei der seine Zuhörer nicht dabei waren.

Aerial

Alle Radikalmanöver, bei denen das Board kurzzeitig in der Luft ist.

Amp

Eine Welle aggressiv surfen und dabei so viele Manöver abziehen, wie die Wellenwand hergibt.

Babe

Attraktives weibliches Wesen.

Backdoor Pipe

Einstieg in die *Tube* beim *Surfspot* Pipeline aus einer Position hinter dem *Peak*, wobei man rechtsherum surft, da Pipeline hauptsächlich ein Linksbrecher ist.

Backside

Das Surfen mit dem Rücken zur Wellenwand. Gegenteil von *Frontside*. Ob man *Frontside* oder Backside surft, hängt erstens davon ab, wie man für gewöhnlich auf dem Brett steht (siehe *Goofy Foot, Regular Foot*), und zweitens davon, ob es sich bei der Welle um einen Links- oder einen Rechtsbrecher handelt.

Backside Pullout

Kickout-Manöver mit dem Rücken zur Welle.

Beachbreak

Surfspot, an dem die Wellen auf Sandbänken in beide Richtungen brechen und so doppelseitige *Peaks* bilden.

Bellyboard

Verkürztes Brett, das bäuchlings geritten wird.

Blank

Der Schaumstoffkern eines Surfbretts, bevor ihm eine bestimmte Form gegeben wird.

Bodysurfing
Wellenreiten ohne Board, mit dem eigenen Körper als »Surfbrett«.

Bombora
Kein fantastischer *Surfspot* in Indonesien, sondern das *Outside*-Riff eines *Breaks*, an dem sich bei ausreichend starker Dünung besonders hohe Wellen aufbauen.

Bottom Turn
Wendemanöver, bei dem man sich die Wellenwand herunterfallen lässt, im Wellental das Board dann kräftig herumzieht und die Wand wieder hochfährt.

Bowl
Härtere, schnellere und hohlere Welle (oder Teil davon), verursacht durch einen flacheren Meeresgrund.

Break
Ort mit surfbaren Wellen.

Carving
Voll ausgefahrene Turns und Manöver quer über die Wellenwand.

Chimes
Abgeflachte Kanten an der Unterseite der *Rails*, die das Wenden erleichtern.

Cleanup Set
Ein unerwartet hohes und kräftiges *Set*, das viele Surfer innerhalb der *Impact-Zone* unvorbereitet erwischt und sie in Richtung Strand treibt.

Closeout
Kommt vor, wenn sich (1) die gesamte Länge einer Welle auf einmal bricht, sodass man sie nicht mehr surfen kann; oder sich (2) der ganze Abschnitt der Welle, auf dem man sich gerade befindet, auf einmal bricht, sodass der Ritt be-

endet ist, auch wenn der Rest der Welle noch gesurft werden könnte.

Coffin

Longboard-Manöver, bei dem der Surfer wie in einem Sarg längs, mit dem Gesicht nach oben, auf seinem Board liegt.

Cutback

Manöver, bei dem man sein Board zurück auf den Brechungsrand wendet, um sich wieder in den dynamischen Abschnitt der Welle zu bringen.

Dawn Patrol

Frühmorgendliche *Surf-Session*. Auf Dawn Patrol geht man, um den Menschenmassen zuvorzukommen, um *Glassy*-Wellenbedingungen zu erwischen, um zum richtigen Gezeitenpunkt im Wasser zu sein oder weil man es einfach nicht länger aushalten kann.

Deck

Oberseite des Surfboards, auf der der Surfer steht.

Drop

Anfang eines Ritts. Der Moment, nachdem man sich aufrecht auf das Brett gestellt hat und dieses die Wellenwand hinabfällt. Als »Drop-in« bezeichnet man die Störung eines anderen Surfers durch ein Hineinpaddeln in die Welle, die bereits von diesem geritten wird.

Drop-Knee Bottom Turn

Longboard-Manöver, bei dem man einen *Bottom Turn* dadurch vollendet, dass man das Board mit tief gebeugtem hinteren Knie herumsteuert.

Duck Dive

Technik, die beim Rauspaddeln angewendet wird und bei der der Surfer mit seinem Board unter einer heranrollenden Welle durchtaucht, um auf der anderen Seite wieder hochzukommen.

Dude

Gängige Anrede unter Surfern, beispielsweise zur Begrüßung: »Hey Dude, wie geht's?«

Elephant Gun (Elefantentöter) / Rhino Chaser (Nashornjäger)

Extralanges Surfboard, mit dem man besonders große Wellen reitet.

Face

Die Wellenwand.

Fangtail

Ein Brett, das hinten M-förmig auf zwei Spitzen (Reißzähne) zuläuft; auch bekannt als »swallowtail« (Schwalbenschwanz).

Fin (Finne)

Die wie ein Kiel aus der Unterseite des Surfboards herausragende, flache Fläche, die dem Board Stabilität verschafft sowie die Steuerung erleichtert.

Fin-Box

Eine Schiene auf der Unterseite des Surfboards, die es ermöglicht, die Finne vor und zurück zu bewegen und an verschiedenen Positionen zu befestigen, um so den Herausforderungen unterschiedlicher Surfbedingungen zu genügen.

Fish

Ein breites, untersetztes Board in der Form eines Schwalbenschwanz-*Twinfin*, das auch in langsamerer Brandung Wendigkeit bietet. Auch als *Rocket* oder Rocketfish bekannt.

Foil

Silhouette des Längsschnitts eines Surfboards.

Frontside

Das Surfen mit dem Gesicht zur Wellenwand. Gegenteil von *Backside*. Ob man Frontside oder *Backside* surft, hängt erstens davon ab, wie man für gewöhnlich auf dem Brett steht (siehe *Goofy Foot, Regular Foot*), und zweitens davon, ob es sich bei der Welle um einen Links- oder einen Rechtsbrecher handelt.

Glassing

Die Phase beim Surfbrettbau, in der das fertig geformte Brett mit Glasfasern und Polyesterharz abgedichtet wird (Laminieren).

Glassy

Glatter und nicht vom Wind aufgerauter Zustand der Wasseroberfläche und der Wellen. In Kalifornien sondern die Seetang-Kolonien vor der Küste eine ölige Substanz ab, die dem Wasser bei Windstille eine samtige Textur verleiht. Flauen die Winde ab, was in Kalifornien regelmäßig am späten Nachmittag der Fall ist, nennt man das den »Glass-off«.

Glossing

Die abschließende Phase beim Surfbrettbau, in der das Brett mit Klarlack versiegelt wird.

Goofy Foot

Surfer, der mit dem rechten Fuß vorn auf dem Brett steht – weiter verbreitet ist die Stellung mit dem vorgezogenen linken Fuß (siehe *Regular Foot*).

Gremmie/Grommet

Sehr junger, oft vorpubertärer Surfer.

Hang Eleven

Nackt surfen.

Hang Five / Hang Ten

Klassische *Longboard*-Stellung, bei der sich alle fünf oder zehn Zehen ganz vorn an der Spitze des Boards befinden.

Head Dip

Den Kopf unter die Lippe einer (kleineren) Welle tauchen.

Hotdog-Surfing

Auf für gewöhnlich kleineren Wellen mit schnellen, extravaganten Manövern surfen.

Impact-Zone

Der Bereich im Wasser, in dem sich die Wellen brechen.

Indicator

Ein Riff oder eine Sandbank außerhalb der Surfzone, an denen es nur dann Brandung gibt, wenn eine wirklich große Dünung unterwegs ist.

Inside

(1) Die kleineren Wellen, die sich dichter am Strand brechen. (2) Der Teil der Welle, der dem *Peak* am nächsten ist. Surft jemand die Inside, gilt er in der Regel als derjenige, der im Wellenbesitz ist.

Juice

(1) Steiler, schneller Abschnitt einer Welle. (2) Allgemeine Bezeichnung für Wellenstärke.

Kick

Die schärferen Kurvenlinien an Spitze und Ende eines Surfbretts, die den *Rocker* ausmachen.

Kickout

Ausstieg aus einer Welle, der einen Ritt elegant beendet. Dafür drückt man den *Tail* des Surfbretts nach unten, hebt die *Nose* über den Wellenkamm und verlässt so die Welle.

Kook

Unbeholfener, linkischer Surfanfänger.

Laminar Flow

Das durch die Stromlinienform bedingte Verhalten des Surfboards im Wasser.

Leash

Leine, die den Surfer mit seinem Board verbindet, damit er nach einem *Wipeout* nicht herumschwimmen und dieses suchen muss. Der Surfer befestigt das eine Ende der Leash an seinem Knöchel, das andere Ende ist am *Tail* des Boards festgemacht.

Left (Linksbrecher)

Eine Welle, die man vom Ozean aus gesehen in linker Richtung surft.

Lines

Saubere, gleichmäßige Dünungslinien, die vom Ozean hereinrollen.

Lineup

Stelle im Wasser, an der sich die größeren Wellen aufbauen, weshalb die Surfer dort in Scharen darauf warten, eine zu erwischen.

Lip Bounce

Ein *Off-the-Lip* mit Flugphase. Man setzt zum *Off-the-Lip* an und hebt dann ganz kurz mit dem Brett ab, bevor man die Wellenwand wieder hinunterfährt. Vom Schwierigkeitsgrad her angesiedelt zwischen dem *Off-the-Lip* und dem *Radical/Vertical Reentry.*

Local

Jemand, der in unmittelbarer Nähe eines *Surfspots* wohnt, dort regelmäßig surft und diesen glücklichen Umstand so sehr als sein persönliches Vorrecht betrachtet, dass er sogar vor Gewalt nicht zurückschreckt, um Auswärtige von »seinem« *Spot* zu vertreiben.

Longboard

Surfboard mit einer Länge von neun Fuß und mehr, mit dem man einen geschmeidigeren, eleganteren Stil surft.

Nose

Die Spitze des Surfboards.

Noserider

Longboard mit einer besonders breiten Spitze, die man während eines Ritts gut und lange belasten kann. Ausgezeichnet *Hang Ten*-geeignet.

Nose Tweak

Lässiges »Naseschnippen«, mit dem Surfer nach einer schwierigen *Section* oder einem wahnwitzigen Manöver so viel zu sagen pflegen wie *Hey, kein Ding, so was mache ich ständig.*

Nosewheelie

Skateboard-Version des *Hang Ten*, bei der die hinteren Räder vom Boden abheben. Sollte man nicht barfuß versuchen.

Off-the-Lip

Sehr spritziges Manöver, bei dem man die Unterseite des Boards gegen die sich gerade herumrollende Lippe der Welle drückt und gleichzeitig die *Nose* wendet, sodass man mit der Lippe wieder abwärtsfallen kann.

Outside

Der Teil des Ozeans, der jenseits des *Lineup* liegt. Zeichnet sich ein besonders großes *Set* am Horizont ab, hört man oft den Ruf *Outside!*, der sowohl ein Freudenschrei ist als auch eine Warnung (oder Stichelei) an die Surfer, die sich *Inside* befinden.

Peak

(1) Eine Welle, die sich spitz aufbaut und nach links oder rechts gesurft werden kann. (2) Der höchste Punkt einer Welle; der Punkt, an dem sich die Welle zuerst bricht.

Pearling

Dazu kommt es, wenn sich die Spitze des Surfboards unter die Wasseroberfläche schiebt. Führt unweigerlich zum *Wipeout*. Ausreichend *Kick* hilft, Pearling zu vermeiden; das gilt besonders für die steilen *Drops* bei hohen Wellen.

Pintail/Pin

Board mit spitz zulaufendem *Tail*.

Pointbreak

Surfspot mit langen, gleichmäßigen Wellen, die sich entweder links oder rechts an einem Riff brechen.

Radical Reentry

Manöver, bei dem man mit der Unterseite des Surfboards gegen die Lippe einer sich brechenden Welle surft, einen Moment lang frei schwebt, dann mit der Lippe wieder herunterkommt und die Welle weitersurft. Auch bezeichnet als *Vertical Reentry*.

Rails

Die abgerundeten Seitenkanten des Surfboards, die der Surfer nach rechts oder links neigt, um so das Board zu lenken.

Regular Foot

Surfer, der mit dem linken Fuß vorn auf dem Brett steht – häufigste Stellung (siehe auch *Goofy Foot*).

Ride (Ritt)

Der Zeitraum, den man auf dem Board steht und die Welle surft.

Right (Rechtsbrecher)
Eine Welle, die man vom Ozean aus gesehen in rechter Richtung surft.

Rocker
Konvexe Längssilhouette an der Unterseite des Boards.

Rocket
Siehe *Fish*.

Roundhouse Rebound
Weit ausholender *Cutback*, bei dem man mit einer flüssigen Bewegung vom schäumenden Weißwasser abprallt und wieder zurück in die Welle surft.

Section
Abschnitt einer Welle. Das Verb *to section* bezeichnet das Phänomen, bei dem ein Teil der Welle zusammenbricht, ohne dass sich der fürs Surfen ideale, kontinuierlich sanfte Welleneffekt einstellt. Ein bisschen wie ein *Closeout*, aber die Welle kann immer noch geritten werden.

Set
Eine Serie von Wellen (normalerweise drei bis sechs), die hintereinander angerollt kommen. Oft mit von Welle zu Welle zunehmender Höhe und immer von einer Wellenflaute gefolgt.

Shorebreak
Wellen, die sich dicht oder direkt am Strand brechen und meistens wenig zum Surfen geeignet sind.

Shortboard
Kurzes, sehr wendiges Board, regelmäßig unter sieben Fuß lang, mit dem man einen vor Radikalmanövern strotzenden Stil surfen kann.

Snake
Surfer, der einem anderen dreist reindropt und ihm so

den Ritt vermasselt (siehe hierzu auch die Definition von »Drop-in« unter dem Stichwort *Drop*), oder jemand, der um einen anderen Surfer herumpaddelt, um sich so in die *Inside*-Position zu drängeln.

Spinner

Longboard-Manöver, bei dem der Surfer kleine Pirouetten dreht; ist vorzugsweise ohne *Leash* auszuführen.

Springsuit

Leichter, dünnerer *Wetsuit* mit kurzen Beinen und zumeist auch kurzen Ärmeln, den man in der Übergangszeit trägt, wenn das Wasser für einen langen *Wetsuit* bereits zu warm, aber noch nicht warm genug ist, als dass man ganz ohne Anzug surfen könnte. Die Bezeichnung Springsuit (»Frühlingsanzug«) führt allerdings in die Irre, weil das Wasser in Kalifornien im Frühling oft kälter ist als im Winter und weil selbst im Sommer viele Surfer einen Anzug tragen – manchmal sogar einen langen.

Stick (»Stock«)

Surferslang für Surfbrett.

Stinger

Mitte der Siebzigerjahre verbreitete Surfbrett-Form, die sich kurz hinter der breitesten Stelle zunächst dramatisch verjüngt, um dann in einen *Tail* (meistens *Pintail*) mit nur einer Finne auszulaufen.

Stoked

Surferslang für den Zustand perfekten Glücks, der allerdings nichts mit der Ruhe und Gelassenheit buddhistischer Erleuchtung gemein hat. *I'm stoked!* bedeutet, dass der Ausrufer quasi ekstatisch vor Aufregung ist und sich durch und durch am Leben fühlt – eine adrenalingesteuerte Euphorie, die normalerweise, wenn auch nicht zwangsläufig, durch den Aufenthalt auf einem langen Objekt aus Glasfasern und Schaumstoff mit wirbelnden Wassermolekülen unter sich ausgelöst wird.

Stretch Five

Auch »Cheater Five« oder »Sneak Five« genannt, ist ein Stretch Five eine Art angetäuschter *Hang Five*. Angetäuscht deswegen, weil man lediglich aus der Hocke oder Halbhocke ein Bein nach vorne ausstreckt, um vorsichtig die fünf Zehen dieses Fußes um die Spitze des Boards zu krallen. Dabei lagert der Großteil des Gewichts weiterhin auf dem hinteren Fuß, weswegen es kein richtiger *Hang Five* ist. Überwiegend auf *Shortboards* gezeigt.

Stringer

Schmaler Holzstreifen längs in der Mitte des Surfboards, der diesem eine robustere Struktur verleiht und für die richtige Biegung des *Rockers* sorgt.

Surfari

Ein Roadtrip auf der Suche nach Wellen und sonstigen Abenteuern.

Surf-Session/Session

Zeitspanne, die man mit Surfen verbringt. Eine Session beginnt, wenn man am Strand ankommt und zum Wasser runtergeht, und sie endet, wenn man mit der letzten Welle reinkommt, seine *Leash* aufrollt und nach Hause fährt.

Surfspot/Spot

Ort, an dem sich surfbare Wellen aufbauen (siehe auch *Break*).

Swell (Dünung)

Ursprünglich vom Wind hervorgerufene Turbulenzen an der Meeresoberfläche, die sich über Hunderte oder sogar

Tausende von Meilen fortsetzen und dabei an Höhe und Stärke gewinnen, bis sie schließlich als astreine, surfbare Brandung auf die Küste treffen.

Switchbacks

Das Tauschen der Positionen von zwei Surfern auf einer Welle, indem der eine mit einem *Cutback* von oben nach unten stößt und der andere mit einem *Bottom Turn* von unten nach oben zieht, sodass sie zusammen Achten in die Wellenwand meißeln.

Switchstance

Wechsel der Fußstellung auf dem Board, das heißt, man wechselt von einer *Regular Foot*-Stellung hin zur *Goofy Foot*-Stellung oder umgekehrt. So unternimmt ein *Regular Foot* eventuell einen Switchstance, um einen Linksbrecher zu surfen, und ein *Goofy Foot* dagegen, wenn er einen Rechtsbrecher surfen will. Surfer nutzen Switchstances normalerweise, um mit dem Gesicht zur Welle zu surfen und sich in Richtung der Wellenwand lehnen zu können, was besonders bei Tuberides wichtig ist.

Tail

Das Ende des Surfboards.

Takeoff

Der Moment, in dem das Surfboard beginnt, sich auf der Welle abwärtszubewegen, und man von der paddelnden Bauchlage in den aufrechten Stand kommt.

Tri-Fin Thruster

Surfboard mit drei Finnen, das Wendigkeit mit Stabilität verbindet.

Trim

Die Fähigkeit des Surfbretts, mit größtmöglicher Schnelligkeit und ohne Reibungsverluste über die Wellenwand zu gleiten. Trim wird durch die optimale Ausrichtung und Position des Bretts auf der Welle sowie die perfekte Gewichtsverteilung auf dem Brett erreicht. Der Begriff wird meistens im Zusammenhang mit dem *Longboard*-Surfen verwendet.

Tube (Röhre)

Effekt, der eintritt, wenn sich eine Welle ganz um einen Hohlraum herumrollt und sich dadurch in der Mitte ein Tunnel bildet, durch den man surfen kann. Ist ein Surfer richtig tief in der Tube, kann man ihn vom Land aus nicht mehr sehen. Viele Surfer halten Tuberides für das ultimative Surferlebnis.

Twinfin (Doppelfinne)

Extrem wendiges Board mit zwei Finnen, hervorragend geeignet zum *Hotdog-Surfing*, bietet aber auf Wellen mit über sechs Fuß Höhe wenig Stabilität; ganz unabhängig von der Wellenhöhe eine sehr wacklige Angelegenheit für Anfänger.

Val

Jemand, der im San Fernando Valley von Los Angeles lebt und dafür von den *Locals* an den Küsten Verachtung erntet.

Vee

Die Ausbuchtung auf der Unterseite des Surfboards.

Vertical Reentry

Vergleiche *Radical Reentry*.

The Wedge

Tückischer *Bodysurfing-Spot* in Newport Beach, Kalifornien, an dem sich Wellen von fünfzehn Fuß und mehr im nur ein paar Fuß tiefen Wasser brechen. Hier gibt es jedes Jahr schwerste Verletzungen und sogar tödliche Unfälle.

Wetsuit

Anzug aus Gummi oder Neopren, der den Surfer vor Kälte schützt. In unterschiedlichen Stärken und Schnitten erhältlich. Vor der Erfindung der Wetsuits gingen die Surfer in Kalifornien selbst im Winter einfach ohne Kälteschutz ins Wasser. Heute geht es nicht mehr ohne, und die meisten tragen das ganze Jahr über irgendeine Art von Anzug. Vergleiche *Springsuit*.

Winger

Surfboard mit kleinen rechtwinkligen Einkerbungen an den hinteren *Rails* in der Nähe des *Tails*. *Stingers* sind häufig auch Wingers und umgekehrt.

Wipeout

Beim Wipeout fällt der Surfer von seinem Board ins Wasser – entweder weil er stürzt oder weil er von einer Welle heruntergespült wird (und manchmal auch, weil er von einem anderen Surfer geschubst wird).